农业行政事业单位建设项目财务管理实用手册

农业农村部计划财务司
农业农村部财会服务中心 编

中国农业出版社
北 京

编 审 委 员 会

序　言

实施乡村振兴战略，是党的十九大立足城乡融合发展、实现中华民族伟大复兴全局，对三农工作做出的重大决策部署，是推动构建国内国际双循环新发展格局的重要方略。《国民经济和社会发展第十四个五年规划和 2035 年远景目标纲要》明确提出要坚持农业农村优先发展，全面推进乡村振兴。2021 年 4 月通过的《中华人民共和国乡村振兴促进法》规定，全面实施乡村振兴战略，需遵循坚持农业农村优先发展、在资金投入上优先保障的原则，并在扶持措施中明确国家建立健全农业支持保护体系和实施乡村振兴战略财政投入保障制度。农业建设投资是精准实施农业宏观调控、优化农业经济结构、推进农业技术进步、提升农业物质装备、促进农业扩大再生产的重要手段，是贯彻落实乡村振兴战略的重要支撑和保障。

按照党中央、国务院的部署和要求，近年来，建设投资分配格局不断向三农领域倾斜，农业建设投资增长迅速，农业建设项目数量大幅增加，这对农业建设项目投资管理工作提出了更高的要求。作为农业建设项目投资管理的一项主要内容，农业建设项目财务管理直接关系到建设项目能否按期交付使用、形成生产和科研能力、提升基础设施和装备水平、如期实现建设规划目标，对合法筹集和规范使用建设资金、控制建设成本、提高投资效益具有重要意义。

为规范农业建设项目财务管理行为，更好地服务农业行政事业单位建设项目财务管理工作，方便相关单位及人员系统地学习掌握和正确执行建设财务管理规定，切实将"学党史、悟思想、办实事、开新局"有机结合起来，确保"我为群众办实事"实践活动落地落实、见行见效，农业农村部计划财务司、农业农村部财会服务中心组织力量编写了《农业行政事业单位建设项目财务管理实用手册》。本书包括综合管理、资金管理、政府采购管理、成本管理、工程价款结算管理、竣工财务决算管理、资产交付管理、绩效管理与监督 8 个方面的内容和 124 个问答条目，涵盖建设项目财务管理工作的各个方面，采取一问一答的形式，对相关条目进行解读，简洁明了，便于理解，具有较强的政策性、指导性、实用性和针对性。书中还搜集整理了近年来国家和农业农村部出台的有关法律、法规及规章制度，供相关单位和人员学习、参考。

希望本书能为农业行政事业单位建设项目财务管理人员的学习、工作提供有益帮助，为农业行政事业单位建设项目财务管理工作的制度化和规范化提供有益指导，以进一步提高农业行政事业单位建设项目财务管理的能力和水平，为推进乡村振兴和农业农村现代化做出贡献。

本书编审委员会

2021 年 7 月

目　　录

第一章
建设项目综合管理

① 什么是建设项目?

建设项目是以新增工程效益或者扩大生产能力为主要目的的新建、续建、改扩建、迁建、大型维修改造工程及相关工作。一般指符合国家总体建设规划,为达到某项具体目标,在确定的地点,投入一定量的建设资金,经过策划、决策与实施的必要程序,形成能独立发挥生产功能或满足生活需要的固定资产的一次性建设任务。

依据:《基本建设财务规则》(财政部令第 81 号)

② 农业基本建设投资涉及的重大建设项目有哪些?

农业基本建设投资涉及的重大建设项目主要包括藏粮于地藏粮于技、农业绿色发展、农村人居环境整治、部门自身建设等专项。

(1)藏粮于地藏粮于技专项的支持方向主要是中央预算内投资高标准农田建设项目、现代种业提升工程、动植物保护能力提升工程、农业行业基础能力建设(包括农业科技创新能力条件建设项目、数字农业建设试点项目、农垦天然橡胶生产能力建设项目、农垦公用基础设施建设等)。

(2)农业绿色发展专项的支持方向主要是畜禽粪污资源化利用整县推进项目、长江经济带和黄河流域农业面源污染治理项目、长江生物多样性保护工程、现代海洋牧场示范项目等。

(3)农村人居环境整治专项的支持方向主要是根据各地区经济发展水平和财政支出能力差异,支持中西部省份(含东北地区、河北省、海南省,以及新疆生产建设兵团)以县(市、区、旗、团场)为单位的农村生活垃圾、生活污水、厕所粪污治理和村容村貌提升等重点任务。

(4)部门自身建设专项的支持方向主要是加强农业农村部门自身基础条件能力建设、项目前期工作费等。

依据:《"十四五"农业农村现代化重大工程建设总体规划》(农计财发〔2021〕17 号)

③ 建设项目如何划分经营性项目和非经营性项目?

2019 年颁布的《政府投资条例》指出,政府投资资金应当投向市场不能有效配置资源的社会公益服务、公共基础设施、农业农村、生态环境保护、重大科技进步、社会管理、国家安全等公共领域项目，以非经营性项目为主。对确需支持的经营性项目，（政府投资）主要采取资本金注入方式，也可以适当采取投资补助、贷款贴息等方式。实践中，对财政资金投资的农业项目，除投资审批部门有明确要求按照经营性项目管理外，一般按照非经营性项目进行管理。

经营性项目是指项目建成后从事生产经营活动，能够取得盈利的投资项目。非经营性项目是指旨在实现社会目标和环境目标，为社会公众提供产品或服务的非营利性投资项目，包括社会公益服务、公共基础设施、农业农村、生态环境保护、重大科技进步、社会管理、国家安全等公共领域的项目。非经营性项目的显著特点是为社会提供的服务和使用功能不收取费用或只收取少量费用，项目投资一般只有固定资产投资而没有流动资金投资。

依据：《政府投资条例》

④ 农业农村部和地方农业农村行政主管部门在中央预算内直接投资建设项目管理中的职责是什么？

（1）农业农村部依据有关专项规划，编报直接投资农业建设项目投资计划，负责项目监督管理。

农业农村部计划财务司是农业农村部农业投资管理的牵头部门，负责农业投资的统筹管理，包括组织编制农业投资规划、统筹协调安排项目资金、统筹下达项目投资计划和任务清单、统筹开展项目监督和绩效管理、组织制定相关项目资金管理办法等。

农业农村部各相关项目归口管理司局和派出机构负责具体项目的管理，包括编制有关规划，提出投资项目安排建议，编制项目实施的总体绩效目标，组织项目实施并开展日常监督、绩效管理等工作。

（2）地方各省（自治区、直辖市）、计划单列市农业农村行政主管部门负责提出本辖区需中央支持的农业投资项目建议，组织开展具体投资项目的立项、实施、监督和绩效管理等工作。

依据：《农业农村部农业投资管理工作规程（试行）》（农计财发〔2019〕10号）

⑤ 农业农村部直属单位建设项目管理职责是如何划分的？

农业农村部直属单位建设项目管理工作在直属单位建设工作领导小组领导下，由有关司局和直属单位按照职能分工负责、分级实施。部直属单位建设工作领导小组负责研究审议直属单位建设重大问题，审定直属单位能力条件、建设规划和院区建设总体规划，审定直属单位重大建设项目建议书、可行性研究报告，协调解决重大问题等。

农业农村部发展规划司负责直属单位项目的统筹管理，包括组织编制直属单位重大工程建设规划，建立项目库，审核审批直属单位项目，提出相关投资建议计划，组织开展日常监督、竣工验收和绩效管理等工作。

农业农村部计划财务司负责组织编制农业投资规划，统筹安排直属单位项目资金，统筹下达项目投资计划和年度预算，统筹开展项目监督和绩效管理。

农业农村部行业司局（含派出机构）负责指导直属单位研究谋划行业发展重大建设项目，提出行业审查和立项推荐意见，提出行业专项投资建议计划，指导项目实施，协同开展日常监督、竣工验收和绩效管理等工作。

农业农村部直属单位依据职能和发展要求，研究本单位重大建设问题，编制本单位能力条件建设规划和院区建设总体规划，谋划建设项目，负责项目申报、实施、管理运行等工作，并选择有相应资质资格的工程咨询、勘察、设计、施工、监理、招标代理、造价咨询和专业化管理等单位或机构参与项目建设。

依据：《农业农村部农业投资管理工作规程（试行）》（农计财发〔2019〕10号），《农业农村部直属单位建设项目管理工作规程（试行）》（农办规〔2020〕1号）

6 建设项目的管理程序有哪些？

（1）规划编制与审批。建设投资项目决策以专项建设规划为重要依据。农业农村部各相关司局负责提出本行业领域的农业投资专项建设规划，经部计划财务司统筹并组织进行论证后报部领导审定，必要时报部党组会议或部常务会议审定后，报送国家发展改革委。重大专项建设规划按程序报国务院审批后印发。

农业农村部直属单位中长期能力条件建设规划由部发展规划司组织编制。直属单位编制与中长期能力条件建设规划相衔接的本单位能力条件建设规划，按本单位程序审批后印发。直属单位编制的所属院区建设总体规划，经部发展规划司对空间布局等进行审核后，提交直属单位建设领导小组审议后审批。

（2）年度投资安排。农业农村部各相关司局根据有关规划和要求，研究提出年度农业投资政策建议，经部计划财务司统筹平衡形成年度农业投资建议报部党组会议或部常务会议审定后，按投资项目资金渠道分别报送国家发展改革委和财政部。投资规模确定后，部计划财务司会同相关司局组织细化支出方向和规模，形成年度农业投资安排总体方案，报部领导审定后组织实施。

（3）项目申报与审批。省级农业农村部门根据年度投资安排总体方案要求开展项目前期工作，在全国投资项目在线审批监管平台、国家重大建设项目库和农业建设项目管理平台中填报和推送有关信息，受理本区域内中央预算内农业投资项目申报，并批复可行性研究报告、初步设计方案，报送投资需求和绩效目标。

农业农村部直属单位编制的项目建议书、可行性研究报告、初步设计，按程序报送农业农村部审批。对于部审批权限之内的项目，可将项目建议书和可行性研究两个环节合并，直接编制可行性研究报告。部发展规划司会同行业司局开展项目建议书、可行性研究报告评估和初步设计评审工作，并根据项目评审意见办理项目批复。

对于中央预算内投资3000万元（含）以上的重大项目，由农业农村部按程序报国家发展改革委审批。采取竞争立项的中央预算内投资项目采取一事一议方式，按照项目相关申报通知执行。

（4）项目实施与检查验收。省级农业农村部门根据国家发展改革委下达的中央预算内投资项目投资计划、农业农村部下达的建设任务和绩效目标，按有关要求会同相关部门将资金、任务、绩效目标分解下达。投资计划下达后不得随意调整，投资计划和项目任务清单确需调整的，按照谁下达、谁调整的原则，办理调整事项。农业农村部各相关司局及时对项目进展进行调度、督导。省级农业农村部门负责项目日常监督管理工作，及时调度各地农业投资项目进展情况，加强对绩效目标实现和资金管理使用情况的督导检查。

农业农村部直属单位项目投资计划下达后，部发展规划司与项目法定代表人或主要责任人签订履约责任书，会同行业司局对直属单位项目进行全过程监管。项目建设内容完成，初步验收结束后，直属单位向竣工验收组织单位提出项目竣工验收申请报告。竣工验收组织单位组织验收后，将竣工验收报告和竣工验收表向部发展规划司及行业司局报备，督促建设单位在农业建设项目管理信息系统填报项目验收情况，并据此核发竣工验收合格证书。

（5）绩效管理。各级农业农村部门应加强农业建设投资项目执行过程中的绩效监控。农业农村部各相关司局组织对项目实施情况进行总结并开展绩效自评，部计划财务司会同各相关司局对重点项目开展绩效评价，绩效评价结果反馈给相关单位，对发现的问题进行督促整改，并将绩效评价结果作为政策调整、项目安排和资金分配的重要依据。

农业农村部直属单位投资项目绩效管理工作由部发展规划司及行业司局组织制定绩效指标和标准体系，汇总直属单位项目绩效目标后，报部计划财务司。直属单位开展绩效自评，及时将项目实施情况总结和绩效自评结果报送部发展规划司及行业司局。部计划财务司、发展规划司及行业司局将绩效评价结果反馈给直属单位，督促问题整改。

依据：《农业农村部农业投资管理工作规程（试行）》（农计财发〔2019〕10 号），《农业农村部直属单位建设项目管理工作规程（试行）》（财办规〔2020〕1 号）

⑦ 建设项目的建设程序有哪些？

建设项目要严格遵循建设程序。建设项目建设程序一般包括提出项目建议书、编制可行性研究报告、进行初步设计、施工准备、建设实施、竣工验收等阶段。重点建设项目还应当开展后评价。

除涉及国家秘密的项目外，建设项目应当依托全国投资项目在线审批监管平台、国家重大建设项目库和农业建设项目管理平台开展项目信息化管理，实现信息互联互通，提高管理效率。

依据：《农业农村部直属单位建设项目管理工作规程（试行）》（财办规〔2020〕1 号）

⑧ 建设项目变更需要办理审批手续的情形有哪些？

建设项目必须按照批复文件组织实施项目建设。项目投资原则上不得超过经核定的投资概算。项目建设过程中因客观原因确需增加投资概算的，项目单位应当提出调整方案及资金来源，按照规定程序报项目初步设计审批部门或者投资概算核定部门核定。概算调增幅度超过批复概算 10％的，初步设计审批部门或者概算核定部门原则上先商请审计机构进行审计，并依据审计结果进行概算调整。建设过程中因申报漏项、擅自提高建设标准和扩大建设规模以及管理不善等造成的超概算投资，由项目单位自行负责，一律不再追加投资。

安排农业农村部直属单位的建设项目，在确保实现建设目标和功能的前提下，可对项目建设内容进行优化完善提升，并将投资变化控制在经核定的投资概算内，优化过程的决策文件及相关资料应纳入项目档案管理。对确因客观原因导致建设地点、建设性质、建设单位、招标方案、主要使用（服务）功能等发生重大变更的，初步设计概算超过可行性研究报告批准投资估算10%的，实施过程中投资变动超过批准初步设计概算总投资10%的，应当报告部发展规划司和有关行业司局，部发展规划司商行业司局可以要求项目单位重新组织编制和报批可行性研究报告或按程序调整初步设计概算。

安排地方的中央预算内建设项目，实行"大专项＋任务清单"管理，投资计划下达后不得随意调整，投资计划和项目任务清单确需调整的，按照谁下达、谁调整的原则，办理调整事项。其中，如调整后项目仍在原专项内的，由省级调整，调整结果及时报农业农村部备案；如调整到其他专项的项目，由省级农业农村部门会同相关部门联合将调整申请报送农业农村部、国家发展改革委，农业农村部提出调整建议，报国家发展改革委进行调整。

依据：《政府投资条例》《农业农村部直属单位建设项目管理工作规程》（财办规〔2020〕1号），《农业农村部农业投资管理工作规程（试行）》（农计财发〔2019〕10号）

⑨ 建设项目竣工验收管理规定有哪些？

（1）完成项目各项建设内容，施工单位按照国家规定，整理好文件、技术资料，向建设单位提出交工报告，建设单位接到报告后，组织施工、监理、设计及使用等有关单位进行初验。

（2）初验合格并具备以下竣工验收条件后，建设单位应及时向竣工验收主管部门提出竣工验收申请报告：

① 完成批准的项目可行性研究报告、初步设计和投资计划文件中规定的各项建设内容。

② 系统整理所有技术文件材料并分类立卷，技术档案和施工管理资料齐全、完整。

③ 土建工程质量经当地建设工程质量监督机构备案。

④ 主要工艺设备及配套设施能够按批复的设计要求运行，并达到项目设计目标。

⑤ 环境保护、劳动安全卫生及消防设施已按设计要求与主体工程同时建成并经相关部门审查合格。

⑥ 工程项目或各单项工程已经建设单位初验合格。

⑦ 编制了竣工决算，并经有资质的中介审计机构或由当地审计机关审计。

（3）项目主管部门按照规定权限，在规定期限内组织竣工验收。项目竣工验收的主要内容包括项目建设总体完成情况、项目资金到位及使用情况、项目变更情况、施工和设备到位情况、执行法律法规情况、投产或者投入使用准备情况、竣工决算情况、档案资料情况和项目管理情况及其他需要验收的内容。

项目竣工验收要组成验收组，验收组由验收组织单位、相关部门及工艺技术、工程技术、基建财会等方面的专家组成。成员人数为5人以上（含5人）单数，其中工程、技术、经济等方面的专家不得少于成员总数的三分之二。验收组可根据项目规模和复杂程度分成工程、投资、工艺、财会等验收小组，分别对相关内容进行验收。验收组通过对项目的全面检查和考核，与建设单位交换意见，对项目建设的科学性、合理性、合法性做出评价，形成竣工验收报告，填写竣工验收表。

（4）对验收合格的建设项目，验收组织单位核发竣工验收合格证书。对不符合竣工验收要求的建设项目不予验收，由验收组织单位提出整改要求，限期整改。

对农业农村部直属单位建设项目，竣工验收组织单位要及时将竣工验收报告和竣工验收表向部发展规划司及行业司局报备，督促建设单位在农业建设项目管理信息系统填报项目验收情况，并据此核发竣工验收合格证书。

（5）项目验收合格后，建设单位按规定程序及要求办理竣工财务决算申报、审核审批手续。财政部门和项目主管部门对项目竣工财务决算实行先审核、后批复的办法，对符合条件的，应当在 6 个月内批复。

建设单位依据项目竣工财务决算批复意见办理产权登记和有关资产入账或调账。

（6）建设单位按照有关规定即时收集、整理的从项目提出到竣工验收各环节产生的全部文件资料，分类立卷归档，按有关规定移交档案。

依据：《基本建设财务规则》（财政部令第 81 号），《农业基本建设项目竣工验收管理规定》（农业部令第 8 号），《基本建设项目竣工财务决算管理暂行办法》（财建〔2016〕503 号）

⑩ 《基本建设财务规则》适用范围是什么？

2016 年 9 月 1 日起施行的《基本建设财务规则》（财政部令第 81 号），适用于行政事业单位的建设财务行为，以及国有和国有控股企业使用财政资金的建设财务行为；使用外国政府及国际金融组织贷款的建设财务行为执行本规则，国家另有规定的，从其规定；接受国家经常性资助的社会力量举办的公益服务性组织和社会团体的建设财务行为，以及非国有企业使用财政资金的建设财务行为，参照本规则执行。

项目建设内容以设备购置、房屋及其他建筑物购置为主并附有部分建筑安装工程的，可以简化执行《基本建设财务规则》。

经营性项目的项目资本中，财政资金所占比例未超过 50% 的，项目建设单位可以简化执行《基本建设财务规则》，但应当按照要求向财政部门、项目主管部门报送相关财务资料，国家另有规定的，从其规定。

项目建设内容仅为设备购置的，不执行《基本建设财务规则》。

依据：《基本建设财务规则》（财政部令第 81 号）

⑪ 建设项目财务管理的总体要求和主要任务是什么？

建设项目财务管理的总体要求是严格执行国家有关法律、行政法规和财务规章制度，坚持勤俭节约、量力而行、讲求实效，正确处理资金使用效益与资金供给的关系。

建设项目财务管理的主要任务包括：

（1）依法筹集和使用建设项目资金，防范财务风险。

（2）合理编制建设项目资金预算，加强预算审核，严格预算执行。

（3）加强建设项目核算管理，规范和控制建设成本。

（4）及时准确编制建设项目竣工财务决算，全面反映建设财务状况。

（5）加强对建设活动的财务控制和监督，实施绩效评价。

依据：《基本建设财务规则》（财政部令第 81 号）

12 建设项目财务管理的基础工作有哪些?

（1）建立、健全本单位建设财务管理制度和内部控制制度。

（2）按项目单独核算，按照规定将核算情况纳入单位账簿和财务报表。

（3）按照规定编制项目资金预算，根据批准的项目概（预）算做好核算管理，及时掌握建设进度，定期进行财产物资清查，做好核算资料档案管理。

（4）按照规定向财政部门、项目主管部门报送建设财务报表和资料。

（5）及时办理工程价款结算，编报项目竣工财务决算，办理资产交付使用手续。

（6）财政部门和项目主管部门要求的其他工作。按照规定实行代理记账和项目代建制的，代理记账单位和代建单位应当配合项目建设单位做好项目财务管理的基础工作。

依据：《基本建设财务规则》（财政部令第 81 号）

13 建设项目执行的会计制度是什么?

各级各类行政单位和事业单位对建设投资应当按照《政府会计制度》规定统一进行会计核算，不再单独建账，但是应当按项目单独核算，并保证项目资料完整。

纳入企业财务管理体系执行企业会计准则或小企业会计准则的单位，执行相应的企业会计制度、小企业会计制度，不执行《政府会计制度》。

依据：《政府会计制度——行政事业单位会计科目和报表》（财会〔2017〕25 号）

14 财务管理人员如何参与建设项目管理工作?

（1）项目可行性研究论证阶段，财务管理人员应重点关注项目资金来源的可能性、合法性及项目建成投入运营的经费来源或经济效益情况预测，防止项目建设中出现资金缺口；涉及单位自筹资金的，应就单位自筹资金的来源、渠道等提出明确的意见建议。

（2）项目实施阶段，财务管理人员应及时与项目计划管理人员沟通，严格按照部门预算管理、国库支付管理、建设财务管理等相关法规制度的要求，办理项目资金预算的编报及资金的申请（筹集）、使用及会计核算，确保资金使用合理合法合规。

（3）项目竣工验收阶段，财务管理人员应参与项目的验收，并按照建设财务管理规定编制项目竣工财务决算，准确归集、计算交付使用资产价值。涉及申请项目运转经费的，应在项目竣工验收前提前谋划和申请，确保项目建成后的正常运转。

（4）项目后评价阶段，财务管理人员应按照相关制度规定组织或参与项目建成后评价工作，总结项目管理经验与教训，实施绩效评价。

依据：《基本建设财务规则》（财政部令第 81 号）

第二章
建设项目资金管理

1 建设单位筹集建设资金的要求有哪些?

项目建设单位在决策阶段应当明确建设资金来源,落实建设资金,合理控制筹资成本。非经营性项目建设资金按照国家有关规定筹集;经营性项目在防范风险的前提下,可以多渠道筹集。

具体项目的经营性和非经营性性质划分,由项目主管部门会同财政部门根据项目建设目的、运营模式和盈利能力等因素核定。

依据:《基本建设财务规则》(财政部令第81号)

2 经营性建设项目建设资金筹集的规定有哪些?

核定为经营性项目的,项目建设单位应当按照国家有关固定资产投资项目资本管理的规定,筹集一定比例的非债务性资金作为项目资本。

在项目建设期间,项目资本的投资者除依法转让、依法终止外,不得以任何方式抽走出资。

经营性项目的投资者以实物、知识产权、土地使用权等非货币财产作价出资的,应当委托具有专业能力的资产评估机构依法评估作价。

依据:《基本建设财务规则》(财政部令第81号)

3 建设资金来源有哪些?

建设资金是指为满足项目建设需要筹集和使用的资金,按照来源分为财政资金和自筹资金。其中,财政资金包括一般公共预算安排的建设投资资金和其他专项建设资金,政府性基金预算安排的建设资金,政府依法举债取得的建设资金,以及国有资本经营预算安排的建设项目资金。

依据:《基本建设财务规则》(财政部令第81号)

4 建设单位如何编报建设项目年度投资计划?

项目建设单位应当根据项目概算、建设工期、年度投资和自筹资金计划、以前年度项目各类资金结转情况以及年度投资计划申报要求等,提出项目财政资金预算建议数。

项目建设单位根据财政部门下达的预算控制数编制预算，由项目主管部门审核汇总报财政部门，经法定程序审核批复后执行。

依据：《基本建设财务规则》（财政部令第 81 号），《农业农村部农业投资管理工作规程（试行）》（农计财发〔2019〕10 号）

5　建设项目财政资金国库集中支付方式的要求有哪些？

建设项目财政资金的支付，按照国库集中支付制度有关规定和合同约定，综合考虑项目财政资金预算、建设进度等因素执行。

建设单位要严格按照财政部规定的支付方式划分标准，确定建设项目财政资金支付方式。单笔支付金额在 500 万元（含）以上的支出实行财政直接支付，单笔支付金额在 500 万元以下的支出实行财政授权支付。

依据：《基本建设财务规则》（财政部令第 81 号），《关于中央预算单位预算执行管理有关事宜的通知》（财库〔2020〕5 号）

6　建设项目财政资金的管理原则是什么？

项目建设单位的建设项目财政资金管理应当遵循专款专用原则，严格按照批准的项目预算执行，不得挤占挪用。

依据：《基本建设财务规则》（财政部令第 81 号）

7　项目建设单位取得的财政资金如何管理？

（1）对经营性项目，具备企业法人资格的，按照国家有关企业财务规定处理。不具备企业法人资格的，属于国家直接投资的，作为项目国家资本管理；属于投资补助的，国家拨款时对权属有规定的，按照规定执行，没有规定的，由项目投资者享有；属于有偿性资助的，作为项目负债管理。

（2）经营性项目取得的财政贴息，项目建设期间收到的，冲减项目建设成本；项目竣工后收到的，按照国家财务、会计制度的有关规定处理。

（3）非经营性项目取得的财政资金，按照国家行政、事业单位财务、会计制度的有关规定处理。

依据：《基本建设财务规则》（财政部令第 81 号）

8　建设项目取得的社会捐赠资产如何管理？

建设项目收到的社会捐赠，有捐赠协议或者捐赠者有指定要求的，按照协议或者要求处理；无协议和要求的，按照国家财务、会计制度的有关规定处理。

依据：《基本建设财务规则》（财政部令第 81 号）

9　建设项目资金归垫有哪些规定？

中央预算单位资金归垫，是指中央预算单位在财政授权支付用款额度或财政直接支付用款计划下达之前，用本单位实有资金账户资金垫付相关支出，再通过财政授权支付方式或财政直接支付方式将资金归还原垫付资金账户的一种特殊行为。

建设项目资金归垫有关要求如下：

（1）建设项目资金归垫要严格控制归垫资金的范围。一般情况下，中央预算单位必须按照规定程序，以财政直接支付或财政授权支付方式支付财政资金，不得违反规定通过本单位实有资金账户支付财政资金。发生下列特殊情况之一的，允许垫付资金：

① 经国务院批准并限时开工的基建投资项目支出。

② 基建投资项目前期费用支出。

③ 重大紧急突发事项支出。

④ 其他按规定允许垫付的支出。

（2）建设项目资金归垫实行资金垫付事先备案制度。中央预算单位通过本单位实有资金账户垫付资金，实行事先备案制度。

（3）建设项目资金归垫要执行申请、审核和批复程序。项目建设单位收到已垫付资金项目的财政授权支付用款额度或财政直接支付用款计划后，可提出资金归垫申请，财政部门审核批复后进行归垫。其中，以财政授权支付方式进行资金归垫的，项目建设单位持财政部批复文件到代理银行办理资金归垫业务；以财政直接支付方式进行资金归垫的，由财政部直接通知代理银行进行资金支付。

依据：《基本建设财务规则》（财政部令第81号），《财政部关于规范和加强中央预算单位国库集中支付资金归垫管理有关问题的通知》（财库〔2007〕24号）

⑩ 项目建设单位如何编制建设项目预算？

项目建设单位编制项目预算应当以批准的概算为基础，按照项目实际建设资金需求编制，并控制在批准的概算总投资规模、范围和标准以内。

项目建设单位应当细化项目预算，分解项目各年度预算和财政资金预算需求。涉及政府采购的，应当按照规定编制政府采购预算。

项目资金预算应当纳入项目主管部门的部门预算或者国有资本经营预算统一管理。列入部门预算的项目，一般应当从项目库中产生。

依据：《基本建设财务规则》（财政部令第81号）

⑪ 项目建设单位应申请调整建设项目财政资金预算的情况有哪些？

项目建设单位应当严格执行项目财政资金预算。对发生停建、缓建、迁移、合并、分立、重大设计变更等变动事项和其他特殊情况确需调整的项目，项目建设单位应当按照规定程序报项目主管部门审核后，向财政部门申请调整项目财政资金预算。

依据：《基本建设财务规则》（财政部令第81号）

第三章
建设项目政府采购管理

① 什么是政府采购？

政府采购是指各级国家机关、事业单位和团体组织，使用财政性资金采购依法制定的集中采购目录以内的或者采购限额标准以上的货物、工程和服务的行为。

依据：《中华人民共和国政府采购法》

② 建设项目必须执行政府采购制度的情况有哪些？

建设项目同时满足以下条件，应执行政府采购相关制度：

（1）建设单位为各级国家机关、事业单位和团体组织。

（2）项目资金性质为财政性资金。

（3）项目内容为集中采购目录以内的或者采购限额标准以上的货物、工程和服务。

根据《中央预算单位政府集中采购目录及标准（2020 年版）》要求：项目建设单位自行采购单项或批量金额达到 100 万元以上的货物和服务的项目、120 万元以上的工程项目应按《中华人民共和国政府采购法》《中华人民共和国招标投标法》有关规定执行。

依据：《中华人民共和国政府采购法》《国务院办公厅关于印发中央预算单位政府集中采购目录及标准（2020 年版）的通知》（国办发〔2019〕55 号）

③ 《中华人民共和国招标投标法》与《中华人民共和国政府采购法》的规范对象及适用范围是什么？

《中华人民共和国政府采购法》规范的是国家机关、事业单位和团体组织使用财政性资金采购货物、工程和服务的行为。《中华人民共和国招标投标法》规范的是工程建设项目包括项目的勘察、设计、施工、监理以及与工程建设有关的重要设备、材料等的采购。

两法在适用对象和范围上互有包含，亦有不同。

适用对象方面。《中华人民共和国政府采购法》及其实施条例主要针对国家机关、事业单位和团体组织。《中华人民共和国招标投标法》及其实施条例针对所有在中华人民共和国境内进行招标投标活动的主体，包括政府采购法所对应的主体。

适用范围方面。两法及其实施条例对适用范围进行了衔接。明确政府采购工程以及与工程建设有关的货物、服务，采用招标方式采购的，适用《中华人民共和国招标投标法》及其实施条例；采用其他方式采购的，适用政府采购法及其实施条例。这里所称工程，是指建设工程，包括建筑物和构筑物的新建、改建、扩建及其相关的装修、拆除、修缮等；所称与工程建设有关的货物，是指构成工程不可分割的组成部分，且为实现工程基本功能所必需的设备、材料等；所称与工程建设有关的服务，是指为完成工程所需的勘察、设计、监理等服务；不可分割的货物指离开建筑物或构筑物主体就无法实现其使用价值的货物；基本功能是指建筑物、构筑物达到能够投入使用的基础条件，不涉及附加功能。

依据：《中华人民共和国政府采购法》《中华人民共和国政府采购法实施条例》《中华人民共和国招标投标法》《中华人民共和国招标投标法实施条例》

4 **建设项目如何执行《中华人民共和国招标投标法》和《中华人民共和国政府采购法》？**

（1）建设项目是否执行《中华人民共和国招标投标法》有关规定，应根据其项目内容确定，与资金来源无关。若项目建设内容不属于建设工程及其相关的货物、服务，但属于政府采购目录内或限额标准以上项目的，则应当执行政府采购有关规定。

（2）与建筑物和构筑物新建、改建、扩建无关，单独的装修、拆除、修缮等，不是《中华人民共和国招标投标法》第三条所称的必须进行招标的工程建设项目，属于《中华人民共和国政府采购法》及其实施条例的调整范围。

（3）建设工程中的"建设"，主要起到时间节点的作用，只有工程建设过程中与工程有关的货物和服务，才属于《中华人民共和国招标投标法》及其实施条例的调整范围。工程竣工验收完成后，再采购与工程有关的货物和服务，均属于《中华人民共和国政府采购法》调整范围。

（4）政府采购工程依法不进行招标的，依照政府采购法及其实施条例规定的竞争性谈判或者单一来源采购方式采购，也可采用竞争性磋商方式执行。

依据：《中华人民共和国政府采购法》《中华人民共和国政府采购法实施条例》《中华人民共和国招标投标法》《中华人民共和国招标投标法实施条例》《国务院法制办公室对政府采购工程项目法律适用及申领施工许可证问题的答复》（国法秘财函〔2015〕736号）

5 **政府采购组织形式有哪些？**

政府采购实行集中采购和分散采购相结合。集中采购，是指采购人将列入集中采购目录的项目委托集中采购机构代理采购或者进行部门集中采购的行为；分散采购，是指采购人将采购限额标准以上的未列入集中采购目录的项目自行采购或者委托采购代理机构代理采购的行为。

采购人采购纳入集中采购目录的政府采购项目，必须委托集中采购机构代理采购，采购未纳入集中采购目录的政府采购项目，可以自行采购，也可以委托集中采购机构在委托的范围内代理采购。

纳入集中采购目录属于通用的政府采购项目，应当委托集中采购机构代理采购；属于本部门、本系统有特殊要求的项目，应当实行部门集中采购；属于本单位有特殊要求的项目，经财政部批准，可以自行采购。

依据：《中华人民共和国政府采购法》《中华人民共和国政府采购法实施条例》

6　纳入中央预算单位政府集中采购目录的项目有哪些？

集中采购目录由省级以上人民政府公布确定。属于中央预算的政府采购项目，其集中采购目录及限额标准由国务院确定并公布。

中央预算单位政府集中采购目录及标准自 2020 年开始，不再设定具体执行期限，根据工作需要适时进行修订。纳入中央预算单位政府集中采购目录的项目必须按规定委托集中采购机构代理采购，包括货物、工程和服务三类。

（1）货物类。

台式计算机：不包括图形工作站。

便携式计算机：不包括移动工作站。

计算机软件：指非定制的通用商业软件，不包括行业专用软件。

服务器：10 万元以下的系统集成项目除外。

计算机网络设备：指单项或批量金额在 1 万元以上的网络交换机、网络路由器、网络存储设备、网络安全产品，10 万元以下的系统集成项目除外。

复印机：不包括印刷机。

视频会议系统及会议室音频系统：多点控制器（MCU）、视频会议终端、视频会议系统管理平台、录播服务器、中控系统、会议室音频设备、信号处理设备、会议室视频显示设备、图像采集系统。

多功能一体机：指单项或批量金额在 5 万元以上的多功能一体机。

打印设备：指喷墨打印机、激光打印机、热式打印机，不包括针式打印机和条码专用打印机。

扫描仪：指平板式扫描仪、高速文档扫描仪、书刊扫描仪和胶片扫描仪，不包括档案、工程专用的大幅面扫描仪。

投影仪：指单项或批量金额在 5 万元以上的投影仪。

复印纸：京内单位适用，不包括彩色复印纸。

打印用通用耗材：京内单位适用，指非原厂生产的兼容耗材。

乘用车：指轿车、越野车、商务车、皮卡，包含新能源汽车。

客车：指小型客车、大中型客车，包含新能源汽车。

电梯：京内单位适用，指单项或批量金额在 100 万元以上的电梯。

空调机：京内单位适用，指除中央空调（包括冷水机组、溴化锂吸收式冷水机组、水源热泵机组等）、多联式空调（指由一台或多台室外机与多台室内机组成的空调机组）以外的空调。

办公家具：京内单位适用，指单项或批量金额在 20 万元以上的木制或木制为主、钢制或钢制为主、铝制或铝制为主的家具。

（2）工程类。

限额内工程：京内单位适用，指投资预算在 120 万元以上的建设工程，适用招标投标法的建设工程项目除外。

装修工程：京内单位适用，指投资预算在 120 万元以上，与建筑物、构筑物新建、改建、扩建无关的装修工程。

拆除工程：京内单位适用，指投资预算在 120 万元以上，与建筑物、构筑物新建、改建、扩建无关的拆除工程。

修缮工程：京内单位适用，指投资预算在 120 万元以上，与建筑物、构筑物新建、改建、扩建无关的修缮工程。

（3）服务类。

车辆维修保养及加油服务：京内单位适用，指在京内执行的车辆维修保养及加油服务。

机动车保险服务：京内单位适用。

印刷服务：京内单位适用，指单项或批量金额在 20 万元以上的本单位文印部门（含本单位下设的出版部门）不能承担的票据、证书、期刊、文件、公文用纸、资料汇编、信封等印刷业务（不包括出版服务）。

工程造价咨询服务：京内单位适用，指单项或批量金额在 20 万元以上的在京内执行的工程造价咨询服务。

工程监理服务：京内单位适用，指单项或批量金额在 20 万元以上的在京内执行的建设工程（包括建筑物和构筑物的新建、改建、扩建、装修、拆除、修缮）项目的监理服务，适用招标投标法的工程监理服务项目除外。

物业管理服务：京内单位适用，指单项或批量金额在 100 万元以上的本单位物业管理服务部门不能承担的在京内执行的机关办公场所水电供应、设备运行、建筑物门窗保养维护、保洁、保安、绿化养护等项目，多单位共用物业的物业管理服务除外。

云计算服务：指单项或批量金额在 100 万元以上的基础设施服务，包括云主机、块存储、对象存储等，系统集成项目除外。

互联网接入服务：京内单位适用，指单项或批量金额在 20 万元以上的互联网接入服务。

依据：《中华人民共和国政府采购法》《中央预算单位政府集中采购目录及标准（2020年版）》（国办发〔2019〕55 号）

⑦ 政府采购限额标准是如何规定的？

中央预算单位除集中采购机构采购项目和部门集中采购项目外，自行采购单项或批量金额达到 100 万元以上的货物和服务的项目、120 万元以上的工程项目应按《中华人民共和国政府采购法》和《中华人民共和国招标投标法》有关规定执行。

政府采购货物或服务的项目，单项采购金额达到 200 万元以上的，必须采用公开招标方式。政府采购工程以及与工程建设有关的货物、服务公开招标数额标准按照国务院有关规定执行。

依据：《中华人民共和国政府采购法》《国务院办公厅关于印发中央预算单位政府集中采购目录及标准（2020年版）的通知》（国办发〔2019〕55号）

8 政府采购方式有哪些？

政府采购方式包括公开招标、邀请招标、竞争性谈判、单一来源采购、询价、竞争性磋商和国务院政府采购监督管理部门认定的其他采购方式。

公开招标应作为政府采购的主要采购方式。政府采购货物和服务，单项或批量采购金额达到国务院规定公开招标数额标准的，必须采用公开招标采购方式。不足公开招标数额标准的政府采购项目，可按照邀请招标、竞争性谈判、询价采购、单一来源采购和竞争性磋商采购规定的适用范围，选择适当的采购方式。采购人不得将应当以公开招标方式采购的货物或者服务化整为零或者以其他任何方式规避公开招标采购。

依据：《中华人民共和国政府采购法》《政府采购竞争性磋商采购方式管理暂行办法》（财库〔2014〕214号）

9 邀请招标采购方式适用情况有哪些？

邀请招标是指采购人以投标邀请书的方式邀请特定法人或者其他组织投标的采购方式。

邀请招标适用于以下两种情况：

（1）具有特殊性，只能从有限范围的供应商处采购的。

（2）采用公开招标方式的费用占政府采购项目总价值的比例过大的。

依据：《中华人民共和国政府采购法》

10 竞争性谈判采购方式适用情况有哪些？

竞争性谈判是指谈判小组与符合资格条件的供应商就采购货物、工程和服务事宜进行谈判，供应商按照谈判文件的要求提交响应文件和最后报价，采购人从谈判小组提出的成交候选人中确定成交供应商的采购方式。

符合下列情况之一的采购项目，可以采用竞争性谈判方式采购：

（1）招标后没有供应商投标或者没有合格标的，或者重新招标未能成立的。

（2）技术复杂或者性质特殊，不能确定详细规格或者具体要求的。

（3）非采购人所能预见的原因或者非采购人拖延造成采用招标所需时间不能满足用户紧急需要的。

（4）因艺术品采购、专利、专有技术或者服务的时间、数量事先不能确定等原因不能事先计算出价格总额的。

依据：《中华人民共和国政府采购法》《政府采购非招标采购方式管理办法》（财政部令第74号）

11 询价采购方式适用情况有哪些？

询价是指询价小组向符合资格条件的供应商发出采购货物询价通知书，要求供应商一次报出不得更改的价格，采购人从询价小组提出的成交候选人中确定成交供应商的采购方式。

采购的货物规格、标准统一、现货货源充足且价格变化幅度小的政府采购项目，可以采用询价方式采购。

依据：《中华人民共和国政府采购法》《政府采购非招标采购方式管理办法》（财政部令第74号）

12 单一来源采购方式适用情况有哪些？

单一来源采购是指采购人从某一特定供应商处采购货物、工程和服务的采购方式。

符合下列情况之一的货物或者服务，可以采用单一来源方式采购：

（1）只能从唯一供应商处采购的。

（2）发生了不可预见的紧急情况不能从其他供应商处采购的。

（3）必须保证原有采购项目一致性或者服务配套的要求，需要继续从原供应商处添购，且添购资金总额不超过原合同采购金额10％的。

采取单一来源方式采购的，采购人与供应商应当遵循《中华人民共和国政府采购法》规定的原则，在保证采购项目质量和双方商定合理价格的基础上进行采购。

依据：《中华人民共和国政府采购法》《政府采购非招标采购方式管理办法》（财政部令第74号）

13 竞争性磋商采购方式适用情况有哪些？

竞争性磋商采购方式，是指采购人、政府采购代理机构通过组建竞争性磋商小组与符合条件的供应商就采购货物、工程和服务事宜进行磋商，供应商按照磋商文件的要求提交响应文件和报价，采购人从磋商小组评审后提出的候选供应商名单中确定成交供应商的采购方式。

符合下列情况的项目，可以采用竞争性磋商方式开展采购：

（1）政府购买服务项目。

（2）技术复杂或者性质特殊，不能确定详细规格或者具体要求的。

（3）因艺术品采购、专利、专有技术或者服务的时间、数量事先不能确定等原因不能事先计算出价格总额的。

（4）市场竞争不充分的科研项目，以及需要扶持的科技成果转化项目。

（5）按照招标投标法及其实施条例必须进行招标的工程建设项目以外的工程建设项目。

依据：《政府采购竞争性磋商采购方式管理暂行办法》（财库〔2014〕214号）

14 建设单位自筹资金建设项目如何执行《中华人民共和国政府采购法》？

政府采购法中的财政性资金是指纳入预算管理的资金。以财政性资金作为还款来源的借贷资金，视同财政性资金。

在执行中应当将纳入预算管理作为是否为财政性资金的标准，从而判断是否纳入政府采购管理。在政府采购管理中，凡使用纳入部门预算管理的资金，不论来源，包括部分事业收入、经营性收入和其他收入等"自有收入"，都应当纳入政府采购管理范畴。

依据：《中华人民共和国政府采购法》《中华人民共和国政府采购法实施条例》

15 建设项目既使用财政性资金又使用非财政性资金的如何执行政府采购法规？

国家机关、事业单位和团体组织实施的建设项目，既使用财政性资金又使用非财政性资金的，使用财政性资金采购的部分，适用政府采购法及其条例；财政性资金与非财政性资金无法分割采购的，统一适用政府采购法及其实施条例。

依据：《中华人民共和国政府采购法实施条例》

16 政府采购工程以及与工程建设有关的货物、服务，不同采购方式如何适用政府采购法规？

（1）招标方式。政府采购工程以及与工程建设有关的货物、服务，采用招标方式采购的，适用《中华人民共和国招标投标法》及其实施条例。采用招标方式采购的项目范围执行《必须招标的工程项目规定》（发改委令第16号）。

（2）竞争性谈判、竞争性磋商或者单一来源方式。政府采购工程以及与工程建设有关的货物、服务采购，依法不进行招标的，应当按照《中华人民共和国政府采购法》及其实施条例规定的竞争性谈判、单一来源方式或者竞争性磋商方式采购。

（3）询价方式。采购的货物规格、标准统一、现货货源充足且价格变化幅度小的政府采购项目，可以依法采用询价方式采购。询价采购不适用于工程和服务项目采购。

依据：《中华人民共和国政府采购法》《中华人民共和国政府采购法实施条例》《中华人民共和国招标投标法实施条例》

17 建设项目必须采取招标采购方式的情况有哪些？

建设项目在什么情况下采取招标方式，与项目建设内容和金额有关。

（1）建设项目建设内容为建设工程的，有关项目及其勘察、设计、施工、监理，以及与工程建设有关的重要设备、材料等的采购达到下列标准之一的，必须招标：

① 施工单项合同估算价在400万元人民币以上。

② 重要设备、材料等货物的采购，单项合同估算价在200万元人民币以上。

③ 勘察、设计、监理等服务的采购，单项合同估算价在100万元人民币以上。同一项目中可以合并进行的勘察、设计、施工、监理以及与工程建设有关的重要设备、材料等的采购，合同估算价合计达到前款规定标准的，必须招标。

发包人依法对工程以及与工程建设有关的货物、服务全部或者部分实行总承包发包的，总承包中施工、货物、服务等各部分的估算价中，只要有一项达到前款规定标准的，即施工部分估算价达到400万元以上，或者货物部分达到200万元以上，或者服务部分达到100万元以上，则整个总承包发包应当招标。

（2）建设项目建设内容不属于建设工程以及与工程建设有关货物、服务的，按政府采购管理相关规定执行。其中，货物、服务项目达到中央单位政府采购公开招标限额标准，即200万元及以上的，必须采用公开招标方式采购。

依据：《中华人民共和国政府采购法实施条例》《中央预算单位政府集中采购目录及标准(2020年版)》(国办发〔2019〕55号)，《必须招标的工程项目规定》(发改委令第16号)，《国家发展改革委办公厅关于进一步做好〈必须招标的工程项目规定〉和〈必须招标的基础设施和公用事业项目范围规定〉实施工作的通知》(发改办法规〔2020〕770号)

⑱ 建设项目可以采取非招标采购方式的情况有哪些？

建设项目未达到《必须招标的工程项目规定》和政府采购货物或服务公开招标数额标准的，执行政府采购有关规定。具体要求如下：

(1) 采购内容属于政府集中采购目录的，执行集中采购有关规定，委托集中采购机构代理采购。

(2) 采购内容不属于集中采购目录，但达到分散采购限额标准以上的，可根据项目实际情况，对照政府采购方式的适用情形，选择单一来源、竞争性谈判、竞争性磋商和询价采购方式进行采购。未达到公开招标数额标准但采用招标方式采购的，应按照《中华人民共和国招标投标法》相关规定执行。

(3) 采购内容不属于集中采购目录，且未达到分散采购限额标准的，即采购货物、服务项目金额小于100万元，工程金额小于120万元的，由采购人根据项目情况自行采购。

依据：《中华人民共和国政府采购法》《中华人民共和国政府采购法实施条例》《政府采购非招标采购方式管理办法》(财政部令第74号)，《中央预算单位政府集中采购目录及标准(2020年版)》(国办发〔2019〕55号)

⑲ 建设项目变更政府采购方式应履行的报批手续有哪些？

建设项目中，达到公开招标数额标准的采购项目，拟采用公开招标以外采购方式的，采购人应当在采购活动开始前，报经主管预算单位同意后，向同级财政部门申请批准。一般应通过"政府采购计划管理系统"报送采购方式变更申请，对系统中已导入政府采购预算的，不再提供部门预算批复文件复印件。涉及国家秘密需要变更采购方式的，应当通过纸质文件报送。

(1) 直接申请采用公开招标以外采购方式，应提供以下材料：

① 中央主管预算单位出具的变更采购方式申请公文，公文中应当载明以下内容：中央预算单位名称、采购项目名称、项目概况等项目基本情况说明，拟申请采用的采购方式和理由，联系人及联系电话等；申请变更为单一来源采购方式的，还需提供拟定的唯一供应商名称、地址，采购项目拟实现的功能或目标、成本测算等情况说明。

② 项目预算金额、预算批复文件或者资金来源证明。

③ 单位内部会商意见。业务部门应当结合工作实际，根据经费预算和资产配置等采购标准，提出合理采购需求。采购部门（岗位）应当组织财务、业务等相关部门（岗位），根据采购需求和相关行业、产业发展状况，对拟申请采用采购方式的理由及必要性进行内部会

商，会商意见应当由相关部门（岗位）人员共同签字认可。

④ 申请变更为单一来源采购方式的，如属于只能从唯一供应商处采购的情形，还需提供3名以上专业人员论证意见；专业人员论证意见应当完整、清晰和明确，意见不明确或者含混不清的，属于无效意见，不作为审核依据；专业人员论证意见中应当载明专业人员姓名、工作单位、职称、联系电话和身份证号码；专业人员不能与论证项目有直接利害关系，不能是本单位或者潜在供应商及其关联单位的工作人员。

⑤ 其他注意事项。非所能预见的原因或者非拖延造成采用招标所需时间不能满足需要而申请变更采购方式的，应当提供项目紧急原因的说明材料；采购任务涉及国家秘密需要变更采购方式的，应当提供由国家保密机关出具的本项目为涉密采购项目的证明文件。

（2）公开招标失败后转其他方式的，除以上①②内容外，还需提交如下材料：

① 在中国政府采购网发布招标公告的证明材料。

② 中央预算单位、采购代理机构出具的对招标文件和招标过程没有供应商质疑的说明材料。

③ 评标委员会或3名以上评审专家出具的招标文件没有不合理条款的论证意见。

（3）特别说明。申请采用单一来源采购方式，属于只能从唯一供应商处采购情形的，在向财政部提出变更申请前，应在中国政府采购网上进行公示，并将公示情况一并报财政部。

公示期不得少于5个工作日，公示材料为单一来源采购征求意见公示文书和专业人员论证意见。因公开招标过程中提交投标文件或者经评审实质性响应招标文件要求的供应商只有一家时，申请采用单一来源采购方式的，公示材料还包括评审专家和代理机构分别出具的招标文件无歧视性条款、招标过程未受质疑相关意见材料。

依据：《中华人民共和国政府采购法》《政府采购非招标采购方式管理办法》（财政部令第74号）、《中央预算单位变更政府采购方式审批管理办法》（财库〔2015〕36号）、《关于中央预算单位申请单一来源采购方式审核前公示有关事项的通知》（财办库〔2015〕8号）、《财政部关于中央预算单位2021年政府采购计划和信息统计编报工作的通知》（财库〔2020〕37号）

20 建设项目政府采购进口产品应满足的基本条件有哪些？

建设项目政府采购进口产品，属于政府集中采购目录内或者采购限额标准以上的，需执行政府采购有关规定，实行进口产品采购备案和审批审核管理。中央高校、科研院所采购进口科研仪器设备实行备案制管理，其他中央预算单位采购进口产品实行审批制管理。

采购人需要采购的产品在中国境内无法获取或者无法以合理的商业条件获取，以及法律法规另有规定，确需采购进口产品的，应当在履行备案或审批程序的基础上，依法开展政府采购活动。

依据：《政府采购进口产品管理办法》（财库〔2007〕119号）、《关于政府采购进口产品管理有关问题的通知》（财办库〔2008〕248号）

21 建设项目政府采购进口产品审批审核应提供的资料有哪些？

建设项目政府采购进口产品采购量较大、采购产品通用性较强的，实行部门集中论证申报方式。由主管预算单位归集所属预算单位进口产品申请，组织专家集中论证，统一向财政部国库司申报审批。

单独申请进口产品申报审批的项目，一般应通过"政府采购计划管理系统"报送进口产品审批申请，对系统中已导入政府采购预算的，不再提供部门预算批复文件复印件。采购人报财政部门审批时，应视不同情况出具以下材料：

（1）进口产品属于国家法律法规政策明确规定鼓励进口产品的，出具材料如下：

①《政府采购进口产品申请表》。

② 关于鼓励进口产品的国家法律法规政策文件复印件。

③ 进口产品应用场景以及采购数量、金额等情况说明。对于本国产品基本满足需求但产品性能、技术水平与进口产品存在差距的，申请材料中还需明确拟采购进口产品与本国产品的配比情况。

（2）进口产品属于国家法律法规政策明确规定限制进口产品的，出具材料如下：

①《政府采购进口产品申请表》。

② 进口产品所属行业的设区的市、自治州以上主管部门出具的《政府采购进口产品所属行业主管部门意见》；采购人拟采购国家限制进口的重大技术装备和重大产业技术的，应当出具发展改革委的意见；采购人拟采购国家限制进口的重大科学仪器和装备的，应当出具科技部的意见。

③ 专家组出具的《政府采购进口产品专家论证意见》。

④ 进口产品应用场景以及采购数量、金额等情况说明；对于本国产品基本满足需求但产品性能、技术水平与进口产品存在差距的，申请材料中还需明确拟采购进口产品与本国产品的配比情况。

（3）采购其他进口产品的，出具材料如下：

①《政府采购进口产品申请表》。

② 进口产品所属行业的设区的市、自治州以上主管部门出具的《政府采购进口产品所属行业主管部门意见》或专家组出具的《政府采购进口产品专家论证意见》。

③ 进口产品应用场景以及采购数量、金额等情况说明；对于本国产品基本满足需求但产品性能、技术水平与进口产品存在差距的，申请材料中还需明确拟采购进口产品与本国产品的配比情况。

依据：《政府采购进口产品管理办法》（财库〔2007〕119 号），《财政部关于中央预算单位 2021 年政府采购计划和信息统计编报工作的通知》（财库〔2020〕37 号）

㉒ 建设项目政府采购进口产品论证专家的要求有哪些?

政府采购进口产品论证专家应当是熟悉该产品，并且与采购人或采购代理机构没有经济和行政隶属等关系。因进口产品论证与采购文件评审不同，进口产品论证专家可以不从财政部门建立的专家库中抽取专家作为进口产品论证专家，凡从财政部门专家库中抽取的专家，应当告知被抽取专家其论证内容和相应的责任。

专家组应当由五人以上的单数组成，其中，必须包括一名法律专家，产品技术专家应当为非本单位并熟悉该产品的专家。采购人代表不得作为专家组成员参与论证。参与论证的专家不得作为采购评审专家参与同一项目的采购评审工作。

依据：《政府采购进口产品管理办法》（财库〔2007〕119号），《关于政府采购进口产品管理有关问题的通知》（财办库〔2008〕248号）

㉓ 建设项目政府采购进口产品的具体管理要求有哪些？

（1）采购方式。政府采购进口产品应当以公开招标为主要方式。因特殊情况需要采用公开招标以外采购方式的，按照政府采购变更采购方式管理有关规定执行。

（2）采购活动实施。采购人采购进口产品时，必须在采购活动开始前向财政部门提出申请并获得财政部门审核同意后，才能开展采购活动。在采购活动开始前没有获得财政部门同意而开展采购活动的，视同为拒绝采购进口产品，应当在采购文件中明确作出不允许进口产品参加的规定。未在采购文件中明确规定不允许进口产品参加的，也视为拒绝进口产品参加。采购活动组织开始后才报经财政部门审核同意的采购活动，属于违规行为。

财政部门审核同意购买进口产品的，应当在采购文件中明确规定可以采购进口产品，但如果因信息不对称等原因，仍有满足需求的国内产品要求参与采购竞争的，采购人及其委托的采购代理机构不得对其加以限制，应当按照公平竞争原则实施采购。

中央高校、科研院所采购进口科研仪器设备实行备案制管理，但应按规定做好专家论证工作，参与论证的专家可自行选定，专家论证意见随采购文件存档备查。

（3）合同续签或者配套采购。采购人因产品的一致性或者服务配套要求，需要继续从原供应商处添购原有采购项目的，不需要重新审核，但添购资金总额不超过原合同采购金额的10%。

政府采购进口产品合同履行中，采购人确需追加与合同标的相同的产品，在不改变合同其他条款的前提下，且所有补充合同的采购金额不超过原合同采购金额10%的，可以与供应商协商签订补充合同，不需要重新审核。

政府采购进口产品合同应当将维护国家利益和社会公共利益作为必备条款。合同履行过程中出现危害国家利益和社会公共利益问题的，采购人应当立即终止合同。

（4）采购人或者其委托的采购代理机构应当依法加强对进口产品的验收工作，防止假冒伪劣产品。

依据：《政府采购进口产品管理办法》（财库〔2007〕119号），《关于政府采购进口产品管理有关问题的通知》（财办库〔2008〕248号）

㉔ 建设项目应予发布的政府采购信息有哪些？

建设项目政府采购时，应当遵循政府采购信息发布有关规定。采购项目预算金额达到国务院财政部门规定标准的，政府采购项目信息应当在国务院财政部门指定的媒体上发布。

依照政府采购有关法律制度规定，建设项目应予发布的政府采购信息主要包括政府采购意向公告、公开招标公告、资格预审公告、单一来源采购公示、中标（成交）结果公告、更正公告、终止公告、合同公告、公共服务项目验收结果公告、政府采购合同公告等政府采购项目信息。

邀请招标采购人采用书面推荐方式产生符合资格条件的潜在投标人的，应当将所有被推荐供应商名单和推荐理由随中标结果同时公告。竞争性谈判、竞争性磋商和询价采购时，采用书面推荐供应商参加采购活动的，应当公告采购人和评审专家的推荐意见。

发布主体发布政府采购信息不得有虚假和误导性陈述，不得遗漏依法必须公开的事项。应当确保其在不同媒体发布的同一政府采购信息内容一致。在不同媒体发布的同一政府采购信息内容、时间不一致的，以在中国政府采购网或者其省级分网发布的信息为准。同时在中国政府采购网和省级分网发布的，以在中国政府采购网上发布的信息为准。内容和格式详见《政府采购公告和公示信息格式规范（2020年版）》。

依据：《中华人民共和国政府采购法实施条例》《政府采购信息发布管理办法》（财政部令第101号），《政府采购非招标采购方式管理办法》（财政部令第74号），《政府采购竞争性磋商采购方式管理暂行办法》（财库〔2014〕214号），《关于开展政府采购意向公开工作的通知》（财库〔2020〕10号）

第四章
建设项目成本管理

① 建设项目核算的会计科目如何设置？

建设项目应设置"在建工程""工程物资"等科目进行核算。"在建工程"科目下设置"建筑安装工程投资""设备投资""待摊投资""其他投资""待核销基建支出""基建转出投资"等明细科目，并按照具体项目进行明细核算。"工程物资"科目下按照"库存材料""库存设备"等工程物资类别进行明细核算。

依据：《政府会计制度——行政事业单位会计科目和报表》（财会〔2017〕25 号）

② 建设项目建设成本包含的内容有哪些？

建设项目建设成本是指建设单位按照批准的建设内容使用项目建设资金安排的各项支出，包括建筑安装工程投资支出、设备投资支出、待摊投资支出和其他投资支出。

依据：《基本建设财务规则》（财政部令第 81 号）

③ 建设项目建筑安装工程投资支出包含的内容有哪些？

建筑安装工程投资支出包括项目建设单位按照批准的建设内容支出的建筑工程和安装工程的实际成本，不包括被安装设备本身的价值，以及按照合同规定支付给施工单位的预付备料款和预付工程款。

依据：《基本建设财务规则》（财政部令第 81 号），《基本建设项目建设成本管理规定》（财建〔2016〕504 号）

④ 建设项目设备投资支出包含的内容有哪些？

设备投资支出是指项目建设单位按照批准的建设内容支出的各种设备的实际成本（不包括工程抵扣的增值税进项税额），包括需要安装设备、不需要安装设备和为生产准备的低于固定资产标准的工具、器具的实际成本。

需要安装设备是指必须将其整体或几个部位装配起来，安装在基础上或建筑物支架上才能使用的设备。不需要安装设备是指不必固定在一定位置或支架上就可以使用的设备。

依据：《基本建设财务规则》（财政部令第 81 号），《基本建设项目建设成本管理规定》（财建〔2016〕504 号）

5 建设项目待摊投资支出包含的内容有哪些？

待摊投资支出是指项目建设单位按照批准的建设内容发生的，应当分摊计入相关资产价值的各项费用和税金支出，主要包括：

（1）勘察费、设计费、研究试验费、可行性研究费及项目其他前期费用。

（2）土地征用及迁移补偿费、土地复垦及补偿费、森林植被恢复费及其他为取得或租用土地使用权而发生的费用。

（3）土地使用税、耕地占用税、契税、车船税、印花税及按规定缴纳的其他税费。

（4）项目建设管理费、代建管理费、临时设施费、监理费、招标投标费、社会中介机构审查费及其他管理性质的费用。

（5）项目建设期间发生的各类借款利息、债券利息、贷款评估费、国外借款手续费及承诺费、汇兑损益、债券发行费用及其他债务利息支出或融资费用（建设资金存款利息收入超过支出的部分，冲减待摊投资支出）。

（6）工程检测费、设备检验费、负荷联合试车费及其他检验检测类费用。

（7）固定资产损失、器材处理亏损、设备盘亏及毁损、报废工程净损失及其他损失。

（8）系统集成等信息工程的费用支出。

（9）其他待摊性质支出。

依据：《基本建设财务规则》（财政部令第 81 号），《政府会计制度——行政事业单位会计科目和报表》（财会〔2017〕25 号），《基本建设项目建设成本管理规定》（财建〔2016〕504 号）

6 建设项目待摊投资的分配方法有哪些？

项目完工交付使用时，应当按照合理的分配方法分配待摊投资，可根据情况按以下 2 种方法分配：

（1）按实际分配率分配，适用于建设工期较短、整个项目的所有单项工程一次竣工的建设项目。

实际分配率＝待摊投资明细科目余额÷（建筑工程明细科目余额＋安装工程明细科目余额＋设备投资明细科目余额）×100％。

（2）按概算分配率分配，适用于建设工期长、单项工程分期分批建成投入使用的建设项目。

概算分配率＝（概算中各待摊投资项目的合计数－其中可直接分配部分）÷（概算中建筑工程、安装工程和设备投资合计）×100％。

依据：《政府会计制度——行政事业单位会计科目和报表》（财会〔2017〕25 号）

7 建设项目建设管理费包含的内容有哪些？

项目建设管理费是指项目建设单位从项目筹建之日起至办理竣工财务决算之日止发生的管理性质的支出。包括：不在原单位发工资的工作人员工资及相关费用，以及办公费、办公场地租用费、差旅交通费、劳动保护费、工具用具使用费、固定资产使用费、招募生产工人费、技术图书资料费（含软件）、业务招待费、施工现场津贴、竣工验收费和其他管理性质的开支。

依据：《基本建设项目建设成本管理规定》（财建〔2016〕504号）

⑧ 建设项目建设管理费支出标准如何规定？

行政事业单位建设项目建设管理费实行总额控制，分年度据实列支。总额控制数以项目审批部门批准的项目总投资（经批准的动态投资，不含项目建设管理费）扣除土地征用、迁移补偿等为取得或租用土地使用权而发生的费用为基数分档计算，具体为：工程总概算1000万元以下的费率2%；工程总概算1001万~5000万元的费率1.5%；工程总概算5001万~10000万元的费率1.2%；工程总概算10001万~50000万元的费率1%；工程总概算50001万~100000万元的费率0.8%；工程总概算100000万元以上的费率0.4%。

在项目管理费中开支的施工现场管理人员津贴标准应当比照当地财政部门制定的差旅费标准执行；一般不得发生业务招待费，确需列支的，项目业务招待费支出应当严格按照国家有关规定执行，并不得超过项目建设管理费的5%。

项目建设管理费原则上应按上述标准开支，确需超过标准开支的，应当事前报项目主管部门审批，并报财政部备案。

依据：《基本建设项目建设成本管理规定》（财建〔2016〕504号）

⑨ 建设项目代建管理费支出标准如何规定？

政府设立（或授权）、政府招标产生的代建制项目，代建管理费由同级财政部门根据代建内容和要求，按照不高于项目建设管理费标准核定，计入项目建设成本。

实行代建制管理的项目，一般不得同时列支代建管理费和项目建设管理费，确需同时发生的，两项费用之和不得高于规定的项目建设管理费限额。

依据：《基本建设项目建设成本管理规定》（财建〔2016〕504号）

⑩ 建设项目代建管理费核定和支付规定有哪些？

（1）政府设立（或授权）、政府招标产生的代建制项目，代建管理费由同级财政部门根据代建内容和要求，按照不高于项目建设管理费标准核定。

（2）代建管理费核定和支付应当与工程进度、建设质量结合，与代建内容、代建绩效挂钩，实行奖优罚劣。

（3）同时满足按时完成项目代建任务、工程质量优良、项目投资控制在批准概算总投资范围3个条件的，可以支付代建单位利润或奖励资金，代建单位利润或奖励资金一般不得超过代建管理费的10%，需使用财政资金支付的，应当事前报同级财政部门审核批准；未完成代建任务的，应当扣减代建管理费。

依据：《基本建设项目建设成本管理规定》（财建〔2016〕504号）

(11) 建设项目建设管理费和代建管理费超过规定标准的，应履行哪些手续？

（1）建设地点分散、点多面广、建设工期长以及使用新技术、新工艺等的项目，项目建设管理费确需超过规定开支标准的，中央级项目，应当事前报项目主管部门审核批准，并报财政部备案，未经批准的，超标准发生的项目建设管理费由项目建设单位用自有资金弥补；地方级项目，由同级财政部门确定审核批准的要求和程序。

（2）建设地点分散、点多面广以及使用新技术、新工艺等的项目，代建管理费确需超过规定开支标准的，行政单位和使用财政资金建设的事业单位中央项目，应当事前报项目主管部门审核批准，并报财政部备案；地方项目，由同级财政部门确定审核批准的要求和程序。

依据：《基本建设项目建设成本管理规定》（财建〔2016〕504号）

(12) 建设项目单项工程报废净损失如何处理？

（1）因设计单位、施工单位、供货单位等原因造成的单项工程报废损失，由责任单位承担。

（2）单项工程报废应当经有关部门或专业机构鉴定，非经营性项目以及使用财政资金所占比例超过项目资本50%的经营性项目，发生的单项工程报废经鉴定后，报项目竣工财务决算批复部门审核批准。

（3）项目单项工程报废净损失计入待摊投资支出。

依据：《基本建设项目建设成本管理规定》（财建〔2016〕504号）

(13) 建设项目前期工作经费的使用范围有哪些？

前期工作经费是指从中央预算内基建投资中安排的用于从项目立项申请、可行性研究、初步设计到项目开工前所进行的前期工作专项经费，主要包括项目建议书、可行性研究报告、初步设计等工作环节的材料编制、招标、评估、审查、报送及相关工作发生的支出。

前期工作经费的使用范围包括：勘察费；设计费；研究试验费；可行性研究费；前期工作的标底编制及招标管理费；概算审查费；咨询评审费；技术图书资料费、差旅交通费、业务招待费等管理费用；经同级财政部门批准的与前期工作相关的其他费用。

依据：《中央预算内基建投资项目前期工作经费管理暂行办法》（财建〔2006〕689号）

(14) 建设项目前期工作经费的使用管理规定有哪些？

（1）前期工作经费预算经核定下达后必须严格执行，除特殊情况外一律不得调整，对确需调整的项目，应严格按照预算调整的相关规定执行。

（2）前期工作经费实行总额控制，分年度据实列支。

（3）对批准建设的项目，其前期费应列入批准的项目概算内，按照相关规定计入建设成本；对没有被批准或批准后又被取消的建设项目，其发生的前期费由使用单位向主管部门提出申请，由项目主管部门报同级财政部门批准后作核销处理；已安排的前期费如有结余，其结余资金应按规定及时就地上缴国库，严禁挪作他用。

（4）当年未完成的前期工作，其前期工作经费可结转下年继续使用。

（5）对违反规定，弄虚作假，截留、挤占、挪用前期费或前期工作中存在严重问题的单位，财政部门将根据《财政违法行为处罚处分条例》（国务院令第 427 号）及国家有关规定，追缴截留、挤占、挪用的前期费，停止拨付尚未拨付的前期工作经费，对有关人员追究责任，触犯法律的要移送司法机关处理。

依据：《中央预算内基建投资项目前期工作经费管理暂行办法》（财建〔2006〕689 号）

⑮ 不得列入建设项目建设成本的支出有哪些？

项目建设单位应当严格控制建设成本的范围、标准和支出责任，下列支出不得列入项目建设成本：

（1）超过批准建设内容发生的支出。

（2）不符合合同协议的支出。

（3）非法收费和摊派。

（4）无发票或者发票项目不全、无审批手续、无责任人员签字的支出。

（5）因设计单位、施工单位、供货单位等原因造成的工程报废等损失，以及未按照规定报经批准的损失。

（6）项目符合规定的验收条件之日起 3 个月后发生的支出。

（7）其他不属于建设项目应当负担的支出。

依据：《基本建设财务规则》（财政部令第 81 号）

⑯ 建设项目其他投资支出包含的内容有哪些？

其他投资支出包含项目建设单位按照批准的项目建设内容发生的房屋购置支出，基本畜禽、林木等的购置、饲养、培育支出，办公生活用家具、器具购置支出；软件研发及不能计入设备投资的软件购置等支出。

依据：《基本建设项目建设成本管理规定》（财建〔2016〕504 号），《政府会计制度——行政事业单位会计科目和报表》（财会〔2017〕25 号）

⑰ 建设项目基建收入如何处理？

基建收入是指在建设过程中形成的各项工程建设副产品变价收入、负荷试车和试运行收入以及其他收入。

工程建设副产品变价收入包括矿山建设中的矿产品收入，油气、油田钻井建设中的原油气收入，林业工程建设中的路影材收入，以及其他项目建设过程中产生或者伴生的副产品、试验产品的变价收入；负荷试车和试运行收入包括水利、电力建设移交生产前的供水、供电、供热收入，原材料、机电轻纺、农林建设移交生产前的产品收入，交通临时运营收入等；其他收入包括项目总体建设尚未完成或者移交生产，但其中部分工程简易投产而发生的经营性收入等。

基建收入扣除相关费用并依法纳税后，按下列方式处理：

（1）依据有关规定冲减建设工程成本部分记入待摊投资科目（贷方），差额部分记入"应缴财政款"或"其他收入"科目。

（2）符合验收条件而未按照规定及时办理竣工验收的经营性项目所实现的收入，不得作为项目基建收入管理。

依据：《基本建设财务规则》（财政部令第81号），《政府会计制度——行政事业单位会计科目和报表》（财会〔2017〕25号）

（18）建设项目发生的各项索赔、违约金等收入如何处理？

项目发生的各项索赔、违约金等收入，首先用于弥补工程损失，结余部分按照国家财务、会计制度的有关规定处理。

依据：《基本建设财务规则》（财政部令第81号）

（19）建设项目在建设期间的建设资金存款利息收入如何处理？

项目在建设期间的建设资金存款利息收入冲减债务利息支出，利息收入超过利息支出的部分，冲减待摊投资总支出。

依据：《基本建设项目建设成本管理规定》（财建〔2016〕504号）

第五章
建设项目工程价款结算管理

1 建设项目工程合同价款应依据哪些资料进行约定？

（1）招标工程的合同价款，依据招标文件、中标人的投标文件，在规定时间内，由发包人与承包人订立书面合同约定。

（2）非招标工程的合同价款，依据审定的工程预（概）算书由发包人、承包人在合同中约定。

合同价款在合同中约定后，任何一方不得擅自改变。

依据：《建设工程价款结算暂行办法》（财建〔2004〕369 号）

2 建设项目工程价款结算应遵循的原则有哪些？

建设项目工程价款结算，是指对建设工程的发承包合同价款进行约定和依据合同约定进行工程预付款、工程进度款、工程竣工价款结算的活动。建设项目工程价款结算应当遵循合法、平等、诚信的原则，并符合国家有关法律、法规和政策。

工程价款结算应按合同约定办理，合同未做约定或约定不明的，发、承包双方应依照下列规定与文件协商处理：

（1）国家有关法律、法规和规章制度。

（2）国务院建设行政主管部门、省（自治区、直辖市）或有关部门发布的工程造价计价标准、计价办法等有关规定。

（3）建设项目的合同、补充协议、变更签证和现场签证，以及经发、承包人认可的其他有效文件。

（4）其他可依据的材料。

依据：《建设工程价款结算暂行办法》（财建〔2004〕369 号）

3 建设项目合同条款中应对涉及工程价款结算的哪些事项进行约定？

（1）预付工程款的数额、支付时限及抵扣方式。

（2）工程进度款的支付方式、数额及时限。

（3）工程施工中发生变更时，工程价款的调整方法、索赔方式、时限要求及金额支付方式。

（4）发生工程价款纠纷的解决方法。

（5）约定承担风险的范围及幅度以及超出约定范围和幅度的调整办法。

（6）工程竣工价款的结算与支付方式、数额及时限。

（7）工程质量保证（保修）金的数额、预扣方式及时限。

（8）安全措施和意外伤害保险费用。

（9）工期及工期提前或延后的奖惩办法。

（10）与履行合同、支付价款相关的担保事项。

依据：《建设工程价款结算暂行办法》（财建〔2004〕369 号）

4 **建设项目签订合同时对工程价款的约定方式有哪些？**

建设项目发、承包人在签订合同时对于工程价款的约定，可选用下列一种约定方式：

（1）固定总价，合同工期较短且工程合同总价较低的工程，可以采用此方式。

（2）固定单价，双方在合同中约定综合单价包含的风险范围和风险费用的计算方法，在约定的风险范围内综合单价不再调整，风险范围以外的综合单价调整方法，应当在合同中约定。

（3）可调价格，包括可调综合单价和措施费等，双方应在合同中约定综合单价和措施费的调整方法，调整因素包括：

① 法律、行政法规和国家有关政策变化影响合同价款。

② 工程造价管理机构的价格调整。

③ 经批准的设计变更。

④ 发包人更改经审定批准的施工组织设计（修正错误除外）造成费用增加。

⑤ 双方约定的其他因素。

承包人应当在合同规定的调整情况发生后 14 天内，将调整原因、金额以书面形式通知发包人，发包人确认调整金额后将其作为追加合同价款，与工程进度款同期支付。发包人收到承包人通知后 14 天内不予确认也不提出修改意见，视为已经同意该项调整。

当合同规定的调整合同价款的调整情况发生后，承包人未在规定时间内通知发包人，或者未在规定时间内提出调整报告，发包人可以根据有关资料，决定是否调整和调整的金额，并书面通知承包人。

依据：《建设工程价款结算暂行办法》（财建〔2004〕369 号）

5 **建设项目工程设计变更价款如何调整？**

（1）施工中发生工程变更，承包人按照经发包人认可的变更设计文件，进行变更施工，其中，政府投资项目重大变更，需按建设程序报批后方可施工。

（2）工程设计变更确定后 14 天内，设计变更涉及工程价款调整的，由承包人向发包人提出，经发包人审核同意后变更合同价款。变更合同价款按下列方法进行：

① 合同中已有适用于变更工程的价格，按合同已有的价格变更合同价款。

② 合同中只有类似于变更工程的价格，可以参照类似价格变更合同价款。

③ 合同中没有适用或类似于变更工程的价格，由承包人或发包人提出适当的变更价格，经对方确认后执行。如双方不能达成一致的，双方可提请工程所在地工程造价管理机构进行咨询或按合同约定的争议或纠纷解决程序办理。

（3）工程设计变更确定后 14 天内，如承包人未提出变更工程价款报告，则发包人可根据所掌握的资料决定是否调整合同价款和调整的具体金额。重大工程变更涉及工程价款变更报告和确认的时限由发承包双方协商确定。

（4）收到变更工程价款报告一方，应在收到之日起 14 天内予以确认或提出协商意见，自变更工程价款报告送达之日起 14 天内，对方未确认也未提出协商意见时，视为变更工程价款报告已被确认。

（5）确认增（减）的工程变更价款作为追加（减）合同价款与工程进度款同期支付。

依据：《建设工程价款结算暂行办法》（财建〔2004〕369 号）

6　**建设项目工程预付款结算规定有哪些？**

（1）包工包料工程的预付款按合同约定拨付，原则上预付比例不低于合同金额的 10%，不高于合同金额的 30%，对重大工程项目，按年度工程计划逐年预付。计价执行住房和城乡建设部《建设工程工程量清单计价规范》的工程，实体性消耗和非实体性消耗部分应在合同中分别约定预付款比例。

（2）在具备施工条件的前提下，发包人应在双方签订合同后的一个月内或不迟于约定的开工日期前的 7 天内预付工程款，发包人不按约定预付，承包人应在预付时间到期后 10 天内向发包人发出要求预付的通知，发包人收到通知后仍不按要求预付，承包人可在发出通知 14 天后停止施工，发包人应从约定应付之日起向承包人支付应付款的利息（利率按同期银行贷款利率计），并承担违约责任。

（3）预付的工程款必须在合同中约定抵扣方式，并在工程进度款中进行抵扣。

（4）凡是没有签订合同或不具备施工条件的工程，发包人不得预付工程款，不得以预付款为名转移资金。

依据：《建设工程价款结算暂行办法》（财建〔2004〕369 号）

7　**建设项目工程进度款结算与支付规定有哪些？**

（1）工程进度款结算方式。

① 按月结算与支付，即实行按月支付进度款，竣工后清算的办法；合同工期在两个年度以上的工程，在年终进行工程盘点，办理年度结算。

② 分段结算与支付，即当年开工、当年不能竣工的工程按照工程形象进度，划分不同阶段支付工程进度款，具体划分在合同中明确。

（2）工程量计算。

① 承包人应当按照合同约定的方法和时间，向发包人提交已完工程量的报告；发包人接到报告后 14 天内核实已完工程量，并在核实前 1 天通知承包人，承包人应提供条件并派人参加核实，承包人收到通知后不参加核实，以发包人核实的工程量作为工程价款支付的依

据；发包人不按约定时间通知承包人，致使承包人未能参加核实，核实结果无效。

② 发包人收到承包人报告后 14 天内未核实完工程量，从第 15 天起，承包人报告的工程量即视为被确认，作为工程价款支付的依据，双方合同另有约定的，按合同执行。

③ 对承包人超出设计图纸（含设计变更）范围和因承包人原因造成返工的工程量，发包人不予计量。

（3）工程进度款支付。

① 根据确定的工程计量结果，承包人向发包人提出支付工程进度款申请，14 天内，发包人应按不低于工程价款的 60%，不高于工程价款的 90% 向承包人支付工程进度款；按约定时间发包人应扣回的预付款，与工程进度款同期结算抵扣。

② 发包人超过约定的支付时间不支付工程进度款，承包人应及时向发包人发出要求付款的通知，发包人收到承包人通知后仍不能按要求付款，可与承包人协商签订延期付款协议，经承包人同意后可延期支付，协议应明确延期支付的时间和从工程计量结果确认后第 15 天起计算应付款的利息（利率按同期银行贷款利率计）。

③ 发包人不按合同约定支付工程进度款，双方又未达成延期付款协议，导致施工无法进行，承包人可停止施工，由发包人承担违约责任。

依据：《建设工程价款结算暂行办法》（财建〔2004〕369 号）

⑧ 建设项目工程竣工结算规定有哪些？

建设项目工程完工后，双方应按照约定的合同价款及合同价款调整内容以及索赔事项，进行工程竣工结算。

（1）工程竣工结算方式。

工程竣工结算分为单位工程竣工结算、单项工程竣工结算和建设项目竣工总结算。

（2）工程竣工结算编审。

① 单位工程竣工结算由承包人编制，发包人审查；实行总承包的工程，由具体承包人编制，在总包人审查的基础上，发包人审查。

② 单项工程竣工结算或建设项目竣工总结算由总（承）包人编制，发包人可直接进行审查，也可以委托具有相应资质的工程造价咨询机构进行审查。政府投资项目，由同级财政部门审查。单项工程竣工结算或建设项目竣工总结算经发、承包人签字盖章后有效。

承包人应在合同约定期限内完成项目竣工结算编制工作，未在规定期限内完成的并且提不出正当理由延期的，责任自负。

（3）工程竣工结算审查期限。单项工程竣工后，承包人应在提交竣工验收报告的同时，向发包人递交竣工结算报告及完整的结算资料，发包人应按下列规定时限进行核对（审查）并提出审查意见：

① 工程竣工结算报告金额为 500 万元以下的，审查时间从接到竣工结算报告和完整的竣工结算资料之日起 20 天。

② 工程竣工结算报告金额为 500 万～2000 万元的，审查时间从接到竣工结算报告和完整的竣工结算资料之日起 30 天。

③ 工程竣工结算报告金额为 2000 万～5000 万元的，审查时间从接到竣工结算报告和完整的竣工结算资料之日起 45 天。

④ 工程竣工结算报告金额为 5000 万元以上的，审查时间从接到竣工结算报告和完整的竣工结算资料之日起 60 天。

发包人收到承包人递交的竣工结算报告及完整的结算资料后，应按规定或在合同约定期限内进行核实，给予确认或者提出修改意见。在规定或合同约定期限内，没有提出意见，则视同认可。承包人如未在规定时间内提供完整的工程竣工结算资料，经发包人催促后 14 天内仍未提供或没有明确答复，发包人有权根据已有资料进行审查，责任由承包人自负。

（4）工程竣工价款结算。根据确认的竣工结算报告，承包人向发包人申请支付工程竣工结算款。发包人应在收到申请后 15 天内支付结算款，保留不高于工程价款结算总额 3% 的质量保证金，待缺陷期满返还。缺陷期内如有质量不符合工程建设强制性标准、设计文件，以及承包合同的约定，发生费用应在质量保证金内扣除。

到期没有支付的应承担违约责任。承包人可以催告发包人支付结算价款，如达成延期支付协议，承包人应按同期银行贷款利率支付拖欠工程价款的利息。如未达成延期支付协议，承包人可以与发包人协商将该工程折价，或申请人民法院将该工程依法拍卖，承包人就该工程折价或者拍卖的价款优先受偿。

（5）索赔价款结算。发承包人未能按合同约定履行自己的各项义务或发生错误，给另一方造成经济损失的，由受损方按合同约定提出索赔，索赔金额按合同约定支付。

（6）合同以外零星项目工程价款结算。发包人要求承包人完成合同以外零星项目，承包人应在接受发包人要求的 7 天内就用工数量和单价、机械台班数量和单价、使用材料和金额等向发包人提出施工签证，发包人签证后施工，如发包人未签证，承包人施工后发生争议的，责任由承包人自负。

依据：《建设工程价款结算暂行办法》（财建〔2004〕369 号），《建设工程质量保证金管理办法》（建质〔2017〕138 号）

9 建设项目工程价款结算争议如何处理？

（1）工程造价咨询机构接受发包人或承包人委托，编审工程竣工结算，应按合同约定和实际履约事项认真办理，出具的竣工结算报告经发、承包双方签字后生效。当事人一方对报告有异议的，可对工程结算中有异议部分，向有关部门申请咨询后协商处理，若不能达成一致的，双方可按合同约定的争议或纠纷解决程序办理。

（2）发包人对工程质量有异议，已竣工验收或已竣工未验收但实际投入使用的工程，其质量争议按该工程保修合同执行；已竣工未验收且未实际投入使用的工程以及停工、停建工程的质量争议，应当就有争议部分的竣工结算暂缓办理，双方可就有争议的工程委托有资质的检测鉴定机构进行检测，根据检测结果确定解决方案，或按工程质量监督机构的处理决定执行，其余部分的竣工结算依照约定办理。

（3）当事人对工程造价发生合同纠纷时，可通过以下办法解决：

① 双方协商解决。

② 按照合同条款约定的办法提请调解。

③ 向有关仲裁机构申请仲裁或向人民法院起诉。

依据：《建设工程价款结算暂行办法》（财建〔2004〕369 号），《建设工程质量保证金管理办法》（建质〔2017〕138 号）

⑩ 建设项目合同中应予以约定的工程质量保证金事项有哪些？

建设工程质量保证金是指发包人与承包人在建设工程承包合同中约定，从应付的工程款中预留，用以保证承包人在缺陷责任期内对建设工程出现的缺陷进行维修的资金。发包人应与承包人在合同中对涉及工程质量保证金的下列事项进行约定：

(1) 保证金预留、返还方式。

(2) 保证金预留比例、期限。

(3) 保证金是否计付利息，如计付利息，利息的计算方式。

(4) 缺陷责任期的期限及计算方式。

(5) 保证金预留、返还及工程维修质量、费用等争议的处理程序。

(6) 缺陷责任期内出现缺陷的索赔方式。

(7) 逾期返还保证金的违约金支付办法及违约责任。

依据：《建设工程质量保证金管理办法》（建质〔2017〕138 号）

⑪ 建设项目工程质量保证金预留规定有哪些？

(1) 发包人应按照合同约定方式预留保证金，保证金总预留比不得高于工程价款结算总额的 3%。

(2) 合同约定由承包人以银行保函替代预留保证金的，保函金额不得高于工程价款结算总额的 3%。

(3) 在工程项目竣工前，已经缴纳履约保证金的，发包人不得同时预留工程质量保证金。

(4) 采用工程质量保证担保、工程质量保险等其他保证方式的，发包人不得再预留保证金。

依据：《建设工程质量保证金管理办法》（建质〔2017〕138 号）

⑫ 建设项目缺陷责任期开始时间如何确定？

缺陷责任期是指承包人按照合同约定承担缺陷修复义务，且发包人预留质量保证金的期限。建设项目缺陷责任期开始时间按下列方式确定：

(1) 缺陷责任期从工程通过竣工验收之日起计。

(2) 由于承包人原因导致工程无法按规定期限进行竣工验收的，缺陷责任期从实际通过竣工验收之日起计。

(3) 由于发包人原因导致工程无法按规定期限进行竣工验收的，在承包人提交竣工验收报告 90 天后，工程自动进入缺陷责任期。

建设项目缺陷责任期一般为 1 年，最长不超过 2 年，由发、承包双方在合同中约定。

依据：《建设工程质量保证金管理办法》（建质〔2017〕138 号）

13 建设项目缺陷责任期内发生的维修费用如何承担？

建设项目缺陷责任期内，由承包人原因造成的缺陷，承包人应负责维修，并承担鉴定及维修费用。

如承包人不维修也不承担费用，发包人可按合同约定从工程质量保证金或银行保函中扣除，费用超出工程质量保证金额的，发包人可按合同约定向承包人进行索赔。承包人维修并承担相应费用后，不免除对工程的损失赔偿责任。

由他人原因造成的缺陷，发包人负责组织维修，承包人不承担费用，且发包人不得从工程质量保证金中扣除费用。

依据：《建设工程质量保证金管理办法》（建质〔2017〕138 号）

14 建设项目缺陷责任期内工程质量保证金如何管理？

（1）建设项目缺陷责任期内，实行国库集中支付的政府投资项目，工程质量保证金的管理应按国库集中支付的有关规定执行。

（2）其他政府投资项目，工程质量保证金可以预留在财政部门或发包方。缺陷责任期内，如发包方被撤销，工程质量保证金随交付使用资产一并移交使用单位管理，由使用单位代行发包人职责。

（3）社会投资项目采用预留工程质量保证金方式的，发、承包双方可以约定将工程质量保证金交由第三方金融机构托管。

（4）承包人可以银行保函替代预留工程质量保证金。

依据：《建设工程质量保证金管理办法》（建质〔2017〕138 号）

15 建设项目工程质量保证金的返还条件有哪些？

建设项目缺陷责任期内，承包人认真履行合同约定的责任，到期后，承包人向发包人申请返还工程质量保证金。

发包人在接到承包人返还工程质量保证金申请后，应于 14 天内会同承包人按照合同约定的内容进行核实。如无异议，发包人应当按照约定将工程质量保证金返还给承包人。对返还期限没有约定或者约定不明确的，发包人应当在核实后 14 天内将工程质量保证金返还承包人，逾期未返还的，依法承担违约责任。发包人在接到承包人返还保证金申请后 14 天内不予答复，经催告后 14 天内仍不予答复，视同认可承包人的返还工程质量保证金申请。

如发包人和承包人对保证金返还以及工程维修质量、费用有争议的，可按承包合同约定的争议和纠纷解决程序处理。

依据：《建设工程质量保证金管理办法》（建质〔2017〕138 号）

16 建设项目工程价款支付的控制要求有哪些？

建设单位应当建立工程进度价款支付环节的控制制度，对价款支付的条件、方式以及会计核算程序做出明确规定，确保价款支付及时、正确。

工程价款支付的控制要求包括：

（1）建设单位办理工程项目价款支付业务，应当符合《内部会计控制规范——货币资金（试行）》的有关规定。

（2）建设单位会计人员应对工程合同约定的价款支付方式、有关部门提交的价款支付申请及凭证、审批人的批准意见等进行审查和复核，复核无误后，方可办理价款支付手续。

（3）建设单位会计人员在办理价款支付业务过程中发现拟支付的价款与合同约定的价款支付方式及金额不符，或与工程实际完工情况不符等异常情况，应当及时报告。

（4）建设单位因工程变更等原因造成价款支付方式及金额发生变动的，应提供完整的书面文件和其他相关资料。单位会计人员应对工程变更价款支付业务进行审核。

（5）建设单位应当加强对工程项目资金筹集与运用、物资采购与使用、财产清理与变动等业务的会计核算，真实、完整地反映工程项目资金流入流出情况及财产物资的增减变动情况。

依据：《内部会计控制规范——工程项目（试行）》（财会〔2003〕30号）

⑰ 建设项目工程竣工决算的控制要求有哪些？

建设单位应当建立竣工决算环节的控制制度，对竣工清理、竣工决算、竣工审计、竣工验收等做出明确规定，确保竣工决算真实、完整、及时。

工程竣工决算的控制要求包括：

（1）建设单位应当建立竣工清理制度，明确竣工清理的范围、内容和方法，如实填写并妥善保管竣工清理清单。

（2）建设单位应当依据国家法律法规的规定及时编制竣工决算。建设单位应当组织有关部门及人员对竣工决算进行审核，重点审查决算依据是否完备，相关文件资料是否齐全，竣工清理是否完成，决算编制是否正确。

（3）建设单位应当建立竣工决算审计制度，及时组织竣工决算审计，未实施竣工决算审计的工程项目，不得办理竣工验收手续。

（4）建设单位应当及时组织工程项目竣工验收，确保工程质量符合设计要求。建设单位应当对竣工验收进行审核，重点审查验收人员、验收范围、验收依据、验收程序等是否符合国家有关规定。

（5）验收合格的工程项目，应当及时编制财产清单，办理资产移交手续，并加强对资产的管理。

依据：《内部会计控制规范——工程项目（试行）》（财会〔2003〕30号）

第六章
建设项目竣工财务决算管理

1 什么是建设项目竣工财务决算？

建设项目竣工财务决算是正确核定项目资产价值、反映竣工项目建设成果的文件，是办理资产移交和产权登记的依据，包括竣工财务决算报表、竣工财务决算说明书、竣工财务决（结）算审核情况及相关资料。

建设项目竣工决（结）算经有关部门或单位进行项目竣工决（结）算审核的，需附完整的审核报告及审核表，审核报告内容应当翔实，主要包括审核说明、审核依据、审核结果、意见、建议等内容。

相关资料主要包括项目立项、可行性研究报告、初步设计报告及概算、概算调整批复文件的复印件；项目历年投资计划及财政资金预算下达文件的复印件；审计、检查意见或文件的复印件；其他与项目决算相关的资料等内容。

依据：《基本建设财务规则》（财政部令第81号）

2 建设项目竣工财务决算报表包括内容有哪些？

建设项目竣工财务决算报表主要包括项目概况表、项目竣工财务决算表、资金情况明细表、交付使用资产总表、交付使用资产明细表、待摊投资明细表、待核销基建支出明细表、转出投资明细表等内容。

依据：《基本建设项目竣工财务决算管理暂行办法》（财建〔2016〕503号）

3 建设项目竣工财务决算说明书包括内容有哪些？

建设项目竣工财务决算说明书主要包括项目概况；会计账务处理、财产物资清理及债权债务的清偿情况；项目建设资金计划及到位情况，财政资金支出预算、投资计划及到位情况；项目建设资金使用、项目结余资金分配情况；项目概（预）算执行情况及分析，竣工实际完成投资与概算差异及原因分析；尾工工程情况；历次审计、检查、审核、稽查意见及整改落实情况；主要技术经济指标的分析、计算情况；项目管理经验、主要问题和建议；预备费动用情况；项目建设管理制度执行情况、政府采购情况、合同履行情况；征地拆迁补偿情况、移民安置情况；需说明的其他事项等内容。

依据：《基本建设项目竣工财务决算管理暂行办法》（财建〔2016〕503号）

4 **建设项目竣工财务决算何时编报？**

建设项目完工可投入使用或者试运行合格后，应当在 3 个月内编报竣工财务决算，特殊情况确需延长的，中小型项目不得超过 2 个月，大型项目不得超过 6 个月。

依据：《基本建设项目竣工财务决算管理暂行办法》（财建〔2016〕503 号）

5 **建设项目竣工财务决算编制前准备工作有哪些？**

编制建设项目竣工财务决算前，项目建设单位应当完成各项账务处理及财产物资的盘点核实，做到账账、账证、账实、账表相符。项目建设单位应当逐项盘点核实、填列各种材料、设备、工具、器具等清单并妥善保管，应变价处理的库存设备、材料以及应处理的自用固定资产要公开变价处理，不得侵占、挪用。

依据：《基本建设项目竣工财务决算管理暂行办法》（财建〔2016〕503 号）

6 **建设项目竣工财务决算编制依据有哪些？**

建设项目竣工财务决算的编制依据主要包括国家有关法律法规；经批准的可行性研究报告、初步设计、概算及概算调整文件；招标文件及招标投标书，施工、代建、勘察设计、监理及设备采购等合同，政府采购审批文件、采购合同；历年下达的项目年度财政资金投资计划、预算；工程结算资料；有关的会计及财务管理资料；其他有关资料。

建设项目竣工财务决算未经审核前，项目建设单位一般不得撤销，项目负责人及财务主管人员、重大项目的相关工程技术主管人员、概（预）算主管人员一般不得调离。

项目建设单位确需撤销的，项目有关财务资料应当转入其他机构承接、保管。项目负责人、财务人员及相关工程技术主管人员确需调离的，应当继续承担或协助做好竣工财务决算相关工作。

依据：《基本建设项目竣工财务决算管理暂行办法》（财建〔2016〕503 号）

7 **建设项目竣工财务决算可以简化编报或不需编报的情况有哪些？**

建设项目建设内容以设备购置、房屋及其他建筑物购置为主且附有部分建筑安装工程的，可以简化项目竣工财务决算编报内容、报表格式和批复手续；设备购置、房屋及其他建筑物购置，不用单独编报项目竣工财务决算。

依据：《基本建设项目竣工财务决算管理暂行办法》（财建〔2016〕503 号）

8 **建设项目竣工财务决算批复权限是如何规定的？**

（1）财政部直接批复。主管部门本级的投资额在 3000 万元（不含 3000 万元，按完成投资口径）以上的项目决算；不向财政部报送年度部门决算的中央单位项目决算，主要是指不向财政部报送年度决算的社会团体、国有及国有控股企业使用财政资金的非经营性项目和使用财政资金占项目资本比例超过 50% 的经营性项目决算。

（2）农业农村部批复的范围。部直属行政事业单位项目竣工财务决算，报部计划财务司审批。中国农业科学院、中国水产科学研究院、中国热带农业科学院（简称"三院"）本级项目竣工财务决算，报部计划财务司审批。

（3）"三院"批复的范围。"三院"所属单位项目竣工财务决算，报院本级审批。

依据：《中央基本建设项目竣工财务决算审核批复操作规程》（财办建〔2018〕2号），《农业部财务司关于转发〈基本建设财务规则〉和相关配套文件的通知》（农财会函〔2016〕20号）

⑨ 建设项目竣工财务决算批复原则是如何规定的？

建设项目竣工财务决算按"先审核后批复"原则批复。批复部门应建立健全项目决算评审和审核管理机制，以及内部控制制度，对符合批复条件的建设项目，应当在6个月内批复。

由财政部批复的项目决算，一般先由财政部委托财政投资评审机构或有资质的中介机构进行评审，根据评审结论，财政部审核后批复项目决算。

由主管部门批复的项目决算参照上述程序办理。

依据：《中央基本建设项目竣工财务决算审核批复操作规程》（财办建〔2018〕2号），《农业部财务司关于转发〈基本建设财务规则〉和相关配套文件的通知》（农财会函〔2016〕20号）

⑩ 建设项目竣工财务决算审核批复工作程序是如何规定的？

（1）条件和权限审核。审核项目是否为本部门批复范围，不属于本部门批复权限的项目决算，予以退回。审核项目或单项工程是否已完工，尾工工程超过5%的项目或单项工程，予以退回。

（2）资料完整性审核。

① 审核项目是否经有资质的中介机构进行决（结）算评审，是否附有完整的评审报告。对未经决（结）算评审（含审计署审计）的，委托评审机构进行决算审核。

② 审核决算报告资料的完整性，决算报表和报告说明书是否按要求编制、项目有关资料复印件是否清晰、完整。决算报告资料报送不完整的，通知其限期补报有关资料，逾期未补报的，予以退回。需要补充说明材料或存在问题需要整改的，要求主管部门在限期内报送并督促项目建设单位进行整改，逾期未报或整改不到位的，予以退回。

③ 未经评审或审计署全面审计的项目决算，以及虽经评审或审计，但主管部门、财政部审核发现存在以下问题或情形的，应开展项目决算评审：评审报告内容简单、附件不完整、事实反映不清晰且未达到决算批复相关要求；决算报表填列的数据不完整、存在较多错误、表间钩稽关系不清晰、不正确，以及决算报告和报表数据不一致；项目存在严重超标准、超规模、超概算，挤占、挪用项目建设资金，待核销基建支出和转出投资无依据、不合理等问题；评审报告或有关部门历次核查、稽查和审计所提问题未整改完毕，存在重大问题未整改或整改落实不到位；建设单位未能提供审计署的全面审计报告；其他影响项目竣工财务决算完成投资等的重要事项。

（3）符合下列情形的，进入审核批复程序：评审机构进行了决（结）算评审的项目决算，或已经审计署进行全面审计的项目决算，财政部或主管部门审核未发现较大问题，项目建设程序合法、合规，报表数据正确无误，评审报告内容翔实、事实反映清晰、符合决算批复要求以及发现的问题均已整改到位的，可依据评审报告及审核结果批复项目决算。

审核中，评审发现项目建设管理存在严重问题并需要整改的，要及时督促项目建设单位限期整改；存在违法违纪的，依法移交有关机关处理。

（4）审核未通过的，属评审报告问题的，退回评审机构补充完善；属项目本身不具备决算条件的，请项目建设单位（或报送单位）整改、补充完善或予以退回。

依据：《中央基本建设项目竣工财务决算审核批复操作规程》（财办建〔2018〕2号）

⑪ 建设项目竣工财务决算审核依据有哪些？

（1）项目建设和管理的相关法律、法规、文件规定。

（2）国家、地方以及行业工程造价管理的有关规定。

（3）财政部颁布的建设财务管理及会计核算制度。

（4）本项目相关资料，包括项目初步设计及概算批复和调整批复文件、历年财政资金预算下达文件、项目决算报表及说明书、历年监督检查、审计意见及整改报告。

必要时，还可审核项目施工和采购合同、招投标文件、工程结算资料，以及其他影响项目决算结果的相关资料。

依据：《中央基本建设项目竣工财务决算审核批复操作规程》（财办建〔2018〕2号）

⑫ 建设项目竣工财务决算审核的主要内容有哪些？

审核的主要内容包括工程价款结算、项目核算管理、项目建设资金管理、项目建设程序执行及建设管理、概（预）算执行、交付使用资产及尾工工程等。

依据：《基本建设项目竣工财务决算管理暂行办法》（财建〔2016〕503号），《中央基本建设项目竣工财务决算审核批复操作规程》（财办建〔2018〕2号）

⑬ 建设项目工程价款结算审核的主要内容有哪些？

建设项目工程价款结算审核的内容主要包括评审机构对工程价款是否按有关规定和合同协议进行全面评审；评审机构对于多算和重复计算工程量、高估冒算建筑材料价格等问题是否予以审减；单位、单项工程造价是否在合理或国家标准范围，是否存在严重偏离当地同期同类单位工程、单项工程造价水平问题。

依据：《中央基本建设项目竣工财务决算审核批复操作规程》（财办建〔2018〕2号）

⑭ 建设项目核算管理情况审核的主要内容有哪些？

建设项目核算管理情况审核的内容主要包括执行《基本建设财务规则》及相关会计制度情况。具体包括：

（1）建设成本核算是否准确。对于超过批准建设内容发生的支出、不符合合同协议的支出、非法收费和摊派，以及无发票或者发票项目不全、无审批手续、无责任人员签字的支出和因设计单位、施工单位、供货单位等原因，造成的工程报废损失等不属于本项目应当负担的支出，是否按规定予以审减。

（2）待摊费用支出及其分摊是否合理合规。

（3）待核销基建支出有无依据、是否合理合规。

（4）转出投资有无依据、是否已落实接收单位。

（5）决算报表所填列的数据是否完整，表内和表间钩稽关系是否清晰、正确。

（6）决算的内容和格式是否符合国家有关规定。

（7）决算资料报送是否完整、决算数据之间是否存在错误。

（8）与财务管理和会计核算有关的其他事项。

依据：《中央基本建设项目竣工财务决算审核批复操作规程》（财办建〔2018〕2号）

15 建设项目资金管理情况审核的主要内容有哪些？

（1）资金筹集情况。项目建设资金筹集，是否符合国家有关规定；项目建设资金筹资成本控制是否合理。

（2）资金到位情况。财政资金是否按批复的概算、预算及时足额拨付项目建设单位；自筹资金是否按批复的概算、计划及时筹集到位，是否有效控制筹资成本。

（3）项目资金使用情况。财政资金情况，是否按规定专款专用，是否符合政府采购和国库集中支付等管理规定。结余资金情况，结余资金在各投资者间的计算是否准确；应上缴财政的结余资金是否按规定在项目竣工后3个月内及时交回，是否存在擅自使用结余资金情况。

依据：《中央基本建设项目竣工财务决算审核批复操作规程》（财办建〔2018〕2号）

16 建设项目建设程序执行及建设管理情况审核的主要内容有哪些？

（1）项目建设程序执行情况审核内容。审核项目决策程序是否科学规范，项目立项、可研、初步设计及概算和调整是否符合国家规定的审批权限等。

（2）项目建设管理情况审核内容。审核决算报告及评审或审计报告是否反映了建设管理情况；建设管理是否符合国家有关建设管理制度要求，是否建立和执行法人责任制、工程监理制、招投标制、合同制；是否制定相应的内控制度，内控制度是否健全、完善、有效；招投标执行情况和项目建设工期是否按批复要求有效控制。

依据：《中央基本建设项目竣工财务决算审核批复操作规程》（财办建〔2018〕2号）

17 建设项目概（预）算执行情况审核的主要内容有哪些？

建设项目概（预）算执行情况审核的内容主要包括是否按照批准的概（预）算内容实施，有无超标准、超规模、超概（预）算建设现象，有无概算外项目和擅自提高建设标准、扩大建设规模、未完成建设内容等问题；项目在建设过程中历次检查和审计所提的重大问题是否已经整改落实；尾工工程及预留费用是否控制在概算确定的范围内，预留的金额和比例是否合理。

依据：《中央基本建设项目竣工财务决算审核批复操作规程》（财办建〔2018〕2号）

18 **建设项目交付使用资产审核的主要内容有哪些？**

建设项目交付使用资产审核的主要内容包括项目形成资产是否真实、准确、全面反映，计价是否准确，资产接受单位是否落实；是否正确按资产类别划分固定资产、流动资产、无形资产；交付使用资产实际成本是否完整，是否符合交付条件，移交手续是否齐全。

依据：《基本建设项目竣工财务决算管理暂行办法》（财建〔2016〕503号），《中央基本建设项目竣工财务决算审核批操作规程》（财办建〔2018〕2号）

19 **建设项目竣工财务决算批复的主要内容有哪些？**

（1）批复确认项目决算完成投资、形成的交付使用资产、资金来源及到位构成，核销基建支出和转出投资等。

（2）根据管理需要批复确认项目交付使用资产总表、交付使用资产明细表等。

（3）批复确认项目结余资金、决算评审审减资金，并明确处理要求。

① 项目结余资金的交回时限。按照财政部有关建设结余资金管理办法规定处理，即应在项目竣工后3个月内交回国库。项目决算批复时，应确认是否已按规定交回，未交回的，应在批复文件中要求其限时缴回，并指出其未按规定及时交回问题。

② 项目决算确认的项目概算内评审审减投资，按投资来源比例归还投资方，其中审减的财政资金按要求交回国库；决算审核确认的项目概算内审增投资，存在资金缺口的，要求主管部门督促项目建设单位尽快落实资金来源。

（4）批复项目结余资金和审减投资中应上缴中央总金库的资金，在决算批复后30日内，由主管部门负责上缴。

（5）要求主管部门督促项目建设单位按照批复及建设财务会计制度有关规定及时办理资产移交和产权登记手续，加强对固定资产的管理，更好地发挥项目投资效益。

（6）批复披露项目建设过程存在的主要问题，并提出整改时限要求。

（7）决算批复文件涉及需交回财政资金的，应当抄送财政部驻当地财政监察专员办事处。

依据：《中央基本建设项目竣工财务决算审核批操作规程》（财办建〔2018〕2号）

20 **建设项目结余资金如何处理？**

建设项目结余资金是指项目竣工结余的建设资金，不包括工程抵扣的增值税进项税额资金。

经营性项目结余资金，转入单位的相关资产。

非经营性项目结余资金，首先用于归还项目贷款。如有结余，按照项目资金来源属于财政资金的部分，应当在项目竣工验收合格后3个月内，按照预算管理制度有关规定收回财政。

建设周期长、建设内容多的大型项目，单项工程竣工财务决算可单独报批，单项工程结余资金在整个项目竣工财务决算中一并处理。

依据：《基本建设财务规则》（财政部令第 81 号）

㉑ 建设项目终止、报废或者未按照批准的建设内容建设形成的剩余建设资金如何处理？

项目终止、报废或者未按照批准的建设内容建设形成的剩余建设资金中，按照项目实际资金来源比例确认的财政资金应当收回财政。

依据：《基本建设财务规则》（财政部令第 81 号）

第七章
建设项目资产交付管理

1 什么是资产交付?

资产交付是指项目竣工验收合格后,将形成的资产交付或者转交生产使用单位的行为。交付使用的资产包括固定资产、流动资产、无形资产等。

依据:《基本建设财务规则》(财政部令第 81 号)

2 建设项目交付使用资产应何时入账管理?

建设项目竣工验收合格后应当及时办理资产交付使用手续,并依据项目竣工财务决算批复意见办理产权登记和有关资产入账或调账。

行政事业单位对已交付但未办理竣工决算的建设项目,应当按照国家统一的会计制度确认资产价值,或者按照对建设项目的实际投资暂估入账,待办理竣工决算手续后再按实际成本调整原来的暂估价值。

依据:《基本建设财务规则》(财政部令第 81 号),《基本建设项目竣工财务决算管理暂行办法》(财建〔2016〕503 号),《行政事业性国有资产管理条例》

3 建设项目交付使用的固定资产如何入账管理?

建设项目竣工,办妥竣工验收交接手续交付使用时,按照建筑安装工程成本(含应分摊的待摊投资),借记"固定资产"科目,贷记"在建工程—建筑安装工程投资"科目。

建设项目设备安装完毕办妥竣工验收交接手续交付使用时,按照设备投资成本(含设备安装工程成本和分摊的待摊投资),借记"固定资产"科目,贷记"在建工程—设备投资""在建工程—建筑安装工程投资—安装工程"等科目;购入不需安装的设备,交付使用时,按照实际成本借记"固定资产"科目,贷记"在建工程—设备投资"科目。

行政事业单位为建设工程而发生的房屋购置支出,基本畜禽、林木等的购置、饲养、培育支出,办公生活用家具、器具购置支出,以及为进行可行性研究而购置的固定资产,交付使用时,按照其实际成本,借记"固定资产"科目,贷记"在建工程—其他投资"科目。

行政事业单位建设项目形成的固定资产,应当于财务入账前在资产管理信息系统中建立固定资产卡片,做到"账卡相符",并在财务入账后在资产管理信息系统中及时完成资产入账工作,做到"账账相符"。

依据：《政府会计制度——行政事业单位会计科目和报表》（财会〔2017〕25号），《政府会计准则第3号——固定资产》（财会〔2017〕4号），《行政事业单位国有资产管理信息系统管理规程》（财办〔2013〕52号）

4 建设项目交付使用的流动资产如何入账管理？

建设项目交付使用的流动资产应按下列规定进行入账管理：达不到固定资产标准的工具、器具等流动资产，交付使用时，按照实际成本，借记"库存物品"等科目，贷记"在建工程—设备投资""在建工程—其他投资"等科目。

依据：《政府会计制度——行政事业单位会计科目和报表》（财会〔2017〕25号）

5 建设项目交付使用的无形资产如何入账管理？

建设项目交付使用的无形资产应按下列规定进行入账管理：单位为建设工程而发生的软件研发和不能计入设备投资的软件购置等支出，以及为取得土地使用权而支付的土地出让金等，交付使用时，按照其实际成本，借记"无形资产"科目，贷记"在建工程—其他投资"科目。

行政事业单位建设项目形成的无形资产，应当于财务入账前在资产管理信息系统中建立无形资产卡片，做到"账卡相符"，并在财务入账后在资产管理信息系统中及时完成资产入账工作，做到"账账相符"。

依据：《政府会计制度——行政事业单位会计科目和报表》（财会〔2017〕25号）

6 建设项目待核销基建支出包含的主要内容有哪些？

（1）非经营性项目发生的江河清障疏浚、航道整治、飞播造林、退耕还林（草）、封山（沙）育林（草）、水土保持、城市绿化、毁损道路修复、护坡及清理等不能形成资产的支出，以及项目未被批准、项目取消和项目报废前已发生的支出。

（2）非经营性项目发生的农村沼气工程、农村安全饮水工程、农村改造工程、游牧民定居工程、渔民上岸工程等涉及家庭或者个人的支出，形成资产产权归属家庭或者个人的。

（3）非经营性项目移民安置补偿中由项目建设单位负责建设并形成的实物资产，产权归属移民的。

依据：《基本建设财务规则》（财政部令第81号）

7 建设项目转出投资包含的主要内容有哪些？

（1）非经营性项目发生的江河清障疏浚、航道整治、飞播造林、退耕还林（草）、封山（沙）育林（草）、水土保持、城市绿化、毁损道路修复、护坡及清理等，形成资产产权不归属本单位的。

（2）非经营性项目发生的农村沼气工程、农村安全饮水工程、农村改造工程、游牧民定居工程、渔民上岸工程等涉及家庭或者个人的支出，形成资产产权归属其他单位的。

（3）非经营性项目为项目配套建设的专用设施，包括专用道路、专用通信设施、专用电力设施、地下管道等，产权不归属本单位的。

（4）非经营性项目移民安置补偿中由项目建设单位负责建设并形成的实物资产，产权归属集体或者单位的。

依据：《基本建设财务规则》（财政部令第 81 号）

⑧ 非经营性建设项目发生的涉及家庭或者个人的支出所形成资产如何处理？

非经营性项目发生的农村沼气工程、农村安全饮水工程、农村危房改造工程、游牧民定居工程、渔民上岸工程等涉及家庭或者个人的支出，形成资产产权归属家庭或者个人的，作为待核销基建支出处理；形成资产产权归属本单位的，计入交付使用资产价值；形成资产产权归属其他单位的，作为转出投资处理。

依据：《基本建设财务规则》（财政部令第 81 号）

⑨ 经批准使用建设项目资金购买的自用固定资产建设项目完工时如何进行财务处理？

项目建设单位经批准使用项目资金购买的车辆、办公设备等自用固定资产，项目完工时按下列情况进行财务处理：

（1）资产直接交付使用单位的，按设备投资支出转入交付使用。其中，计提折旧的自用固定资产，按固定资产购置成本扣除累计折旧后的金额转入交付使用，项目建设期间计提的折旧费用作为待摊投资支出分摊到相关资产价值；不计提折旧的自用固定资产，按固定资产购置成本转入交付使用。

（2）资产在交付使用单位前公开变价处置的，项目建设期间计提的折旧费用和固定资产清理净损益（即公开变价金额与扣除所提折旧后设备净值之间的差额）计入待摊投资，不计提自用固定资产折旧的项目，按公开变价金额与购置成本之间的差额作为待摊投资支出分摊到相关资产价值。

依据：《基本建设项目竣工财务决算管理暂行办法》（财建〔2016〕503 号）

第八章
建设项目绩效管理与监督

1 建设项目绩效目标设置要求有哪些?

建设项目绩效目标按"谁申请资金,谁设定目标"的原则设置。项目单位应根据中央预算内投资的管理特点、专项管理需要、工作流程和重点环节,充分考虑中央预算内投资主要用于固定资产投资、项目建设周期较长等特点,合理设置实施期绩效目标和年度绩效目标。绩效目标设置应符合以下要求:

(1) 明确期限,应按年度设置绩效目标,实施周期超过一年的项目还应按实施周期设置绩效目标(可根据需要设置中期绩效目标)。

(2) 细化量化,绩效目标应当通过细化的绩效指标予以量化描述,对无法量化描述的指标可采用定性方式,但应当具有可衡量性;设置绩效指标值应当依据或者参考计划标准、历史标准、行业标准、国际标准、经验值及其他标准等相关标准。

(3) 内容完整,绩效目标应当明确预期达到的产出、成本、效果(包括相关经济效益、社会效益、生态效益、可持续影响和服务对象满意度等)及过程管理指标。

(4) 合理可行,绩效目标应当符合客观实际,预期能够实现。

建设项目绩效目标设置,还应当与相应的预算资金支出方向、内容、范围等紧密相关,与预算资金数额相匹配,突出脱贫攻坚、乡村振兴、农业绿色发展等绩效指标。

依据:《农业农村部中央预算内直接投资农业建设项目管理办法》《农业农村部中央预算内投资补助农业建设项目管理办法》(农计财发〔2020〕18号),《经济建设项目资金预算绩效管理规则》(财建〔2013〕165号),《关于加强中央预算内投资绩效管理有关工作的通知》(发改投资〔2019〕220号)

2 建设项目绩效运行监控主要内容有哪些?

(1) 绩效目标完成情况,一是预计产出的完成进度及趋势,包括数量、质量、时效、成本等;二是预计效果的实现进度及趋势,包括经济效益、社会效益、生态效益和可持续影响等;三是跟踪服务对象满意度及趋势。

(2) 预算资金执行情况,包括预算资金拨付情况、实际支出情况以及预计结转结余情况。

(3) 绩效延伸监控,必要时可对项目支出具体工作任务开展、发展趋势、实施计划调整等情况进行延伸监控，具体内容包括政府采购、工程招标、监理和验收、信息公示、资产管理以及有关预算资金会计核算等。

（4）上述内容外其他需要实施绩效监控的内容。

绩效监控工作是全流程的持续性管理，具体采取中央部门日常监控和财政部定期监控相结合的方式开展。

依据：《经济建设项目资金预算绩效管理规则》（财建〔2013〕165号），《项目支出绩效评价管理办法》（财预〔2020〕10号）

③ 什么是建设项目绩效评价？

建设项目绩效评价是指财政部门、项目主管部门根据设定的项目绩效目标，运用科学合理的评价方法和评价标准，对项目建设全过程中资金筹集、使用及核算的规范性、有效性，以及投入运营效果等进行评价的活动。

项目主管部门会同财政部门按照有关规定，制定本部门或者行业项目绩效评价具体实施办法，建立具体的绩效评价指标体系，确定项目绩效目标，具体组织实施本部门或本行业绩效评价工作，并向财政部门报送评价结果。

依据：《基本建设财务规则》（财政部令第81号）

④ 建设项目绩效评价的原则和依据有哪些？

建设项目绩效评价应当坚持科学规范、公正公开、分级分类和绩效相关的原则，坚持经济效益、社会效益和生态效益相结合的原则。

建设项目绩效评价的主要依据包括国家相关法律、法规和规章制度；党中央、国务院重大决策部署，经济社会发展目标；农业农村部职责相关规定；相关行业政策、行业标准、行业规划及专业技术规范；预算管理制度及办法，项目及资金管理办法、财务和会计资料；项目设立的政策依据和目标，项目批复文件，预算执行情况，年度决算报告、项目决算或验收报告等相关材料；其他相关资料。

依据：《基本建设财务规则》（财政部令第81号）

⑤ 建设项目绩效评价的重点内容和指标有哪些？

建设项目绩效评价应当重点对项目建设成本、工程造价、投资控制、达产能力与设计能力差异、偿债能力、持续经营能力等内容开展绩效评价。

根据项目管理需要和项目特点，评价指标可选用社会效益、财务效益、工程质量、建设工期、资金来源、资金使用、实际投资回收期，以及实际单位生产（运营）能力投资等评价指标。

依据：《基本建设财务规则》（财政部令第81号）

⑥ 建设项目绩效评价结果如何应用？

财政部门负责制定建设项目绩效评价管理办法，对建设项目绩效评价工作进行指导和监督,选择部分项目开展重点绩效评价,依法公开绩效评价结果。绩效评价结果作为建设项目财政资金预算安排和资金拨付的重要依据。

农业农村部计划财务司、发展规划司及行业司局加强对绩效评价结果的运用,及时将结果反馈给项目单位,督促问题整改,并将绩效评价结果作为政策调整、项目安排和资金分配的重要参考。

依据:《国家发展改革委关于加强中央预算内投资绩效管理有关工作的通知》(发改投资〔2019〕220 号),《农业农村部中央预算内直接投资农业建设项目管理办法》(农计财发〔2020〕18 号),《经济建设项目资金预算绩效管理规则》(财建〔2013〕165 号),《基本建设财务规则》(财政部令第 81 号),《项目支出绩效评价管理办法》(财预〔2020〕10 号)

7 建设项目监督管理的主要内容有哪些?

建设项目监督管理内容主要包括对项目资金筹集与使用、预算编制与执行、建设成本控制、工程价款结算、竣工财务决算编报审核、资产交付等的监督管理。

财政部门应当加强对建设项目财政资金形成的资产的管理,按照规定对项目资产开展登记、核算、评估、处置、统计、报告等资产管理基础工作。

依据:《基本建设财务规则》(财政部令第 81 号)

8 建设项目监督管理的方式主要有哪些?

财政部门和项目主管部门应当加强建设项目的监督管理,采取事前、事中、事后相结合,日常监督与专项监督相结合的方式,对建设项目财务行为实施全过程监督管理。

项目建设单位应当建立、健全内部控制和项目财务信息报告制度,依法接受财政部门和项目主管部门等的财务监督管理。

依据:《基本建设财务规则》(财政部令第 81 号)

9 违反建设项目财务管理法规的行为如何处理?

(1) 有下列情形之一的,责令改正,对负有责任的领导人员和直接责任人员依法给予处分:

① 超越审批权限审批建设项目。

② 对不符合规定的建设项目予以批准。

③ 未按照规定核定或者调整建设项目的投资概算。

④ 为不符合规定的项目安排项目资金。

⑤ 履行建设项目管理职责中其他玩忽职守、滥用职权、徇私舞弊的情形。

(2) 有下列情形之一的,依照有关法律、行政法规和国家有关规定追究法律责任:

① 有关部门违法违规举借债务筹措项目资金。

② 未按照规定及时、足额办理政府投资资金拨付。

③ 转移、侵占、挪用政府投资资金。

(3) 项目建设单位有下列情形之一的,责令改正,根据具体情况,暂停、停止拨付资金或者收回已拨付的资金，暂停或者停止建设活动，对负有责任的领导人员和直接责任人员依法给予处分：

① 未经批准或者在不符合规定的建设条件下开工建设建设项目。

② 弄虚作假骗取项目审批或者项目资金。

③ 未经批准变更建设项目的建设地点或者对建设规模、建设内容等作较大变更。

④ 擅自增加建设项目投资概算。

⑤ 要求施工单位对建设项目垫资建设。

⑥ 无正当理由不实施或者不按照建设工期实施已批准的建设项目。

（4）项目单位未按照规定将建设项目审批和实施过程中的有关文件、资料存档备查，或者转移、隐匿、篡改、毁弃项目有关文件、资料的，责令改正，对负有责任的领导人员和直接责任人员依法给予处分。

依据：《政府投资条例》

附　　录

附录1　中华人民共和国招标投标法

第一章　总　　则

第一条　为了规范招标投标活动，保护国家利益、社会公共利益和招标投标活动当事人的合法权益，提高经济效益，保证项目质量，制定本法。

第二条　在中华人民共和国境内进行招标投标活动，适用本法。

第三条　在中华人民共和国境内进行下列工程建设项目包括项目的勘察、设计、施工、监理以及与工程建设有关的重要设备、材料等的采购，必须进行招标：

（一）大型基础设施、公用事业等关系社会公共利益、公众安全的项目；

（二）全部或者部分使用国有资金投资或者国家融资的项目；

（三）使用国际组织或者外国政府贷款、援助资金的项目。

前款所列项目的具体范围和规模标准，由国务院发展计划部门会同国务院有关部门制订，报国务院批准。

法律或者国务院对必须进行招标的其他项目的范围有规定的，依照其规定。

第四条　任何单位和个人不得将依法必须进行招标的项目化整为零或者以其他任何方式规避招标。

第五条　招标投标活动应当遵循公开、公平、公正和诚实信用的原则。

第六条　依法必须进行招标的项目，其招标投标活动不受地区或者部门的限制。任何单位和个人不得违法限制或者排斥本地区、本系统以外的法人或者其他组织参加投标，不得以任何方式非法干涉招标投标活动。

第七条　招标投标活动及其当事人应当接受依法实施的监督。

有关行政监督部门依法对招标投标活动实施监督，依法查处招标投标活动中的违法行为。

对招标投标活动的行政监督及有关部门的具体职权划分，由国务院规定。

第二章　招　　标

第八条　招标人是依照本法规定提出招标项目、进行招标的法人或者其他组织。

第九条　招标项目按照国家有关规定需要履行项目审批手续的，应当先履行审批手续，取得批准。

招标人应当有进行招标项目的相应资金或者资金来源已经落实，并应当在招标文件中如实载明。

第十条　招标分为公开招标和邀请招标。

公开招标，是指招标人以招标公告的方式邀请不特定的法人或者其他组织投标。

邀请招标，是指招标人以投标邀请书的方式邀请特定的法人或者其他组织投标。

第十一条　国务院发展计划部门确定的国家重点项目和省、自治区、直辖市人民政府确定的地方重点项目不适宜公开招标的，经国务院发展计划部门或者省、自治区、直辖市人民政府批准，可以进行邀请招标。

第十二条　招标人有权自行选择招标代理机构，委托其办理招标事宜。任何单位和个人不得以任何方式为招标人指定招标代理机构。

招标人具有编制招标文件和组织评标能力的，可以自行办理招标事宜。任何单位和个人不得强制其委托招标代理机构办理招标事宜。

依法必须进行招标的项目，招标人自行办理招标事宜的，应当向有关行政监督部门备案。

第十三条　招标代理机构是依法设立、从事招标代理业务并提供相关服务的社会中介组织。

招标代理机构应当具备下列条件：

（一）有从事招标代理业务的营业场所和相应资金；

（二）有能够编制招标文件和组织评标的相应专业力量。

第十四条　招标代理机构与行政机关和其他国家机关不得存在隶属关系或者其他利益关系。

第十五条　招标代理机构应当在招标人委托的范围内办理招标事宜，并遵守本法关于招标人的规定。

第十六条　招标人采用公开招标方式的，应当发布招标公告。依法必须进行招标的项目的招标公告，应当通过国家指定的报刊、信息网络或者其他媒介发布。

招标公告应当载明招标人的名称和地址、招标项目的性质、数量、实施地点和时间以及获取招标文件的办法等事项。

第十七条　招标人采用邀请招标方式的，应当向三个以上具备承担招标项目的能力、资信良好的特定的法人或者其他组织发出投标邀请书。

投标邀请书应当载明本法第十六条第二款规定的事项。

第十八条　招标人可以根据招标项目本身的要求，在招标公告或者投标邀请书中，要求潜在投标人提供有关资质证明文件和业绩情况，并对潜在投标人进行资格审查；国家对投标人的资格条件有规定的，依照其规定。

招标人不得以不合理的条件限制或者排斥潜在投标人，不得对潜在投标人实行歧视待遇。

第十九条　招标人应当根据招标项目的特点和需要编制招标文件。招标文件应当包括招标项目的技术要求、对投标人资格审查的标准、投标报价要求和评标标准等所有实质性要求和条件以及拟签订合同的主要条款。

国家对招标项目的技术、标准有规定的，招标人应当按照其规定在招标文件中提出相应要求。

招标项目需要划分标段、确定工期的，招标人应当合理划分标段、确定工期，并在招标文件中载明。

第二十条　招标文件不得要求或者标明特定的生产供应者以及含有倾向或者排斥潜在投标人的其他内容。

第二十一条　招标人根据招标项目的具体情况，可以组织潜在投标人踏勘项目现场。

第二十二条　招标人不得向他人透露已获取招标文件的潜在投标人的名称、数量以及可能影响公平竞争的有关招标投标的其他情况。

招标人设有标底的，标底必须保密。

第二十三条　招标人对已发出的招标文件进行必要的澄清或者修改的，应当在招标文件要求提交投标文件截止时间至少十五日前，以书面形式通知所有招标文件收受人。该澄清或者修改的内容为招标文件的组成部分。

第二十四条　招标人应当确定投标人编制投标文件所需要的合理时间；但是，依法必须进行招标的项目，自招标文件开始发出之日起至投标人提交投标文件截止之日止，最短不得少于二十日。

第三章　投　　标

第二十五条　投标人是响应招标、参加投标竞争的法人或者其他组织。

依法招标的科研项目允许个人参加投标的，投标的个人适用本法有关投标人的规定。

第二十六条　投标人应当具备承担招标项目的能力；国家有关规定对投标人资格条件或者招标文件对投标人资格条件有规定的，投标人应当具备规定的资格条件。

第二十七条　投标人应当按照招标文件的要求编制投标文件。投标文件应当对招标文件提出的实质性要求和条件作出响应。

招标项目属于建设施工的，投标文件的内容应当包括拟派出的项目负责人与主要技术人员的简历、业绩和拟用于完成招标项目的机械设备等。

第二十八条　投标人应当在招标文件要求提交投标文件的截止时间前，将投标文件送达投标地点。招标人收到投标文件后，应当签收保存，不得开启。投标人少于三个的，招标人应当依照本法重新招标。

在招标文件要求提交投标文件的截止时间后送达的投标文件，招标人应当拒收。

第二十九条　投标人在招标文件要求提交投标文件的截止时间前，可以补充、修改或者撤回已提交的投标文件，并书面通知招标人。补充、修改的内容为投标文件的组成部分。

第三十条　投标人根据招标文件载明的项目实际情况，拟在中标后将中标项目的部分非主体、非关键性工作进行分包的，应当在投标文件中载明。

第三十一条　两个以上法人或者其他组织可以组成一个联合体，以一个投标人的身份共同投标。

联合体各方均应当具备承担招标项目的相应能力；国家有关规定或者招标文件对投标人资格条件有规定的，联合体各方均应当具备规定的相应资格条件。由同一专业的单位组成的联合体，按照资质等级较低的单位确定资质等级。

联合体各方应当签订共同投标协议，明确约定各方拟承担的工作和责任，并将共同投标协议连同投标文件一并提交招标人。联合体中标的，联合体各方应当共同与招标人签订合同，就中标项目向招标人承担连带责任。

招标人不得强制投标人组成联合体共同投标，不得限制投标人之间的竞争。

第三十二条　投标人不得相互串通投标报价，不得排挤其他投标人的公平竞争，损害招标人或者其他投标人的合法权益。

投标人不得与招标人串通投标，损害国家利益、社会公共利益或者他人的合法权益。

禁止投标人以向招标人或者评标委员会成员行贿的手段谋取中标。

第三十三条　投标人不得以低于成本的报价竞标，也不得以他人名义投标或者以其他方式弄虚作假，骗取中标。

第四章　开标、评标和中标

第三十四条　开标应当在招标文件确定的提交投标文件截止时间的同一时间公开进行；开标地点应当为招标文件中预先确定的地点。

第三十五条　开标由招标人主持，邀请所有投标人参加。

第三十六条　开标时，由投标人或者其推选的代表检查投标文件的密封情况，也可以由招标人委托的公证机构检查并公证；经确认无误后，由工作人员当众拆封，宣读投标人名称、投标价格和投标文件的其他主要内容。

招标人在招标文件要求提交投标文件的截止时间前收到的所有投标文件，开标时都应当当众予以拆封、宣读。

开标过程应当记录，并存档备查。

第三十七条　评标由招标人依法组建的评标委员会负责。

依法必须进行招标的项目，其评标委员会由招标人的代表和有关技术、经济等方面的专家组成，成员人数为五人以上单数，其中技术、经济等方面的专家不得少于成员总数的三分之二。

前款专家应当从事相关领域工作满八年并具有高级职称或者具有同等专业水平，由招标人从国务院有关部门或者省、自治区、直辖市人民政府有关部门提供的专家名册或者招标代理机构的专家库内的相关专业的专家名单中确定；一般招标项目可以采取随机抽取方式，特殊招标项目可以由招标人直接确定。

与投标人有利害关系的人不得进入相关项目的评标委员会；已经进入的应当更换。

评标委员会成员的名单在中标结果确定前应当保密。

第三十八条　招标人应当采取必要的措施，保证评标在严格保密的情况下进行。

任何单位和个人不得非法干预、影响评标的过程和结果。

第三十九条　评标委员会可以要求投标人对投标文件中含义不明确的内容作必要的澄清或者说明，但是澄清或者说明不得超出投标文件的范围或者改变投标文件的实质性内容。

第四十条　评标委员会应当按照招标文件确定的评标标准和方法，对投标文件进行评审和比较；设有标底的，应当参考标底。评标委员会完成评标后，应当向招标人提出书面评标报告，并推荐合格的中标候选人。

招标人根据评标委员会提出的书面评标报告和推荐的中标候选人确定中标人。招标人也可以授权评标委员会直接确定中标人。

国务院对特定招标项目的评标有特别规定的，从其规定。

第四十一条　中标人的投标应当符合下列条件之一：

（一）能够最大限度地满足招标文件中规定的各项综合评价标准；

（二）能够满足招标文件的实质性要求，并且经评审的投标价格最低；但是投标价格低于成本的除外。

第四十二条　评标委员会经评审，认为所有投标都不符合招标文件要求的，可以否决所有投标。

依法必须进行招标的项目的所有投标被否决的，招标人应当依照本法重新招标。

第四十三条　在确定中标人前，招标人不得与投标人就投标价格、投标方案等实质性内容进行谈判。

第四十四条　评标委员会成员应当客观、公正地履行职务，遵守职业道德，对所提出的评审意见承担个人责任。

评标委员会成员不得私下接触投标人，不得收受投标人的财物或者其他好处。

评标委员会成员和参与评标的有关工作人员不得透露对投标文件的评审和比较、中标候选人的推荐情况以及与评标有关的其他情况。

第四十五条　中标人确定后，招标人应当向中标人发出中标通知书，并同时将中标结果通知所有未中标的投标人。

中标通知书对招标人和中标人具有法律效力。中标通知书发出后，招标人改变中标结果的，或者中标人放弃中标项目的，应当依法承担法律责任。

第四十六条　招标人和中标人应当自中标通知书发出之日起三十日内，按照招标文件和中标人的投标文件订立书面合同。招标人和中标人不得再行订立背离合同实质性内容的其他协议。

招标文件要求中标人提交履约保证金的，中标人应当提交。

第四十七条　依法必须进行招标的项目，招标人应当自确定中标人之日起十五日内，向有关行政监督部门提交招标投标情况的书面报告。

第四十八条　中标人应当按照合同约定履行义务，完成中标项目。中标人不得向他人转让中标项目，也不得将中标项目肢解后分别向他人转让。

中标人按照合同约定或者经招标人同意，可以将中标项目的部分非主体、非关键性工作分包给他人完成。接受分包的人应当具备相应的资格条件，并不得再次分包。

中标人应当就分包项目向招标人负责，接受分包的人就分包项目承担连带责任。

第五章　法律责任

第四十九条　违反本法规定，必须进行招标的项目而不招标的，将必须进行招标的项目化整为零或者以其他任何方式规避招标的，责令限期改正，可以处项目合同金额千分之五以上千分之十以下的罚款；对全部或者部分使用国有资金的项目，可以暂停项目执行或者暂停资金拨付；对单位直接负责的主管人员和其他直接责任人员依法给予处分。

第五十条　招标代理机构违反本法规定，泄露应当保密的与招标投标活动有关的情况和资料的，或者与招标人、投标人串通损害国家利益、社会公共利益或者他人合法权益的，处五万元以上二十五万元以下的罚款；对单位直接负责的主管人员和其他直接责任人员处单位罚款数额百分之五以上百分之十以下的罚款；有违法所得的，并处没收违法所得；情节严重的，禁止其一年至二年内代理依法必须进行招标的项目并予以公告，直至由工商行政管理机关吊销营业执照；构成犯罪的，依法追究刑事责任。给他人造成损失的，依法承担赔偿责任。

前款所列行为影响中标结果的，中标无效。

第五十一条　招标人以不合理的条件限制或者排斥潜在投标人的，对潜在投标人实行歧视待遇的，强制要求投标人组成联合体共同投标的，或者限制投标人之间竞争的，责令改正，可以处一万元以上五万元以下的罚款。

第五十二条　依法必须进行招标的项目的招标人向他人透露已获取招标文件的潜在投标人的名称、数量或者可能影响公平竞争的有关招标投标的其他情况的，或者泄露标底的，给予警告，可以并处一万元以上十万元以下的罚款；对单位直接负责的主管人员和其他直接责任人员依法给予处分；构成犯罪的，依法追究刑事责任。

前款所列行为影响中标结果的，中标无效。

第五十三条　投标人相互串通投标或者与招标人串通投标的，投标人以向招标人或者评标委员会成员行贿的手段谋取中标的，中标无效，处中标项目金额千分之五以上千分之十以下的罚款，对单位直接负责的主管人员和其他直接责任人员处单位罚款数额百分之五以上百分之十以下的罚款；有违法所得的，并处没收违法所得；情节严重的，取消其一年至二年内参加依法必须进行招标的项目的投标资格并予以公告，直至由工商行政管理机关吊销营业执照；构成犯罪的，依法追究刑事责任。给他人造成损失的，依法承担赔偿责任。

第五十四条　投标人以他人名义投标或者以其他方式弄虚作假，骗取中标的，中标无效，给招标人造成损失的，依法承担赔偿责任；构成犯罪的，依法追究刑事责任。

依法必须进行招标的项目的投标人有前款所列行为尚未构成犯罪的，处中标项目金额千分之五以上千分之十以下的罚款，对单位直接负责的主管人员和其他直接责任人员处单位罚款数额百分之五以上百分之十以下的罚款；有违法所得的，并处没收违法所得；情节严重的，取消其一年至三年内参加依法必须进行招标的项目的投标资格并予以公告，直至由工商行政管理机关吊销营业执照。

第五十五条　依法必须进行招标的项目，招标人违反本法规定，与投标人就投标价格、投标方案等实质性内容进行谈判的，给予警告，对单位直接负责的主管人员和其他直接责任人员依法给予处分。

前款所列行为影响中标结果的，中标无效。

第五十六条　评标委员会成员收受投标人的财物或者其他好处的，评标委员会成员或者参加评标的有关工作人员向他人透露对投标文件的评审和比较、中标候选人的推荐以及与评标有关的其他情况的，给予警告，没收收受的财物，可以并处三千元以上五万元以下的罚款，对有所列违法行为的评标委员会成员取消担任评标委员会成员的资格，不得再参加任何依法必须进行招标的项目的评标；构成犯罪的，依法追究刑事责任。

第五十七条　招标人在评标委员会依法推荐的中标候选人以外确定中标人的，依法必须进行招标的项目在所有投标被评标委员会否决后自行确定中标人的，中标无效，责令改正，可以处中标项目金额千分之五以上千分之十以下的罚款；对单位直接负责的主管人员和其他直接责任人员依法给予处分。

第五十八条　中标人将中标项目转让给他人的，将中标项目肢解后分别转让给他人的，违反本法规定将中标项目的部分主体、关键性工作分包给他人的，或者分包人再次分包的，转让、分包无效，处转让、分包项目金额千分之五以上千分之十以下的罚款；有违法所得的，并处没收违法所得；可以责令停业整顿；情节严重的，由工商行政管理机关吊销营业执照。

第五十九条　招标人与中标人不按照招标文件和中标人的投标文件订立合同的，或者招标人、中标人订立背离合同实质性内容的协议的，责令改正；可以处中标项目金额千分之五以上千分之十以下的罚款。

第六十条　中标人不履行与招标人订立的合同的，履约保证金不予退还，给招标人造成的损失超过履约保证金数额的，还应当对超过部分予以赔偿；没有提交履约保证金的，应当对招标人的损失承担赔偿责任。

中标人不按照与招标人订立的合同履行义务，情节严重的，取消其二年至五年内参加依法必须进行招标的项目的投标资格并予以公告，直至由工商行政管理机关吊销营业执照。

因不可抗力不能履行合同的，不适用前两款规定。

第六十一条　本章规定的行政处罚，由国务院规定的有关行政监督部门决定。本法已对实施行政处罚的机关作出规定的除外。

第六十二条　任何单位违反本法规定，限制或者排斥本地区、本系统以外的法人或者其他组织参加投标的，为招标人指定招标代理机构的，强制招标人委托招标代理机构办理招标事宜的，或者以其他方式干涉招标投标活动的，责令改正；对单位直接负责的主管人员和其他直接责任人员依法给予警告、记过、记大过的处分，情节较重的，依法给予降级、撤职、开除的处分。

个人利用职权进行前款违法行为的，依照前款规定追究责任。

第六十三条　对招标投标活动依法负有行政监督职责的国家机关工作人员徇私舞弊、滥用职权或者玩忽职守，构成犯罪的，依法追究刑事责任；不构成犯罪的，依法给予行政处分。

第六十四条 依法必须进行招标的项目违反本法规定，中标无效的，应当依照本法规定的中标条件从其余投标人中重新确定中标人或者依照本法重新进行招标。

第六章 附 则

第六十五条 投标人和其他利害关系人认为招标投标活动不符合本法有关规定的，有权向招标人提出异议或者依法向有关行政监督部门投诉。

第六十六条 涉及国家安全、国家秘密、抢险救灾或者属于利用扶贫资金实行以工代赈、需要使用农民工等特殊情况，不适宜进行招标的项目，按照国家有关规定可以不进行招标。

第六十七条 使用国际组织或者外国政府贷款、援助资金的项目进行招标，贷款方、资金提供方对招标投标的具体条件和程序有不同规定的，可以适用其规定，但违背中华人民共和国的社会公共利益的除外。

第六十八条 本法自 2017 年 12 月 28 日起施行。

附录2　中华人民共和国政府采购法

第一章　总　　则

第一条　为了规范政府采购行为，提高政府采购资金的使用效益，维护国家利益和社会公共利益，保护政府采购当事人的合法权益，促进廉政建设，制定本法。

第二条　在中华人民共和国境内进行的政府采购适用本法。

本法所称政府采购，是指各级国家机关、事业单位和团体组织，使用财政性资金采购依法制定的集中采购目录以内的或者采购限额标准以上的货物、工程和服务的行为。

政府集中采购目录和采购限额标准依照本法规定的权限制定。

本法所称采购，是指以合同方式有偿取得货物、工程和服务的行为，包括购买、租赁、委托、雇用等。

本法所称货物，是指各种形态和种类的物品，包括原材料、燃料、设备、产品等。

本法所称工程，是指建设工程，包括建筑物和构筑物的新建、改建、扩建、装修、拆除、修缮等。

本法所称服务，是指除货物和工程以外的其他政府采购对象。

第三条　政府采购应当遵循公开透明原则、公平竞争原则、公正原则和诚实信用原则。

第四条　政府采购工程进行招标投标的，适用招标投标法。

第五条　任何单位和个人不得采用任何方式，阻挠和限制供应商自由进入本地区和本行业的政府采购市场。

第六条　政府采购应当严格按照批准的预算执行。

第七条　政府采购实行集中采购和分散采购相结合。集中采购的范围由省级以上人民政府公布的集中采购目录确定。

属于中央预算的政府采购项目，其集中采购目录由国务院确定并公布；属于地方预算的政府采购项目，其集中采购目录由省、自治区、直辖市人民政府或者其授权的机构确定并公布。

纳入集中采购目录的政府采购项目，应当实行集中采购。

第八条　政府采购限额标准，属于中央预算的政府采购项目，由国务院确定并公布；属于地方预算的政府采购项目，由省、自治区、直辖市人民政府或者其授权的机构确定并公布。

第九条　政府采购应当有助于实现国家的经济和社会发展政策目标，包括保护环境，扶持不发达地区和少数民族地区，促进中小企业发展等。

第十条　政府采购应当采购本国货物、工程和服务。但有下列情形之一的除外：

（一）需要采购的货物、工程或者服务在中国境内无法获取或者无法以合理的商业条件获取的；

（二）为在中国境外使用而进行采购的；

（三）其他法律、行政法规另有规定的。

前款所称本国货物、工程和服务的界定，依照国务院有关规定执行。

第十一条　政府采购的信息应当在政府采购监督管理部门指定的媒体上及时向社会公开发布，但涉及商业秘密的除外。

第十二条　在政府采购活动中，采购人员及相关人员与供应商有利害关系的，必须回避。供应商认为采购人员及相关人员与其他供应商有利害关系的，可以申请其回避。

前款所称相关人员，包括招标采购中评标委员会的组成人员，竞争性谈判采购中谈判小组的组成人员，询价采购中询价小组的组成人员等。

第十三条　各级人民政府财政部门是负责政府采购监督管理的部门，依法履行对政府采购活动的监督管理职责。

各级人民政府其他有关部门依法履行与政府采购活动有关的监督管理职责。

第二章　政府采购当事人

第十四条　政府采购当事人是指在政府采购活动中享有权利和承担义务的各类主体，包括采购人、供应商和采购代理机构等。

第十五条　采购人是指依法进行政府采购的国家机关、事业单位、团体组织。

第十六条　集中采购机构为采购代理机构。设区的市、自治州以上人民政府根据本级政府采购项目组织集中采购的需要设立集中采购机构。

集中采购机构是非营利事业法人，根据采购人的委托办理采购事宜。

第十七条　集中采购机构进行政府采购活动，应当符合采购价格低于市场平均价格、采购效率更高、采购质量优良和服务良好的要求。

第十八条　采购人采购纳入集中采购目录的政府采购项目，必须委托集中采购机构代理采购；采购未纳入集中采购目录的政府采购项目，可以自行采购，也可以委托集中采购机构在委托的范围内代理采购。

纳入集中采购目录属于通用的政府采购项目的，应当委托集中采购机构代理采购；属于本部门、本系统有特殊要求的项目，应当实行部门集中采购；属于本单位有特殊要求的项目，经省级以上人民政府批准，可以自行采购。

第十九条　采购人可以委托集中采购机构以外的采购代理机构，在委托的范围内办理政府采购事宜。

采购人有权自行选择采购代理机构，任何单位和个人不得以任何方式为采购人指定采购代理机构。

第二十条　采购人依法委托采购代理机构办理采购事宜的，应当由采购人与采购代理机构签订委托代理协议，依法确定委托代理的事项，约定双方的权利义务。

第二十一条　供应商是指向采购人提供货物、工程或者服务的法人、其他组织或者自然人。

第二十二条　供应商参加政府采购活动应当具备下列条件：

（一）具有独立承担民事责任的能力；

（二）具有良好的商业信誉和健全的财务会计制度；

（三）具有履行合同所必需的设备和专业技术能力；

（四）有依法缴纳税收和社会保障资金的良好记录；

（五）参加政府采购活动前三年内，在经营活动中没有重大违法记录；

（六）法律、行政法规规定的其他条件。

采购人可以根据采购项目的特殊要求，规定供应商的特定条件，但不得以不合理的条件对供应商实行差别待遇或者歧视待遇。

第二十三条　采购人可以要求参加政府采购的供应商提供有关资质证明文件和业绩情况，并根据本法规定的供应商条件和采购项目对供应商的特定要求，对供应商的资格进行审查。

第二十四条　两个以上的自然人、法人或者其他组织可以组成一个联合体，以一个供应商的身份共同参加政府采购。

以联合体形式进行政府采购的，参加联合体的供应商均应当具备本法第二十二条规定的条件，并应当向采购人提交联合协议，载明联合体各方承担的工作和义务。联合体各方应当共同与采购人签订采购合同，就采购合同约定的事项对采购人承担连带责任。

第二十五条　政府采购当事人不得相互串通损害国家利益、社会公共利益和其他当事人的合法权益；不得以任何手段排斥其他供应商参与竞争。

供应商不得以向采购人、采购代理机构、评标委员会的组成人员、竞争性谈判小组的组成人员、询价小组的组成人员行贿或者采取其他不正当手段谋取中标或者成交。

采购代理机构不得以向采购人行贿或者采取其他不正当手段谋取非法利益。

第三章　政府采购方式

第二十六条　政府采购采用以下方式：

（一）公开招标；

（二）邀请招标；

（三）竞争性谈判；

（四）单一来源采购；

（五）询价；

（六）国务院政府采购监督管理部门认定的其他采购方式。

公开招标应作为政府采购的主要采购方式。

第二十七条　采购人采购货物或者服务应当采用公开招标方式的，其具体数额标准，属于中央预算的政府采购项目，由国务院规定；属于地方预算的政府采购项目，由省、自治区、直辖市人民政府规定；因特殊情况需要采用公开招标以外的采购方式的，应当在采购活动开始前获得设区的市、自治州以上人民政府采购监督管理部门的批准。

第二十八条　采购人不得将应当以公开招标方式采购的货物或者服务化整为零或者以其他任何方式规避公开招标采购。

第二十九条　符合下列情形之一的货物或者服务，可以依照本法采用邀请招标方式采购：

（一）具有特殊性，只能从有限范围的供应商处采购的；

（二）采用公开招标方式的费用占政府采购项目总价值的比例过大的。

第三十条　符合下列情形之一的货物或者服务，可以依照本法采用竞争性谈判方式采购：

（一）招标后没有供应商投标或者没有合格标的或者重新招标未能成立的；

（二）技术复杂或者性质特殊，不能确定详细规格或者具体要求的；

（三）采用招标所需时间不能满足用户紧急需要的；

（四）不能事先计算出价格总额的。

第三十一条　符合下列情形之一的货物或者服务，可以依照本法采用单一来源方式采购：

（一）只能从唯一供应商处采购的；

（二）发生了不可预见的紧急情况不能从其他供应商处采购的；

（三）必须保证原有采购项目一致性或者服务配套的要求，需要继续从原供应商处添购，且添购资金总额不超过原合同采购金额百分之十的。

第三十二条　采购的货物规格、标准统一、现货货源充足且价格变化幅度小的政府采购项目，可以依照本法采用询价方式采购。

第四章　政府采购程序

第三十三条　负有编制部门预算职责的部门在编制下一财政年度部门预算时，应当将该财政年度政府采购的项目及资金预算列出，报本级财政部门汇总。部门预算的审批，按预算管理权限和程序进行。

第三十四条　货物或者服务项目采取邀请招标方式采购的，采购人应当从符合相应资格条件的供应商中，通过随机方式选择三家以上的供应商，并向其发出投标邀请书。

第三十五条　货物和服务项目实行招标方式采购的，自招标文件开始发出之日起至投标人提交投标文件截止之日止，不得少于二十日。

第三十六条　在招标采购中，出现下列情形之一的，应予废标：

（一）符合专业条件的供应商或者对招标文件作实质响应的供应商不足三家的；

（二）出现影响采购公正的违法、违规行为的；

（三）投标人的报价均超过了采购预算，采购人不能支付的；

（四）因重大变故，采购任务取消的。

废标后，采购人应当将废标理由通知所有投标人。

第三十七条　废标后，除采购任务取消情形外，应当重新组织招标；需要采取其他方式采购的，应当在采购活动开始前获得设区的市、自治州以上人民政府采购监督管理部门或者政府有关部门批准。

第三十八条　采用竞争性谈判方式采购的，应当遵循下列程序：

（一）成立谈判小组。谈判小组由采购人的代表和有关专家共三人以上的单数组成，其中专家的人数不得少于成员总数的三分之二。

（二）制定谈判文件。谈判文件应当明确谈判程序、谈判内容、合同草案的条款以及评定成交的标准等事项。

（三）确定邀请参加谈判的供应商名单。谈判小组从符合相应资格条件的供应商名单中确定不少于三家的供应商参加谈判，并向其提供谈判文件。

（四）谈判。谈判小组所有成员集中与单一供应商分别进行谈判。在谈判中，谈判的任何一方不得透露与谈判有关的其他供应商的技术资料、价格和其他信息。谈判文件有实质性变动的，谈判小组应当以书面形式通知所有参加谈判的供应商。

（五）确定成交供应商。谈判结束后，谈判小组应当要求所有参加谈判的供应商在规定时间内进行最后报价，采购人从谈判小组提出的成交候选人中根据符合采购需求、质量和服务相等且报价最低的原则确定成交供应商，并将结果通知所有参加谈判的未成交的供应商。

第三十九条　采取单一来源方式采购的，采购人与供应商应当遵循本法规定的原则，在保证采购项目质量和双方商定合理价格的基础上进行采购。

第四十条　采取询价方式采购的，应当遵循下列程序：

（一）成立询价小组。询价小组由采购人的代表和有关专家共三人以上的单数组成，其中专家的人数不得少于成员总数的三分之二。询价小组应当对采购项目的价格构成和评定成交的标准等事项作出规定。

（二）确定被询价的供应商名单。询价小组根据采购需求，从符合相应资格条件的供应商名单中确定不少于三家的供应商，并向其发出询价通知书让其报价。

（三）询价。询价小组要求被询价的供应商一次报出不得更改的价格。

（四）确定成交供应商。采购人根据符合采购需求、质量和服务相等且报价最低的原则确定成交供应商，并将结果通知所有被询价的未成交的供应商。

第四十一条　采购人或者其委托的采购代理机构应当组织对供应商履约的验收。大型或者复杂的政府采购项目，应当邀请国家认可的质量检测机构参加验收工作。验收方成员应当在验收书上签字，并承担相应的法律责任。

第四十二条　采购人、采购代理机构对政府采购项目每项采购活动的采购文件应当妥善保存，不得伪造、变造、隐匿或者销毁。采购文件的保存期限为从采购结束之日起至少保存十五年。

采购文件包括采购活动记录、采购预算、招标文件、投标文件、评标标准、评估报告、定标文件、合同文本、验收证明、质疑答复、投诉处理决定及其他有关文件、资料。

采购活动记录至少应当包括下列内容：

（一）采购项目类别、名称；

（二）采购项目预算、资金构成和合同价格；

（三）采购方式，采用公开招标以外的采购方式的，应当载明原因；

（四）邀请和选择供应商的条件及原因；

（五）评标标准及确定中标人的原因；

（六）废标的原因；

（七）采用招标以外采购方式的相应记载。

第五章　政府采购合同

第四十三条　政府采购合同适用合同法。采购人和供应商之间的权利和义务，应当按照平等、自愿的原则以合同方式约定。

采购人可以委托采购代理机构代表其与供应商签订政府采购合同。由采购代理机构以采购人名义签订合同的，应当提交采购人的授权委托书，作为合同附件。

第四十四条　政府采购合同应当采用书面形式。

第四十五条　国务院政府采购监督管理部门应当会同国务院有关部门，规定政府采购合同必须具备的条款。

第四十六条　采购人与中标、成交供应商应当在中标、成交通知书发出之日起三十日内，按照采购文件确定的事项签订政府采购合同。

中标、成交通知书对采购人和中标、成交供应商均具有法律效力。中标、成交通知书发出后，采购人改变中标、成交结果的，或者中标、成交供应商放弃中标、成交项目的，应当依法承担法律责任。

第四十七条　政府采购项目的采购合同自签订之日起七个工作日内，采购人应当将合同副本报同级政府采购监督管理部门和有关部门备案。

第四十八条　经采购人同意，中标、成交供应商可以依法采取分包方式履行合同。

政府采购合同分包履行的，中标、成交供应商就采购项目和分包项目向采购人负责，分包供应商就分包项目承担责任。

第四十九条　政府采购合同履行中，采购人需追加与合同标的相同的货物、工程或者服务的，在不改变合同其他条款的前提下，可以与供应商协商签订补充合同，但所有补充合同的采购金额不得超过原合同采购金额的百分之十。

第五十条　政府采购合同的双方当事人不得擅自变更、中止或者终止合同。

政府采购合同继续履行将损害国家利益和社会公共利益的，双方当事人应当变更、中止或者终止合同。有过错的一方应当承担赔偿责任，双方都有过错的，各自承担相应的责任。

第六章　质疑与投诉

第五十一条　供应商对政府采购活动事项有疑问的，可以向采购人提出询问，采购人应当及时作出答复，但答复的内容不得涉及商业秘密。

第五十二条　供应商认为采购文件、采购过程和中标、成交结果使自己的权益受到损害的，可以在知道或者应知其权益受到损害之日起七个工作日内，以书面形式向采购人提出质疑。

第五十三条　采购人应当在收到供应商的书面质疑后七个工作日内作出答复，并以书面形式通知质疑供应商和其他有关供应商，但答复的内容不得涉及商业秘密。

第五十四条　采购人委托采购代理机构采购的，供应商可以向采购代理机构提出询问或者质疑，采购代理机构应当依照本法第五十一条、第五十三条的规定就采购人委托授权范围内的事项作出答复。

第五十五条　质疑供应商对采购人、采购代理机构的答复不满意或者采购人、采购代理机构未在规定的时间内作出答复的，可以在答复期满后十五个工作日内向同级政府采购监督管理部门投诉。

第五十六条　政府采购监督管理部门应当在收到投诉后三十个工作日内，对投诉事项作出处理决定，并以书面形式通知投诉人和与投诉事项有关的当事人。

第五十七条　政府采购监督管理部门在处理投诉事项期间，可以视具体情况书面通知采购人暂停采购活动，但暂停时间最长不得超过三十日。

第五十八条　投诉人对政府采购监督管理部门的投诉处理决定不服或者政府采购监督管理部门逾期未作处理的，可以依法申请行政复议或者向人民法院提起行政诉讼。

第七章　监督检查

第五十九条　政府采购监督管理部门应当加强对政府采购活动及集中采购机构的监督检查。

监督检查的主要内容是：

（一）有关政府采购的法律、行政法规和规章 的执行情况；

（二）采购范围、采购方式和采购程序的执行情况；

（三）政府采购人员的职业素质和专业技能。

第六十条　政府采购监督管理部门不得设置集中采购机构，不得参与政府采购项目的采购活动。

采购代理机构与行政机关不得存在隶属关系或者其他利益关系。

第六十一条　集中采购机构应当建立健全内部监督管理制度。采购活动的决策和执行程序应当明确，并相互监督、相互制约。经办采购的人员与负责采购合同审核、验收人员的职责权限应当明确，并相互分离。

第六十二条　集中采购机构的采购人员应当具有相关职业素质和专业技能，符合政府采购监督管理部门规定的专业岗位任职要求。

集中采购机构对其工作人员应当加强教育和培训；对采购人员的专业水平、工作实绩和职业道德状况定期进行考核。采购人员经考核不合格的，不得继续任职。

第六十三条　政府采购项目的采购标准应当公开。

采用本法规定的采购方式的，采购人在采购活动完成后，应当将采购结果予以公布。

第六十四条　采购人必须按照本法规定的采购方式和采购程序进行采购。

任何单位和个人不得违反本法规定，要求采购人或者采购工作人员向其指定的供应商进行采购。

第六十五条　政府采购监督管理部门应当对政府采购项目的采购活动进行检查，政府采购当事人应当如实反映情况，提供有关材料。

第六十六条　政府采购监督管理部门应当对集中采购机构的采购价格、节约资金效果、服务质量、信誉状况、有无违法行为等事项进行考核，并定期如实公布考核结果。

第六十七条　依照法律、行政法规的规定对政府采购负有行政监督职责的政府有关部门，应当按照其职责分工，加强对政府采购活动的监督。

第六十八条　审计机关应当对政府采购进行审计监督。政府采购监督管理部门、政府采购各当事人有关政府采购活动，应当接受审计机关的审计监督。

第六十九条　监察机关应当加强对参与政府采购活动的国家机关、国家公务员和国家行政机关任命的其他人员实施监察。

第七十条　任何单位和个人对政府采购活动中的违法行为，有权控告和检举，有关部门、机关应当依照各自职责及时处理。

第八章　法律责任

第七十一条　采购人、采购代理机构有下列情形之一的，责令限期改正，给予警告，可以并处罚款，对直接负责的主管人员和其他直接责任人员，由其行政主管部门或者有关机关给予处分，并予通报：

（一）应当采用公开招标方式而擅自采用其他方式采购的；

（二）擅自提高采购标准的；

（三）以不合理的条件对供应商实行差别待遇或者歧视待遇的；

（四）在招标采购过程中与投标人进行协商谈判的；

（五）中标、成交通知书发出后不与中标、成交供应商签订采购合同的；

（六）拒绝有关部门依法实施监督检查的。

第七十二条　采购人、采购代理机构及其工作人员有下列情形之一，构成犯罪的，依法追究刑事责任；尚不构成犯罪的，处以罚款，有违法所得的，并处没收违法所得，属于国家机关工作人员的，依法给予行政处分：

（一）与供应商或者采购代理机构恶意串通的；

（二）在采购过程中接受贿赂或者获取其他不正当利益的；

（三）在有关部门依法实施的监督检查中提供虚假情况的；

（四）开标前泄露标底的。

第七十三条　有前两条违法行为之一影响中标、成交结果或者可能影响中标、成交结果的，按下列情况分别处理：

（一）未确定中标、成交供应商的，终止采购活动；

（二）中标、成交供应商已经确定但采购合同尚未履行的，撤销合同，从合格的中标、成交候选人中另行确定中标、成交供应商；

（三）采购合同已经履行的，给采购人、供应商造成损失的，由责任人承担赔偿责任。

第七十四条　采购人对应当实行集中采购的政府采购项目，不委托集中采购机构实行集中采购的，由政府采购监督管理部门责令改正；拒不改正的，停止按预算向其支付资金，由其上级行政主管部门或者有关机关依法给予其直接负责的主管人员和其他直接责任人员处分。

第七十五条　采购人未依法公布政府采购项目的采购标准和采购结果的，责令改正，对直接负责的主管人员依法给予处分。

第七十六条　采购人、采购代理机构违反本法规定隐匿、销毁应当保存的采购文件或者伪造、变造采购文件的，由政府采购监督管理部门处以二万元以上十万元以下的罚款，对其直接负责的主管人员和其他直接责任人员依法给予处分；构成犯罪的，依法追究刑事责任。

第七十七条　供应商有下列情形之一的，处以采购金额千分之五以上千分之十以下的罚款，列入不良行为记录名单，在一至三年内禁止参加政府采购活动，有违法所得的，并处没收违法所得，情节严重的，由工商行政管理机关吊销营业执照；构成犯罪的，依法追究刑事责任：

（一）提供虚假材料谋取中标、成交的；

（二）采取不正当手段诋毁、排挤其他供应商的；

（三）与采购人、其他供应商或者采购代理机构恶意串通的；

（四）向采购人、采购代理机构行贿或者提供其他不正当利益的；

（五）在招标采购过程中与采购人进行协商谈判的；

（六）拒绝有关部门监督检查或者提供虚假情况的。

供应商有前款第（一）至（五）项情形之一的，中标、成交无效。

第七十八条　采购代理机构在代理政府采购业务中有违法行为的，按照有关法律规定处以罚款，可以在一至三年内禁止其代理政府采购业务，构成犯罪的，依法追究刑事责任。

第七十九条　政府采购当事人有本法第七十一条、第七十二条、第七十七条违法行为之一，给他人造成损失的，并应依照有关民事法律规定承担民事责任。

第八十条　政府采购监督管理部门的工作人员在实施监督检查中违反本法规定滥用职权，玩忽职守，徇私舞弊的，依法给予行政处分；构成犯罪的，依法追究刑事责任。

第八十一条　政府采购监督管理部门对供应商的投诉逾期未作处理的，给予直接负责的主管人员和其他直接责任人员行政处分。

第八十二条　政府采购监督管理部门对集中采购机构业绩的考核，有虚假陈述，隐瞒真实情况的，或者不作定期考核和公布考核结果的，应当及时纠正，由其上级机关或者监察机关对其负责人进行通报，并对直接负责的人员依法给予行政处分。

集中采购机构在政府采购监督管理部门考核中，虚报业绩，隐瞒真实情况的，处以二万元以上二十万元以下的罚款，并予以通报；情节严重的，取消其代理采购的资格。

第八十三条　任何单位或者个人阻挠和限制供应商进入本地区或者本行业政府采购市场

的，责令限期改正；拒不改正的，由该单位、个人的上级行政主管部门或者有关机关给予单位责任人或者个人处分。

第九章 附 则

第八十四条 使用国际组织和外国政府贷款进行的政府采购，贷款方、资金提供方与中方达成的协议对采购的具体条件另有规定的，可以适用其规定，但不得损害国家利益和社会公共利益。

第八十五条 对因严重自然灾害和其他不可抗力事件所实施的紧急采购和涉及国家安全和秘密的采购，不适用本法。

第八十六条 军事采购法规由中央军事委员会另行制定。

第八十七条 本法实施的具体步骤和办法由国务院规定。

第八十八条 本法自 2003 年 1 月 1 日起施行。

附录3　中华人民共和国招标投标法实施条例

第一章　总　　则

第一条　为了规范招标投标活动，根据《中华人民共和国招标投标法》（以下简称招标投标法），制定本条例。

第二条　招标投标法第三条所称工程建设项目，是指工程以及与工程建设有关的货物、服务。

前款所称工程，是指建设工程，包括建筑物和构筑物的新建、改建、扩建及其相关的装修、拆除、修缮等；所称与工程建设有关的货物，是指构成工程不可分割的组成部分，且为实现工程基本功能所必需的设备、材料等；所称与工程建设有关的服务，是指为完成工程所需的勘察、设计、监理等服务。

第三条　依法必须进行招标的工程建设项目的具体范围和规模标准，由国务院发展改革部门会同国务院有关部门制订，报国务院批准后公布施行。

第四条　国务院发展改革部门指导和协调全国招标投标工作，对国家重大建设项目的工程招标投标活动实施监督检查。国务院工业和信息化、住房城乡建设、交通运输、铁道、水利、商务等部门，按照规定的职责分工对有关招标投标活动实施监督。

县级以上地方人民政府发展改革部门指导和协调本行政区域的招标投标工作。县级以上地方人民政府有关部门按照规定的职责分工，对招标投标活动实施监督，依法查处招标投标活动中的违法行为。县级以上地方人民政府对其所属部门有关招标投标活动的监督职责分工另有规定的，从其规定。

财政部门依法对实行招标投标的政府采购工程建设项目的政府采购政策执行情况实施监督。

监察机关依法对与招标投标活动有关的监察对象实施监察。

第五条　设区的市级以上地方人民政府可以根据实际需要，建立统一规范的招标投标交易场所，为招标投标活动提供服务。招标投标交易场所不得与行政监督部门存在隶属关系，不得以营利为目的。

国家鼓励利用信息网络进行电子招标投标。

第六条　禁止国家工作人员以任何方式非法干涉招标投标活动。

第二章　招　　标

第七条　按照国家有关规定需要履行项目审批、核准手续的依法必须进行招标的项目，其招标范围、招标方式、招标组织形式应当报项目审批、核准部门审批、核准。项目审批、核准部门应当及时将审批、核准确定的招标范围、招标方式、招标组织形式通报有关行政监督部门。

第八条　国有资金占控股或者主导地位的依法必须进行招标的项目，应当公开招标；但有下列情形之一的，可以邀请招标：

（一）技术复杂、有特殊要求或者受自然环境限制，只有少量潜在投标人可供选择；

（二）采用公开招标方式的费用占项目合同金额的比例过大。

有前款第二项所列情形，属于本条例第七条规定的项目，由项目审批、核准部门在审批、核准项目时作出认定；其他项目由招标人申请有关行政监督部门作出认定。

第九条　除招标投标法第六十六条规定的可以不进行招标的特殊情况外，有下列情形之一的，可以不进行招标：

（一）需要采用不可替代的专利或者专有技术；

（二）采购人依法能够自行建设、生产或者提供；

（三）已通过招标方式选定的特许经营项目投资人依法能够自行建设、生产或者提供；

（四）需要向原中标人采购工程、货物或者服务，否则将影响施工或者功能配套要求；

（五）国家规定的其他特殊情形。

招标人为适用前款规定弄虚作假的，属于招标投标法第四条规定的规避招标。

第十条　招标投标法第十二条第二款规定的招标人具有编制招标文件和组织评标能力，是指招标人具有与招标项目规模和复杂程度相适应的技术、经济等方面的专业人员。

第十一条　国务院住房城乡建设、商务、发展改革、工业和信息化等部门，按照规定的职责分工对招标代理机构依法实施监督管理。

第十二条　招标代理机构应当拥有一定数量的具备编制招标文件、组织评标等相应能力的专业人员。

第十三条　招标代理机构在招标人委托的范围内开展招标代理业务，任何单位和个人不得非法干涉。

招标代理机构代理招标业务，应当遵守招标投标法和本条例关于招标人的规定。招标代理机构不得在所代理的招标项目中投标或者代理投标，也不得为所代理的招标项目的投标人提供咨询。

第十四条　招标人应当与被委托的招标代理机构签订书面委托合同，合同约定的收费标准应当符合国家有关规定。

第十五条　公开招标的项目，应当依照招标投标法和本条例的规定发布招标公告、编制招标文件。

招标人采用资格预审办法对潜在投标人进行资格审查的，应当发布资格预审公告、编制资格预审文件。

依法必须进行招标的项目的资格预审公告和招标公告，应当在国务院发展改革部门依法指定的媒介发布。在不同媒介发布的同一招标项目的资格预审公告或者招标公告的内容应当一致。指定媒介发布依法必须进行招标的项目的境内资格预审公告、招标公告，不得收取费用。

编制依法必须进行招标的项目的资格预审文件和招标文件，应当使用国务院发展改革部门会同有关行政监督部门制定的标准文本。

第十六条　招标人应当按照资格预审公告、招标公告或者投标邀请书规定的时间、地点发售资格预审文件或者招标文件。资格预审文件或者招标文件的发售期不得少于5日。

招标人发售资格预审文件、招标文件收取的费用应当限于补偿印刷、邮寄的成本支出，不得以营利为目的。

第十七条　招标人应当合理确定提交资格预审申请文件的时间。依法必须进行招标的项目提交资格预审申请文件的时间，自资格预审文件停止发售之日起不得少于5日。

第十八条　资格预审应当按照资格预审文件载明的标准和方法进行。

国有资金占控股或者主导地位的依法必须进行招标的项目，招标人应当组建资格审查委员会审查资格预审申请文件。资格审查委员会及其成员应当遵守招标投标法和本条例有关评标委员会及其成员的规定。

第十九条　资格预审结束后，招标人应当及时向资格预审申请人发出资格预审结果通知书。未通过资格预审的申请人不具有投标资格。

通过资格预审的申请人少于3个的，应当重新招标。

第二十条　招标人采用资格后审办法对投标人进行资格审查的，应当在开标后由评标委员会按照招标文件规定的标准和方法对投标人的资格进行审查。

第二十一条　招标人可以对已发出的资格预审文件或者招标文件进行必要的澄清或者修改。澄清或者修改的内容可能影响资格预审申请文件或者投标文件编制的，招标人应当在提交资格预审申请文件截止时间至少3日前，或者投标截止时间至少15日前，以书面形式通知所有获取资格预审文件或者招标文件的潜在投标人；不足3日或者15日的，招标人应当顺延提交资格预审申请文件或者投标文件的截止时间。

第二十二条　潜在投标人或者其他利害关系人对资格预审文件有异议的，应当在提交资格预审申请文件截止时间2日前提出；对招标文件有异议的，应当在投标截止时间10日前提出。招标人应当自收到异议之日起3日内作出答复；作出答复前，应当暂停招标投标活动。

第二十三条　招标人编制的资格预审文件、招标文件的内容违反法律、行政法规的强制性规定，违反公开、公平、公正和诚实信用原则，影响资格预审结果或者潜在投标人投标的，依法必须进行招标的项目的招标人应当在修改资格预审文件或者招标文件后重新招标。

第二十四条　招标人对招标项目划分标段的，应当遵守招标投标法的有关规定，不得利用划分标段限制或者排斥潜在投标人。依法必须进行招标的项目的招标人不得利用划分标段规避招标。

第二十五条　招标人应当在招标文件中载明投标有效期。投标有效期从提交投标文件的截止之日起算。

第二十六条　招标人在招标文件中要求投标人提交投标保证金的，投标保证金不得超过招标项目估算价的2%。投标保证金有效期应当与投标有效期一致。

依法必须进行招标的项目的境内投标单位，以现金或者支票形式提交的投标保证金应当从其基本账户转出。

招标人不得挪用投标保证金。

第二十七条　招标人可以自行决定是否编制标底。一个招标项目只能有一个标底。标底必须保密。

接受委托编制标底的中介机构不得参加受托编制标底项目的投标，也不得为该项目的投标人编制投标文件或者提供咨询。

招标人设有最高投标限价的，应当在招标文件中明确最高投标限价或者最高投标限价的计算方法。招标人不得规定最低投标限价。

第二十八条　招标人不得组织单个或者部分潜在投标人踏勘项目现场。

第二十九条　招标人可以依法对工程以及与工程建设有关的货物、服务全部或者部分实行总承包招标。以暂估价形式包括在总承包范围内的工程、货物、服务属于依法必须进行招标的项目范围且达到国家规定规模标准的，应当依法进行招标。

前款所称暂估价，是指总承包招标时不能确定价格而由招标人在招标文件中暂时估定的工程、货物、服务的金额。

第三十条　对技术复杂或者无法精确拟定技术规格的项目，招标人可以分两阶段进行招标。

第一阶段，投标人按照招标公告或者投标邀请书的要求提交不带报价的技术建议，招标人根据投标人提交的技术建议确定技术标准和要求，编制招标文件。

第二阶段，招标人向在第一阶段提交技术建议的投标人提供招标文件，投标人按照招标文件的要求提交包括最终技术方案和投标报价的投标文件。

招标人要求投标人提交投标保证金的，应当在第二阶段提出。

第三十一条　招标人终止招标的，应当及时发布公告，或者以书面形式通知被邀请的或者已经获取资格预审文件、招标文件的潜在投标人。已经发售资格预审文件、招标文件或者已经收取投标保证金的，招标人应当及时退还所收取的资格预审文件、招标文件的费用，以及所收取的投标保证金及银行同期存款利息。

第三十二条　招标人不得以不合理的条件限制、排斥潜在投标人或者投标人。

招标人有下列行为之一的，属于以不合理条件限制、排斥潜在投标人或者投标人：

（一）就同一招标项目向潜在投标人或者投标人提供有差别的项目信息；

（二）设定的资格、技术、商务条件与招标项目的具体特点和实际需要不相适应或者与合同履行无关；

（三）依法必须进行招标的项目以特定行政区域或者特定行业的业绩、奖项作为加分条件或者中标条件；

（四）对潜在投标人或者投标人采取不同的资格审查或者评标标准；

（五）限定或者指定特定的专利、商标、品牌、原产地或者供应商；

（六）依法必须进行招标的项目非法限定潜在投标人或者投标人的所有制形式或者组织形式；

（七）以其他不合理条件限制、排斥潜在投标人或者投标人。

第三章　投　标

第三十三条　投标人参加依法必须进行招标的项目的投标，不受地区或者部门的限制，任何单位和个人不得非法干涉。

第三十四条　与招标人存在利害关系可能影响招标公正性的法人、其他组织或者个人，不得参加投标。

单位负责人为同一人或者存在控股、管理关系的不同单位，不得参加同一标段投标或者未划分标段的同一招标项目投标。

违反前两款规定的，相关投标均无效。

第三十五条　投标人撤回已提交的投标文件，应当在投标截止时间前书面通知招标人。招标人已收取投标保证金的，应当自收到投标人书面撤回通知之日起5日内退还。

投标截止后投标人撤销投标文件的，招标人可以不退还投标保证金。

第三十六条　未通过资格预审的申请人提交的投标文件，以及逾期送达或者不按照招标文件要求密封的投标文件，招标人应当拒收。

招标人应当如实记载投标文件的送达时间和密封情况，并存档备查。

第三十七条　招标人应当在资格预审公告、招标公告或者投标邀请书中载明是否接受联合体投标。

招标人接受联合体投标并进行资格预审的，联合体应当在提交资格预审申请文件前组成。资格预审后联合体增减、更换成员的，其投标无效。

联合体各方在同一招标项目中以自己名义单独投标或者参加其他联合体投标的，相关投标均无效。

第三十八条　投标人发生合并、分立、破产等重大变化的，应当及时书面告知招标人。投标人不再具备资格预审文件、招标文件规定的资格条件或者其投标影响招标公正性的，其投标无效。

第三十九条　禁止投标人相互串通投标。

有下列情形之一的，属于投标人相互串通投标：

（一）投标人之间协商投标报价等投标文件的实质性内容；

（二）投标人之间约定中标人；

（三）投标人之间约定部分投标人放弃投标或者中标；

（四）属于同一集团、协会、商会等组织成员的投标人按照该组织要求协同投标；

（五）投标人之间为谋取中标或者排斥特定投标人而采取的其他联合行动。

第四十条　有下列情形之一的，视为投标人相互串通投标：

（一）不同投标人的投标文件由同一单位或者个人编制；

（二）不同投标人委托同一单位或者个人办理投标事宜；

（三）不同投标人的投标文件载明的项目管理成员为同一人；

（四）不同投标人的投标文件异常一致或者投标报价呈规律性差异；

（五）不同投标人的投标文件相互混装；

（六）不同投标人的投标保证金从同一单位或者个人的账户转出。

第四十一条　禁止招标人与投标人串通投标。

有下列情形之一的，属于招标人与投标人串通投标：

（一）招标人在开标前开启投标文件并将有关信息泄露给其他投标人；

（二）招标人直接或者间接向投标人泄露标底、评标委员会成员等信息；

（三）招标人明示或者暗示投标人压低或者抬高投标报价；

（四）招标人授意投标人撤换、修改投标文件；

（五）招标人明示或者暗示投标人为特定投标人中标提供方便；

（六）招标人与投标人为谋求特定投标人中标而采取的其他串通行为。

第四十二条　使用通过受让或者租借等方式获取的资格、资质证书投标的，属于招标投标法第三十三条规定的以他人名义投标。

投标人有下列情形之一的，属于招标投标法第三十三条规定的以其他方式弄虚作假的行为：

（一）使用伪造、变造的许可证件；

（二）提供虚假的财务状况或者业绩；

（三）提供虚假的项目负责人或者主要技术人员简历、劳动关系证明；

（四）提供虚假的信用状况；

（五）其他弄虚作假的行为。

第四十三条　提交资格预审申请文件的申请人应当遵守招标投标法和本条例有关投标人的规定。

第四章　开标、评标和中标

第四十四条　招标人应当按照招标文件规定的时间、地点开标。

投标人少于 3 个的，不得开标；招标人应当重新招标。

投标人对开标有异议的，应当在开标现场提出，招标人应当当场作出答复，并制作记录。

第四十五条　国家实行统一的评标专家专业分类标准和管理办法。具体标准和办法由国务院发展改革部门会同国务院有关部门制定。

省级人民政府和国务院有关部门应当组建综合评标专家库。

第四十六条　除招标投标法第三十七条第三款规定的特殊招标项目外，依法必须进行招标的项目，其评标委员会的专家成员应当从评标专家库内相关专业的专家名单中以随机抽取方式确定。任何单位和个人不得以明示、暗示等任何方式指定或者变相指定参加评标委员会的专家成员。

依法必须进行招标的项目的招标人非因招标投标法和本条例规定的事由，不得更换依法确定的评标委员会成员。更换评标委员会的专家成员应当依照前款规定进行。

评标委员会成员与投标人有利害关系的，应当主动回避。

有关行政监督部门应当按照规定的职责分工，对评标委员会成员的确定方式、评标专家的抽取和评标活动进行监督。行政监督部门的工作人员不得担任本部门负责监督项目的评标委员会成员。

第四十七条　招标投标法第三十七条第三款所称特殊招标项目，是指技术复杂、专业性强或者国家有特殊要求，采取随机抽取方式确定的专家难以保证胜任评标工作的项目。

第四十八条　招标人应当向评标委员会提供评标所必需的信息，但不得明示或者暗示其倾向或者排斥特定投标人。

招标人应当根据项目规模和技术复杂程度等因素合理确定评标时间。超过三分之一的评标委员会成员认为评标时间不够的，招标人应当适当延长。

评标过程中，评标委员会成员有回避事由、擅离职守或者因健康等原因不能继续评标的，应当及时更换。被更换的评标委员会成员作出的评审结论无效，由更换后的评标委员会成员重新进行评审。

第四十九条　评标委员会成员应当依照招标投标法和本条例的规定，按照招标文件规定的评标标准和方法，客观、公正地对投标文件提出评审意见。招标文件没有规定的评标标准和方法不得作为评标的依据。

评标委员会成员不得私下接触投标人，不得收受投标人给予的财物或者其他好处，不得向招标人征询确定中标人的意向，不得接受任何单位或者个人明示或者暗示提出的倾向或者排斥特定投标人的要求，不得有其他不客观、不公正履行职务的行为。

第五十条　招标项目设有标底的，招标人应当在开标时公布。标底只能作为评标的参考，不得以投标报价是否接近标底作为中标条件，也不得以投标报价超过标底上下浮动范围作为否决投标的条件。

第五十一条　有下列情形之一的，评标委员会应当否决其投标：

（一）投标文件未经投标单位盖章和单位负责人签字；

（二）投标联合体没有提交共同投标协议；

（三）投标人不符合国家或者招标文件规定的资格条件；

（四）同一投标人提交两个以上不同的投标文件或者投标报价，但招标文件要求提交备选投标的除外；

（五）投标报价低于成本或者高于招标文件设定的最高投标限价；

（六）投标文件没有对招标文件的实质性要求和条件作出响应；

（七）投标人有串通投标、弄虚作假、行贿等违法行为。

第五十二条　投标文件中有含义不明确的内容、明显文字或者计算错误，评标委员会认为需要投标人作出必要澄清、说明的，应当书面通知该投标人。投标人的澄清、说明应当采用书面形式，并不得超出投标文件的范围或者改变投标文件的实质性内容。

评标委员会不得暗示或者诱导投标人作出澄清、说明，不得接受投标人主动提出的澄清、说明。

第五十三条　评标完成后，评标委员会应当向招标人提交书面评标报告和中标候选人名单。中标候选人应当不超过 3 个，并标明排序。

评标报告应当由评标委员会全体成员签字。对评标结果有不同意见的评标委员会成员应当以书面形式说明其不同意见和理由，评标报告应当注明该不同意见。评标委员会成员拒绝在评标报告上签字又不书面说明其不同意见和理由的，视为同意评标结果。

第五十四条 依法必须进行招标的项目，招标人应当自收到评标报告之日起 3 日内公示中标候选人，公示期不得少于 3 日。

投标人或者其他利害关系人对依法必须进行招标的项目的评标结果有异议的，应当在中标候选人公示期间提出。招标人应当自收到异议之日起 3 日内作出答复；作出答复前，应当暂停招标投标活动。

第五十五条 国有资金占控股或者主导地位的依法必须进行招标的项目，招标人应当确定排名第一的中标候选人为中标人。排名第一的中标候选人放弃中标、因不可抗力不能履行合同、不按照招标文件要求提交履约保证金，或者被查实存在影响中标结果的违法行为等情形，不符合中标条件的，招标人可以按照评标委员会提出的中标候选人名单排序依次确定其他中标候选人为中标人，也可以重新招标。

第五十六条 中标候选人的经营、财务状况发生较大变化或者存在违法行为，招标人认为可能影响其履约能力的，应当在发出中标通知书前由原评标委员会按照招标文件规定的标准和方法审查确认。

第五十七条 招标人和中标人应当依照招标投标法和本条例的规定签订书面合同，合同的标的、价款、质量、履行期限等主要条款应当与招标文件和中标人的投标文件的内容一致。招标人和中标人不得再行订立背离合同实质性内容的其他协议。

招标人最迟应当在书面合同签订后 5 日内向中标人和未中标的投标人退还投标保证金及银行同期存款利息。

第五十八条 招标文件要求中标人提交履约保证金的，中标人应当按照招标文件的要求提交。履约保证金不得超过中标合同金额的 10％。

第五十九条 中标人应当按照合同约定履行义务，完成中标项目。中标人不得向他人转让中标项目，也不得将中标项目肢解后分别向他人转让。

中标人按照合同约定或者经招标人同意，可以将中标项目的部分非主体、非关键性工作分包给他人完成。接受分包的人应当具备相应的资格条件，并不得再次分包。

中标人应当就分包项目向招标人负责，接受分包的人就分包项目承担连带责任。

第五章 投诉与处理

第六十条 投标人或者其他利害关系人认为招标投标活动不符合法律、行政法规规定的，可以自知道或者应当知道之日起 10 日内向有关行政监督部门投诉。投诉应当有明确的请求和必要的证明材料。

就本条例第二十二条、第四十四条、第五十四条规定事项投诉的，应当先向招标人提出异议，异议答复期间不计算在前款规定的期限内。

第六十一条　投诉人就同一事项向两个以上有权受理的行政监督部门投诉的，由最先收到投诉的行政监督部门负责处理。

行政监督部门应当自收到投诉之日起 3 个工作日内决定是否受理投诉，并自受理投诉之日起 30 个工作日内作出书面处理决定；需要检验、检测、鉴定、专家评审的，所需时间不计算在内。

投诉人捏造事实、伪造材料或者以非法手段取得证明材料进行投诉的，行政监督部门应当予以驳回。

第六十二条　行政监督部门处理投诉，有权查阅、复制有关文件、资料，调查有关情况，相关单位和人员应当予以配合。必要时，行政监督部门可以责令暂停招标投标活动。

行政监督部门的工作人员对监督检查过程中知悉的国家秘密、商业秘密，应当依法予以保密。

第六章　法律责任

第六十三条　招标人有下列限制或者排斥潜在投标人行为之一的，由有关行政监督部门依照招标投标法第五十一条的规定处罚：

（一）依法应当公开招标的项目不按照规定在指定媒介发布资格预审公告或者招标公告；

（二）在不同媒介发布的同一招标项目的资格预审公告或者招标公告的内容不一致，影响潜在投标人申请资格预审或者投标。

依法必须进行招标的项目的招标人不按照规定发布资格预审公告或者招标公告，构成规避招标的，依照招标投标法第四十九条的规定处罚。

第六十四条　招标人有下列情形之一的，由有关行政监督部门责令改正，可以处 10 万元以下的罚款：

（一）依法应当公开招标而采用邀请招标；

（二）招标文件、资格预审文件的发售、澄清、修改的时限，或者确定的提交资格预审申请文件、投标文件的时限不符合招标投标法和本条例规定；

（三）接受未通过资格预审的单位或者个人参加投标；

（四）接受应当拒收的投标文件。

招标人有前款第一项、第三项、第四项所列行为之一的，对单位直接负责的主管人员和其他直接责任人员依法给予处分。

第六十五条　招标代理机构在所代理的招标项目中投标、代理投标或者向该项目投标人提供咨询的，接受委托编制标底的中介机构参加受托编制标底项目的投标或者为该项目的投标人编制投标文件、提供咨询的，依照招标投标法第五十条的规定追究法律责任。

第六十六条　招标人超过本条例规定的比例收取投标保证金、履约保证金或者不按照规定退还投标保证金及银行同期存款利息的，由有关行政监督部门责令改正，可以处 5 万元以下的罚款；给他人造成损失的，依法承担赔偿责任。

第六十七条　投标人相互串通投标或者与招标人串通投标的，投标人向招标人或者评标委员会成员行贿谋取中标的，中标无效；构成犯罪的，依法追究刑事责任；尚不构成犯罪的，依照招标投标法第五十三条的规定处罚。投标人未中标的，对单位的罚款金额按照招标项目合同金额依照招标投标法规定的比例计算。

投标人有下列行为之一的，属于招标投标法第五十三条规定的情节严重行为，由有关行政监督部门取消其 1 年至 2 年内参加依法必须进行招标的项目的投标资格：

（一）以行贿谋取中标；

（二）3 年内 2 次以上串通投标；

（三）串通投标行为损害招标人、其他投标人或者国家、集体、公民的合法利益，造成直接经济损失 30 万元以上；

（四）其他串通投标情节严重的行为。

投标人自本条第二款规定的处罚执行期限届满之日起 3 年内又有该款所列违法行为之一的，或者串通投标、以行贿谋取中标情节特别严重的，由工商行政管理机关吊销营业执照。

法律、行政法规对串通投标报价行为的处罚另有规定的，从其规定。

第六十八条　投标人以他人名义投标或者以其他方式弄虚作假骗取中标的，中标无效；构成犯罪的，依法追究刑事责任；尚不构成犯罪的，依照招标投标法第五十四条的规定处罚。依法必须进行招标的项目的投标人未中标的，对单位的罚款金额按照招标项目合同金额依照招标投标法规定的比例计算。

投标人有下列行为之一的，属于招标投标法第五十四条规定的情节严重行为，由有关行政监督部门取消其 1 年至 3 年内参加依法必须进行招标的项目的投标资格：

（一）伪造、变造资格、资质证书或者其他许可证件骗取中标；

（二）3 年内 2 次以上使用他人名义投标；

（三）弄虚作假骗取中标给招标人造成直接经济损失 30 万元以上；

（四）其他弄虚作假骗取中标情节严重的行为。

投标人自本条第二款规定的处罚执行期限届满之日起 3 年内又有该款所列违法行为之一的，或者弄虚作假骗取中标情节特别严重的，由工商行政管理机关吊销营业执照。

第六十九条　出让或者出租资格、资质证书供他人投标的，依照法律、行政法规的规定给予行政处罚；构成犯罪的，依法追究刑事责任。

第七十条　依法必须进行招标的项目的招标人不按照规定组建评标委员会，或者确定、更换评标委员会成员违反招标投标法和本条例规定的，由有关行政监督部门责令改正，可以处 10 万元以下的罚款，对单位直接负责的主管人员和其他直接责任人员依法给予处分；违法确定或者更换的评标委员会成员作出的评审结论无效，依法重新进行评审。

国家工作人员以任何方式非法干涉选取评标委员会成员的，依照本条例第八十一条的规定追究法律责任。

第七十一条　评标委员会成员有下列行为之一的，由有关行政监督部门责令改正；情节严重的，禁止其在一定期限内参加依法必须进行招标的项目的评标；情节特别严重的，取消其担任评标委员会成员的资格：

（一）应当回避而不回避；

（二）擅离职守；

（三）不按照招标文件规定的评标标准和方法评标；

（四）私下接触投标人；

（五）向招标人征询确定中标人的意向或者接受任何单位或者个人明示或者暗示提出的倾向或者排斥特定投标人的要求；

（六）对依法应当否决的投标不提出否决意见；

（七）暗示或者诱导投标人作出澄清、说明或者接受投标人主动提出的澄清、说明；

（八）其他不客观、不公正履行职务的行为。

第七十二条　评标委员会成员收受投标人的财物或者其他好处的，没收收受的财物，处3000元以上5万元以下的罚款，取消担任评标委员会成员的资格，不得再参加依法必须进行招标的项目的评标；构成犯罪的，依法追究刑事责任。

第七十三条　依法必须进行招标的项目的招标人有下列情形之一的，由有关行政监督部门责令改正，可以处中标项目金额10‰以下的罚款；给他人造成损失的，依法承担赔偿责任；对单位直接负责的主管人员和其他直接责任人员依法给予处分：

（一）无正当理由不发出中标通知书；

（二）不按照规定确定中标人；

（三）中标通知书发出后无正当理由改变中标结果；

（四）无正当理由不与中标人订立合同；

（五）在订立合同时向中标人提出附加条件。

第七十四条　中标人无正当理由不与招标人订立合同，在签订合同时向招标人提出附加条件，或者不按照招标文件要求提交履约保证金的，取消其中标资格，投标保证金不予退还。对依法必须进行招标的项目的中标人，由有关行政监督部门责令改正，可以处中标项目金额10‰以下的罚款。

第七十五条　招标人和中标人不按照招标文件和中标人的投标文件订立合同，合同的主要条款与招标文件、中标人的投标文件的内容不一致，或者招标人、中标人订立背离合同实质性内容的协议的，由有关行政监督部门责令改正，可以处中标项目金额5‰以上10‰以下的罚款。

第七十六条　中标人将中标项目转让给他人的，将中标项目肢解后分别转让给他人的，违反招标投标法和本条例规定将中标项目的部分主体、关键性工作分包给他人的，或者分包人再次分包的，转让、分包无效，处转让、分包项目金额5‰以上10‰以下的罚款；有违法所得的，并处没收违法所得；可以责令停业整顿；情节严重的，由工商行政管理机关吊销营业执照。

第七十七条　投标人或者其他利害关系人捏造事实、伪造材料或者以非法手段取得证明材料进行投诉，给他人造成损失的，依法承担赔偿责任。

招标人不按照规定对异议作出答复，继续进行招标投标活动的，由有关行政监督部门责令改正，拒不改正或者不能改正并影响中标结果的，依照本条例第八十二条的规定处理。

第七十八条　国家建立招标投标信用制度。有关行政监督部门应当依法公告对招标人、招标代理机构、投标人、评标委员会成员等当事人违法行为的行政处理决定。

第七十九条　项目审批、核准部门不依法审批、核准项目招标范围、招标方式、招标组织形式的，对单位直接负责的主管人员和其他直接责任人员依法给予处分。

有关行政监督部门不依法履行职责，对违反招标投标法和本条例规定的行为不依法查处，或者不按照规定处理投诉、不依法公告对招标投标当事人违法行为的行政处理决定的，对直接负责的主管人员和其他直接责任人员依法给予处分。

项目审批、核准部门和有关行政监督部门的工作人员徇私舞弊、滥用职权、玩忽职守，构成犯罪的，依法追究刑事责任。

第八十条　国家工作人员利用职务便利，以直接或者间接、明示或者暗示等任何方式非法干涉招标投标活动，有下列情形之一的，依法给予记过或者记大过处分；情节严重的，依法给予降级或者撤职处分；情节特别严重的，依法给予开除处分；构成犯罪的，依法追究刑事责任：

（一）要求对依法必须进行招标的项目不招标，或者要求对依法应当公开招标的项目不公开招标；

（二）要求评标委员会成员或者招标人以其指定的投标人作为中标候选人或者中标人，或者以其他方式非法干涉评标活动，影响中标结果；

（三）以其他方式非法干涉招标投标活动。

第八十一条　依法必须进行招标的项目的招标投标活动违反招标投标法和本条例的规定，对中标结果造成实质性影响，且不能采取补救措施予以纠正的，招标、投标、中标无效，应当依法重新招标或者评标。

第七章　附　则

第八十二条　招标投标协会按照依法制定的章程开展活动，加强行业自律和服务。

第八十三条　政府采购的法律、行政法规对政府采购货物、服务的招标投标另有规定的，从其规定。

第八十四条　本条例自 2012 年 2 月 1 日起施行。

附录 4　中华人民共和国政府采购法实施条例

第一章　总　　则

第一条　根据《中华人民共和国政府采购法》（以下简称政府采购法），制定本条例。

第二条　政府采购法第二条所称财政性资金是指纳入预算管理的资金。

以财政性资金作为还款来源的借贷资金，视同财政性资金。

国家机关、事业单位和团体组织的采购项目既使用财政性资金又使用非财政性资金的，使用财政性资金采购的部分，适用政府采购法及本条例；财政性资金与非财政性资金无法分割采购的，统一适用政府采购法及本条例。

政府采购法第二条所称服务，包括政府自身需要的服务和政府向社会公众提供的公共服务。

第三条　集中采购目录包括集中采购机构采购项目和部门集中采购项目。

技术、服务等标准统一，采购人普遍使用的项目，列为集中采购机构采购项目；采购人本部门、本系统基于业务需要有特殊要求，可以统一采购的项目，列为部门集中采购项目。

第四条　政府采购法所称集中采购，是指采购人将列入集中采购目录的项目委托集中采购机构代理采购或者进行部门集中采购的行为；所称分散采购，是指采购人将采购限额标准以上的未列入集中采购目录的项目自行采购或者委托采购代理机构代理采购的行为。

第五条　省、自治区、直辖市人民政府或者其授权的机构根据实际情况，可以确定分别适用于本行政区域省级、设区的市级、县级的集中采购目录和采购限额标准。

第六条　国务院财政部门应当根据国家的经济和社会发展政策，会同国务院有关部门制定政府采购政策，通过制定采购需求标准、预留采购份额、价格评审优惠、优先采购等措施，实现节约能源、保护环境、扶持不发达地区和少数民族地区、促进中小企业发展等目标。

第七条　政府采购工程以及与工程建设有关的货物、服务，采用招标方式采购的，适用《中华人民共和国招标投标法》及其实施条例；采用其他方式采购的，适用政府采购法及本条例。

前款所称工程，是指建设工程，包括建筑物和构筑物的新建、改建、扩建及其相关的装修、拆除、修缮等；所称与工程建设有关的货物，是指构成工程不可分割的组成部分，且为实现工程基本功能所必需的设备、材料等；所称与工程建设有关的服务，是指为完成工程所需的勘察、设计、监理等服务。

政府采购工程以及与工程建设有关的货物、服务，应当执行政府采购政策。

第八条　政府采购项目信息应当在省级以上人民政府财政部门指定的媒体上发布。采购项目预算金额达到国务院财政部门规定标准的，政府采购项目信息应当在国务院财政部门指定的媒体上发布。

第九条　在政府采购活动中,采购人员及相关人员与供应商有下列利害关系之一的,应当回避:

(一)参加采购活动前3年内与供应商存在劳动关系;

(二)参加采购活动前3年内担任供应商的董事、监事;

(三)参加采购活动前3年内是供应商的控股股东或者实际控制人;

(四)与供应商的法定代表人或者负责人有夫妻、直系血亲、三代以内旁系血亲或者近姻亲关系;

(五)与供应商有其他可能影响政府采购活动公平、公正进行的关系。

供应商认为采购人员及相关人员与其他供应商有利害关系的,可以向采购人或者采购代理机构书面提出回避申请,并说明理由。采购人或者采购代理机构应当及时询问被申请回避人员,有利害关系的被申请回避人员应当回避。

第十条　国家实行统一的政府采购电子交易平台建设标准,推动利用信息网络进行电子化政府采购活动。

第二章　政府采购当事人

第十一条　采购人在政府采购活动中应当维护国家利益和社会公共利益,公正廉洁,诚实守信,执行政府采购政策,建立政府采购内部管理制度,厉行节约,科学合理确定采购需求。

采购人不得向供应商索要或者接受其给予的赠品、回扣或者与采购无关的其他商品、服务。

第十二条　政府采购法所称采购代理机构,是指集中采购机构和集中采购机构以外的采购代理机构。

集中采购机构是设区的市级以上人民政府依法设立的非营利事业法人,是代理集中采购项目的执行机构。集中采购机构应当根据采购人委托制定集中采购项目的实施方案,明确采购规程,组织政府采购活动,不得将集中采购项目转委托。集中采购机构以外的采购代理机构,是从事采购代理业务的社会中介机构。

第十三条　采购代理机构应当建立完善的政府采购内部监督管理制度,具备开展政府采购业务所需的评审条件和设施。

采购代理机构应当提高确定采购需求,编制招标文件、谈判文件、询价通知书,拟订合同文本和优化采购程序的专业化服务水平,根据采购人委托在规定的时间内及时组织采购人与中标或者成交供应商签订政府采购合同,及时协助采购人对采购项目进行验收。

第十四条　采购代理机构不得以不正当手段获取政府采购代理业务,不得与采购人、供应商恶意串通操纵政府采购活动。

采购代理机构工作人员不得接受采购人或者供应商组织的宴请、旅游、娱乐,不得收受礼品、现金、有价证券等,不得向采购人或者供应商报销应当由个人承担的费用。

第十五条　采购人、采购代理机构应当根据政府采购政策、采购预算、采购需求编制采购文件。

采购需求应当符合法律法规以及政府采购政策规定的技术、服务、安全等要求。政府向社会公众提供的公共服务项目，应当就确定采购需求征求社会公众的意见。除因技术复杂或者性质特殊，不能确定详细规格或者具体要求外，采购需求应当完整、明确。必要时，应当就确定采购需求征求相关供应商、专家的意见。

第十六条　政府采购法第二十条规定的委托代理协议，应当明确代理采购的范围、权限和期限等具体事项。

采购人和采购代理机构应当按照委托代理协议履行各自义务，采购代理机构不得超越代理权限。

第十七条　参加政府采购活动的供应商应当具备政府采购法第二十二条第一款规定的条件，提供下列材料：

（一）法人或者其他组织的营业执照等证明文件，自然人的身份证明；

（二）财务状况报告，依法缴纳税收和社会保障资金的相关材料；

（三）具备履行合同所必需的设备和专业技术能力的证明材料；

（四）参加政府采购活动前3年内在经营活动中没有重大违法记录的书面声明；

（五）具备法律、行政法规规定的其他条件的证明材料。

采购项目有特殊要求的，供应商还应当提供其符合特殊要求的证明材料或者情况说明。

第十八条　单位负责人为同一人或者存在直接控股、管理关系的不同供应商，不得参加同一合同项下的政府采购活动。

除单一来源采购项目外，为采购项目提供整体设计、规范编制或者项目管理、监理、检测等服务的供应商，不得再参加该采购项目的其他采购活动。

第十九条　政府采购法第二十二条第一款第五项所称重大违法记录，是指供应商因违法经营受到刑事处罚或者责令停产停业、吊销许可证或者执照、较大数额罚款等行政处罚。

供应商在参加政府采购活动前3年内因违法经营被禁止在一定期限内参加政府采购活动，期限届满的，可以参加政府采购活动。

第二十条　采购人或者采购代理机构有下列情形之一的，属于以不合理的条件对供应商实行差别待遇或者歧视待遇：

（一）就同一采购项目向供应商提供有差别的项目信息；

（二）设定的资格、技术、商务条件与采购项目的具体特点和实际需要不相适应或者与合同履行无关；

（三）采购需求中的技术、服务等要求指向特定供应商、特定产品；

（四）以特定行政区域或者特定行业的业绩、奖项作为加分条件或者中标、成交条件；

（五）对供应商采取不同的资格审查或者评审标准；

（六）限定或者指定特定的专利、商标、品牌或者供应商；

（七）非法限定供应商的所有制形式、组织形式或者所在地；

（八）以其他不合理条件限制或者排斥潜在供应商。

第二十一条　采购人或者采购代理机构对供应商进行资格预审的，资格预审公告应当在省级以上人民政府财政部门指定的媒体上发布。已进行资格预审的，评审阶段可以不再对供应商资格进行审查。资格预审合格的供应商在评审阶段资格发生变化的，应当通知采购人和采购代理机构。

资格预审公告应当包括采购人和采购项目名称、采购需求、对供应商的资格要求以及供应商提交资格预审申请文件的时间和地点。提交资格预审申请文件的时间自公告发布之日起不得少于 5 个工作日。

第二十二条　联合体中有同类资质的供应商按照联合体分工承担相同工作的，应当按照资质等级较低的供应商确定资质等级。

以联合体形式参加政府采购活动的，联合体各方不得再单独参加或者与其他供应商另外组成联合体参加同一合同项下的政府采购活动。

第三章　政府采购方式

第二十三条　采购人采购公开招标数额标准以上的货物或者服务，符合政府采购法第二十九条、第三十条、第三十一条、第三十二条规定情形或者有需要执行政府采购政策等特殊情况的，经设区的市级以上人民政府财政部门批准，可以依法采用公开招标以外的采购方式。

第二十四条　列入集中采购目录的项目，适合实行批量集中采购的，应当实行批量集中采购，但紧急的小额零星货物项目和有特殊要求的服务、工程项目除外。

第二十五条　政府采购工程依法不进行招标的，应当依照政府采购法和本条例规定的竞争性谈判或者单一来源采购方式采购。

第二十六条　政府采购法第三十条第三项规定的情形，应当是采购人不可预见的或者非因采购人拖延导致的；第四项规定的情形，是指因采购艺术品或者因专利、专有技术或者因服务的时间、数量事先不能确定等导致不能事先计算出价格总额。

第二十七条　政府采购法第三十一条第一项规定的情形，是指因货物或者服务使用不可替代的专利、专有技术，或者公共服务项目具有特殊要求，导致只能从某一特定供应商处采购。

第二十八条　在一个财政年度内，采购人将一个预算项目下的同一品目或者类别的货物、服务采用公开招标以外的方式多次采购，累计资金数额超过公开招标数额标准的，属于以化整为零方式规避公开招标，但项目预算调整或者经批准采用公开招标以外方式采购除外。

第四章　政府采购程序

第二十九条　采购人应当根据集中采购目录、采购限额标准和已批复的部门预算编制政府采购实施计划，报本级人民政府财政部门备案。

第三十条　采购人或者采购代理机构应当在招标文件、谈判文件、询价通知书中公开采购项目预算金额。

第三十一条　招标文件的提供期限自招标文件开始发出之日起不得少于 5 个工作日。

采购人或者采购代理机构可以对已发出的招标文件进行必要的澄清或者修改。澄清或者修改的内容可能影响投标文件编制的，采购人或者采购代理机构应当在投标截止时间至少 15 日前，以书面形式通知所有获取招标文件的潜在投标人；不足 15 日的，采购人或者采购代理机构应当顺延提交投标文件的截止时间。

第三十二条　采购人或者采购代理机构应当按照国务院财政部门制定的招标文件标准文本编制招标文件。

招标文件应当包括采购项目的商务条件、采购需求、投标人的资格条件、投标报价要求、评标方法、评标标准以及拟签订的合同文本等。

第三十三条　招标文件要求投标人提交投标保证金的，投标保证金不得超过采购项目预算金额的 2%。投标保证金应当以支票、汇票、本票或者金融机构、担保机构出具的保函等非现金形式提交。投标人未按照招标文件要求提交投标保证金的，投标无效。

采购人或者采购代理机构应当自中标通知书发出之日起 5 个工作日内退还未中标供应商的投标保证金，自政府采购合同签订之日起 5 个工作日内退还中标供应商的投标保证金。

竞争性谈判或者询价采购中要求参加谈判或者询价的供应商提交保证金的，参照前两款的规定执行。

第三十四条　政府采购招标评标方法分为最低评标价法和综合评分法。

最低评标价法，是指投标文件满足招标文件全部实质性要求且投标报价最低的供应商为中标候选人的评标方法。综合评分法，是指投标文件满足招标文件全部实质性要求且按照评审因素的量化指标评审得分最高的供应商为中标候选人的评标方法。

技术、服务等标准统一的货物和服务项目，应当采用最低评标价法。

采用综合评分法的，评审标准中的分值设置应当与评审因素的量化指标相对应。

招标文件中没有规定的评标标准不得作为评审的依据。

第三十五条　谈判文件不能完整、明确列明采购需求，需要由供应商提供最终设计方案或者解决方案的，在谈判结束后，谈判小组应当按照少数服从多数的原则投票推荐 3 家以上供应商的设计方案或者解决方案，并要求其在规定时间内提交最后报价。

第三十六条　询价通知书应当根据采购需求确定政府采购合同条款。在询价过程中，询价小组不得改变询价通知书所确定的政府采购合同条款。

第三十七条　政府采购法第三十八条第五项、第四十条第四项所称质量和服务相等，是指供应商提供的产品质量和服务均能满足采购文件规定的实质性要求。

第三十八条　达到公开招标数额标准，符合政府采购法第三十一条第一项规定情形，只能从唯一供应商处采购的，采购人应当将采购项目信息和唯一供应商名称在省级以上人民政府财政部门指定的媒体上公示，公示期不得少于 5 个工作日。

第三十九条　除国务院财政部门规定的情形外，采购人或者采购代理机构应当从政府采购评审专家库中随机抽取评审专家。

第四十条　政府采购评审专家应当遵守评审工作纪律，不得泄露评审文件、评审情况和评审中获悉的商业秘密。

评标委员会、竞争性谈判小组或者询价小组在评审过程中发现供应商有行贿、提供虚假材料或者串通等违法行为的，应当及时向财政部门报告。

政府采购评审专家在评审过程中受到非法干预的，应当及时向财政、监察等部门举报。

第四十一条　评标委员会、竞争性谈判小组或者询价小组成员应当按照客观、公正、审慎的原则，根据采购文件规定的评审程序、评审方法和评审标准进行独立评审。采购文件内容违反国家有关强制性规定的，评标委员会、竞争性谈判小组或者询价小组应当停止评审并向采购人或者采购代理机构说明情况。

评标委员会、竞争性谈判小组或者询价小组成员应当在评审报告上签字，对自己的评审意见承担法律责任。对评审报告有异议的，应当在评审报告上签署不同意见，并说明理由，否则视为同意评审报告。

第四十二条　采购人、采购代理机构不得向评标委员会、竞争性谈判小组或者询价小组的评审专家作倾向性、误导性的解释或者说明。

第四十三条　采购代理机构应当自评审结束之日起 2 个工作日内将评审报告送交采购人。采购人应当自收到评审报告之日起 5 个工作日内在评审报告推荐的中标或者成交候选人中按顺序确定中标或者成交供应商。

采购人或者采购代理机构应当自中标、成交供应商确定之日起 2 个工作日内，发出中标、成交通知书，并在省级以上人民政府财政部门指定的媒体上公告中标、成交结果，招标文件、竞争性谈判文件、询价通知书随中标、成交结果同时公告。

中标、成交结果公告内容应当包括采购人和采购代理机构的名称、地址、联系方式，项目名称和项目编号，中标或者成交供应商名称、地址和中标或者成交金额，主要中标或者成交标的的名称、规格型号、数量、单价、服务要求以及评审专家名单。

第四十四条　除国务院财政部门规定的情形外，采购人、采购代理机构不得以任何理由组织重新评审。采购人、采购代理机构按照国务院财政部门的规定组织重新评审的，应当书面报告本级人民政府财政部门。

采购人或者采购代理机构不得通过对样品进行检测、对供应商进行考察等方式改变评审结果。

第四十五条　采购人或者采购代理机构应当按照政府采购合同规定的技术、服务、安全标准组织对供应商履约情况进行验收，并出具验收书。验收书应当包括每一项技术、服务、安全标准的履约情况。

政府向社会公众提供的公共服务项目，验收时应当邀请服务对象参与并出具意见，验收结果应当向社会公告。

第四十六条　政府采购法第四十二条规定的采购文件，可以用电子档案方式保存。

第五章　政府采购合同

第四十七条　国务院财政部门应当会同国务院有关部门制定政府采购合同标准文本。

第四十八条　采购文件要求中标或者成交供应商提交履约保证金的，供应商应当以支票、汇票、本票或者金融机构、担保机构出具的保函等非现金形式提交。履约保证金的数额不得超过政府采购合同金额的 10％。

第四十九条　中标或者成交供应商拒绝与采购人签订合同的，采购人可以按照评审报告推荐的中标或者成交候选人名单排序，确定下一候选人为中标或者成交供应商，也可以重新开展政府采购活动。

第五十条　采购人应当自政府采购合同签订之日起 2 个工作日内，将政府采购合同在省级以上人民政府财政部门指定的媒体上公告，但政府采购合同中涉及国家秘密、商业秘密的内容除外。

第五十一条　采购人应当按照政府采购合同规定，及时向中标或者成交供应商支付采购资金。

政府采购项目资金支付程序，按照国家有关财政资金支付管理的规定执行。

第六章　质疑与投诉

第五十二条　采购人或者采购代理机构应当在 3 个工作日内对供应商依法提出的询问作出答复。

供应商提出的询问或者质疑超出采购人对采购代理机构委托授权范围的，采购代理机构应当告知供应商向采购人提出。

政府采购评审专家应当配合采购人或者采购代理机构答复供应商的询问和质疑。

第五十三条　政府采购法第五十二条规定的供应商应知其权益受到损害之日，是指：

（一）对可以质疑的采购文件提出质疑的，为收到采购文件之日或者采购文件公告期限届满之日；

（二）对采购过程提出质疑的，为各采购程序环节结束之日；

（三）对中标或者成交结果提出质疑的，为中标或者成交结果公告期限届满之日。

第五十四条　询问或者质疑事项可能影响中标、成交结果的，采购人应当暂停签订合同，已经签订合同的，应当中止履行合同。

第五十五条　供应商质疑、投诉应当有明确的请求和必要的证明材料。供应商投诉的事项不得超出已质疑事项的范围。

第五十六条　财政部门处理投诉事项采用书面审查的方式，必要时可以进行调查取证或者组织质证。

对财政部门依法进行的调查取证，投诉人和与投诉事项有关的当事人应当如实反映情况，并提供相关材料。

第五十七条　投诉人捏造事实、提供虚假材料或者以非法手段取得证明材料进行投诉的，财政部门应当予以驳回。

财政部门受理投诉后，投诉人书面申请撤回投诉的，财政部门应当终止投诉处理程序。

第五十八条　财政部门处理投诉事项，需要检验、检测、鉴定、专家评审以及需要投诉人补正材料的，所需时间不计算在投诉处理期限内。

财政部门对投诉事项作出的处理决定，应当在省级以上人民政府财政部门指定的媒体上公告。

第七章 监督检查

第五十九条 政府采购法第六十三条所称政府采购项目的采购标准，是指项目采购所依据的经费预算标准、资产配置标准和技术、服务标准等。

第六十条 除政府采购法第六十六条规定的考核事项外，财政部门对集中采购机构的考核事项还包括：

（一）政府采购政策的执行情况；

（二）采购文件编制水平；

（三）采购方式和采购程序的执行情况；

（四）询问、质疑答复情况；

（五）内部监督管理制度建设及执行情况；

（六）省级以上人民政府财政部门规定的其他事项。

财政部门应当制定考核计划，定期对集中采购机构进行考核，考核结果有重要情况的，应当向本级人民政府报告。

第六十一条 采购人发现采购代理机构有违法行为的，应当要求其改正。采购代理机构拒不改正的，采购人应当向本级人民政府财政部门报告，财政部门应当依法处理。

采购代理机构发现采购人的采购需求存在以不合理条件对供应商实行差别待遇、歧视待遇或者其他不符合法律、法规和政府采购政策规定内容，或者发现采购人有其他违法行为的，应当建议其改正。采购人拒不改正的，采购代理机构应当向采购人的本级人民政府财政部门报告，财政部门应当依法处理。

第六十二条 省级以上人民政府财政部门应当对政府采购评审专家库实行动态管理，具体管理办法由国务院财政部门制定。

采购人或者采购代理机构应当对评审专家在政府采购活动中的职责履行情况予以记录，并及时向财政部门报告。

第六十三条 各级人民政府财政部门和其他有关部门应当加强对参加政府采购活动的供应商、采购代理机构、评审专家的监督管理，对其不良行为予以记录，并纳入统一的信用信息平台。

第六十四条 各级人民政府财政部门对政府采购活动进行监督检查，有权查阅、复制有关文件、资料，相关单位和人员应当予以配合。

第六十五条 审计机关、监察机关以及其他有关部门依法对政府采购活动实施监督，发现采购当事人有违法行为的，应当及时通报财政部门。

第八章 法律责任

第六十六条 政府采购法第七十一条规定的罚款，数额为 10 万元以下。

政府采购法第七十二条规定的罚款，数额为 5 万元以上 25 万元以下。

第六十七条　采购人有下列情形之一的，由财政部门责令限期改正，给予警告，对直接负责的主管人员和其他直接责任人员依法给予处分，并予以通报：

（一）未按照规定编制政府采购实施计划或者未按照规定将政府采购实施计划报本级人民政府财政部门备案；

（二）将应当进行公开招标的项目化整为零或者以其他任何方式规避公开招标；

（三）未按照规定在评标委员会、竞争性谈判小组或者询价小组推荐的中标或者成交候选人中确定中标或者成交供应商；

（四）未按照采购文件确定的事项签订政府采购合同；

（五）政府采购合同履行中追加与合同标的相同的货物、工程或者服务的采购金额超过原合同采购金额10%；

（六）擅自变更、中止或者终止政府采购合同；

（七）未按照规定公告政府采购合同；

（八）未按照规定时间将政府采购合同副本报本级人民政府财政部门和有关部门备案。

第六十八条　采购人、采购代理机构有下列情形之一的，依照政府采购法第七十一条、第七十八条的规定追究法律责任：

（一）未依照政府采购法和本条例规定的方式实施采购；

（二）未依法在指定的媒体上发布政府采购项目信息；

（三）未按照规定执行政府采购政策；

（四）违反本条例第十五条的规定导致无法组织对供应商履约情况进行验收或者国家财产遭受损失；

（五）未依法从政府采购评审专家库中抽取评审专家；

（六）非法干预采购评审活动；

（七）采用综合评分法时评审标准中的分值设置未与评审因素的量化指标相对应；

（八）对供应商的询问、质疑逾期未作处理；

（九）通过对样品进行检测、对供应商进行考察等方式改变评审结果；

（十）未按照规定组织对供应商履约情况进行验收。

第六十九条　集中采购机构有下列情形之一的，由财政部门责令限期改正，给予警告，有违法所得的，并处没收违法所得，对直接负责的主管人员和其他直接责任人员依法给予处分，并予以通报：

（一）内部监督管理制度不健全，对依法应当分设、分离的岗位、人员未分设、分离；

（二）将集中采购项目委托其他采购代理机构采购；

（三）从事营利活动。

第七十条　采购人员与供应商有利害关系而不依法回避的，由财政部门给予警告，并处2000元以上2万元以下的罚款。

第七十一条　有政府采购法第七十一条、第七十二条规定的违法行为之一，影响或者可能影响中标、成交结果的，依照下列规定处理：

（一）未确定中标或者成交供应商的，终止本次政府采购活动，重新开展政府采购活动。

（二）已确定中标或者成交供应商但尚未签订政府采购合同的，中标或者成交结果无效，从合格的中标或者成交候选人中另行确定中标或者成交供应商；没有合格的中标或者成交候选人的，重新开展政府采购活动。

（三）政府采购合同已签订但尚未履行的，撤销合同，从合格的中标或者成交候选人中另行确定中标或者成交供应商；没有合格的中标或者成交候选人的，重新开展政府采购活动。

（四）政府采购合同已经履行，给采购人、供应商造成损失的，由责任人承担赔偿责任。

政府采购当事人有其他违反政府采购法或者本条例规定的行为，经改正后仍然影响或者可能影响中标、成交结果或者依法被认定为中标、成交无效的，依照前款规定处理。

第七十二条　供应商有下列情形之一的，依照政府采购法第七十七条第一款的规定追究法律责任：

（一）向评标委员会、竞争性谈判小组或者询价小组成员行贿或者提供其他不正当利益；

（二）中标或者成交后无正当理由拒不与采购人签订政府采购合同；

（三）未按照采购文件确定的事项签订政府采购合同；

（四）将政府采购合同转包；

（五）提供假冒伪劣产品；

（六）擅自变更、中止或者终止政府采购合同。

供应商有前款第一项规定情形的，中标、成交无效。评审阶段资格发生变化，供应商未依照本条例第二十一条的规定通知采购人和采购代理机构的，处以采购金额5‰的罚款，列入不良行为记录名单，中标、成交无效。

第七十三条　供应商捏造事实、提供虚假材料或者以非法手段取得证明材料进行投诉的，由财政部门列入不良行为记录名单，禁止其1至3年内参加政府采购活动。

第七十四条　有下列情形之一的，属于恶意串通，对供应商依照政府采购法第七十七条第一款的规定追究法律责任，对采购人、采购代理机构及其工作人员依照政府采购法第七十二条的规定追究法律责任：

（一）供应商直接或者间接从采购人或者采购代理机构处获得其他供应商的相关情况并修改其投标文件或者响应文件；

（二）供应商按照采购人或者采购代理机构的授意撤换、修改投标文件或者响应文件；

（三）供应商之间协商报价、技术方案等投标文件或者响应文件的实质性内容；

（四）属于同一集团、协会、商会等组织成员的供应商按照该组织要求协同参加政府采购活动；

（五）供应商之间事先约定由某一特定供应商中标、成交；

（六）供应商之间商定部分供应商放弃参加政府采购活动或者放弃中标、成交；

（七）供应商与采购人或者采购代理机构之间、供应商相互之间，为谋求特定供应商中标、成交或者排斥其他供应商的其他串通行为。

第七十五条　政府采购评审专家未按照采购文件规定的评审程序、评审方法和评审标准进行独立评审或者泄露评审文件、评审情况的，由财政部门给予警告，并处2000元以上2

万元以下的罚款；影响中标、成交结果的，处 2 万元以上 5 万元以下的罚款，禁止其参加政府采购评审活动。

政府采购评审专家与供应商存在利害关系未回避的，处 2 万元以上 5 万元以下的罚款，禁止其参加政府采购评审活动。

政府采购评审专家收受采购人、采购代理机构、供应商贿赂或者获取其他不正当利益，构成犯罪的，依法追究刑事责任；尚不构成犯罪的，处 2 万元以上 5 万元以下的罚款，禁止其参加政府采购评审活动。

政府采购评审专家有上述违法行为的，其评审意见无效，不得获取评审费；有违法所得的，没收违法所得；给他人造成损失的，依法承担民事责任。

第七十六条　政府采购当事人违反政府采购法和本条例规定，给他人造成损失的，依法承担民事责任。

第七十七条　财政部门在履行政府采购监督管理职责中违反政府采购法和本条例规定，滥用职权、玩忽职守、徇私舞弊的，对直接负责的主管人员和其他直接责任人员依法给予处分；直接负责的主管人员和其他直接责任人员构成犯罪的，依法追究刑事责任。

第九章　附　　则

第七十八条　财政管理实行省直接管理的县级人民政府可以根据需要并报经省级人民政府批准，行使政府采购法和本条例规定的设区的市级人民政府批准变更采购方式的职权。

第七十九条　本条例自 2015 年 3 月 1 日起施行。

附录 5　政府投资条例

第一章　总　　则

第一条　为了充分发挥政府投资作用，提高政府投资效益，规范政府投资行为，激发社会投资活力，制定本条例。

第二条　本条例所称政府投资，是指在中国境内使用预算安排的资金进行固定资产投资建设活动，包括新建、扩建、改建、技术改造等。

第三条　政府投资资金应当投向市场不能有效配置资源的社会公益服务、公共基础设施、农业农村、生态环境保护、重大科技进步、社会管理、国家安全等公共领域的项目，以非经营性项目为主。

国家完善有关政策措施，发挥政府投资资金的引导和带动作用，鼓励社会资金投向前款规定的领域。

国家建立政府投资范围定期评估调整机制，不断优化政府投资方向和结构。

第四条　政府投资应当遵循科学决策、规范管理、注重绩效、公开透明的原则。

第五条　政府投资应当与经济社会发展水平和财政收支状况相适应。

国家加强对政府投资资金的预算约束。政府及其有关部门不得违法违规举借债务筹措政府投资资金。

第六条　政府投资资金按项目安排，以直接投资方式为主；对确需支持的经营性项目，主要采取资本金注入方式，也可以适当采取投资补助、贷款贴息等方式。

安排政府投资资金，应当符合推进中央与地方财政事权和支出责任划分改革的有关要求，并平等对待各类投资主体，不得设置歧视性条件。

国家通过建立项目库等方式，加强对使用政府投资资金项目的储备。

第七条　国务院投资主管部门依照本条例和国务院的规定，履行政府投资综合管理职责。国务院其他有关部门依照本条例和国务院规定的职责分工，履行相应的政府投资管理职责。

县级以上地方人民政府投资主管部门和其他有关部门依照本条例和本级人民政府规定的职责分工，履行相应的政府投资管理职责。

第二章　政府投资决策

第八条　县级以上人民政府应当根据国民经济和社会发展规划、中期财政规划和国家宏观调控政策，结合财政收支状况，统筹安排使用政府投资资金的项目，规范使用各类政府投资资金。

第九条　政府采取直接投资方式、资本金注入方式投资的项目（以下统称政府投资项目），项目单位应当编制项目建议书、可行性研究报告、初步设计，按照政府投资管理权限和规定的程序，报投资主管部门或者其他有关部门审批。

项目单位应当加强政府投资项目的前期工作，保证前期工作的深度达到规定的要求，并对项目建议书、可行性研究报告、初步设计以及依法应当附具的其他文件的真实性负责。

第十条　除涉及国家秘密的项目外，投资主管部门和其他有关部门应当通过投资项目在线审批监管平台（以下简称在线平台），使用在线平台生成的项目代码办理政府投资项目审批手续。

投资主管部门和其他有关部门应当通过在线平台列明与政府投资有关的规划、产业政策等，公开政府投资项目审批的办理流程、办理时限等，并为项目单位提供相关咨询服务。

第十一条　投资主管部门或者其他有关部门应当根据国民经济和社会发展规划、相关领域专项规划、产业政策等，从下列方面对政府投资项目进行审查，作出是否批准的决定：

（一）项目建议书提出的项目建设的必要性；

（二）可行性研究报告分析的项目的技术经济可行性、社会效益以及项目资金等主要建设条件的落实情况；

（三）初步设计及其提出的投资概算是否符合可行性研究报告批复以及国家有关标准和规范的要求；

（四）依照法律、行政法规和国家有关规定应当审查的其他事项。

投资主管部门或者其他有关部门对政府投资项目不予批准的，应当书面通知项目单位并说明理由。

对经济社会发展、社会公众利益有重大影响或者投资规模较大的政府投资项目，投资主管部门或者其他有关部门应当在中介服务机构评估、公众参与、专家评议、风险评估的基础上作出是否批准的决定。

第十二条　经投资主管部门或者其他有关部门核定的投资概算是控制政府投资项目总投资的依据。

初步设计提出的投资概算超过经批准的可行性研究报告提出的投资估算10％的，项目单位应当向投资主管部门或者其他有关部门报告，投资主管部门或者其他有关部门可以要求项目单位重新报送可行性研究报告。

第十三条　对下列政府投资项目，可以按照国家有关规定简化需要报批的文件和审批程序：

（一）相关规划中已经明确的项目；

（二）部分扩建、改建项目；

（三）建设内容单一、投资规模较小、技术方案简单的项目；

（四）为应对自然灾害、事故灾难、公共卫生事件、社会安全事件等突发事件需要紧急建设的项目。

前款第三项所列项目的具体范围，由国务院投资主管部门会同国务院其他有关部门规定。

第十四条　采取投资补助、贷款贴息等方式安排政府投资资金的，项目单位应当按照国家有关规定办理手续。

第三章　政府投资年度计划

第十五条　国务院投资主管部门对其负责安排的政府投资编制政府投资年度计划，国务院其他有关部门对其负责安排的本行业、本领域的政府投资编制政府投资年度计划。

县级以上地方人民政府有关部门按照本级人民政府的规定，编制政府投资年度计划。

第十六条　政府投资年度计划应当明确项目名称、建设内容及规模、建设工期、项目总投资、年度投资额及资金来源等事项。

第十七条　列入政府投资年度计划的项目应当符合下列条件：

（一）采取直接投资方式、资本金注入方式的，可行性研究报告已经批准或者投资概算已经核定；

（二）采取投资补助、贷款贴息等方式的，已经按照国家有关规定办理手续；

（三）县级以上人民政府有关部门规定的其他条件。

第十八条　政府投资年度计划应当和本级预算相衔接。

第十九条　财政部门应当根据经批准的预算，按照法律、行政法规和国库管理的有关规定，及时、足额办理政府投资资金拨付。

第四章　政府投资项目实施

第二十条　政府投资项目开工建设，应当符合本条例和有关法律、行政法规规定的建设条件；不符合规定的建设条件的，不得开工建设。

国务院规定应当审批开工报告的重大政府投资项目，按照规定办理开工报告审批手续后方可开工建设。

第二十一条　政府投资项目应当按照投资主管部门或者其他有关部门批准的建设地点、建设规模和建设内容实施；拟变更建设地点或者拟对建设规模、建设内容等作较大变更的，应当按照规定的程序报原审批部门审批。

第二十二条　政府投资项目所需资金应当按照国家有关规定确保落实到位。

政府投资项目不得由施工单位垫资建设。

第二十三条　政府投资项目建设投资原则上不得超过经核定的投资概算。

因国家政策调整、价格上涨、地质条件发生重大变化等原因确需增加投资概算的，项目单位应当提出调整方案及资金来源，按照规定的程序报原初步设计审批部门或者投资概算核定部门核定；涉及预算调整或者调剂的，依照有关预算的法律、行政法规和国家有关规定办理。

第二十四条　政府投资项目应当按照国家有关规定合理确定并严格执行建设工期，任何单位和个人不得非法干预。

第二十五条　政府投资项目建成后，应当按照国家有关规定进行竣工验收，并在竣工验收合格后及时办理竣工财务决算。

政府投资项目结余的财政资金，应当按照国家有关规定缴回国库。

第二十六条　投资主管部门或者其他有关部门应当按照国家有关规定选择有代表性的已建成政府投资项目，委托中介服务机构对所选项目进行后评价。后评价应当根据项目建成后的实际效果，对项目审批和实施进行全面评价并提出明确意见。

第五章　监督管理

第二十七条　投资主管部门和依法对政府投资项目负有监督管理职责的其他部门应当采取在线监测、现场核查等方式，加强对政府投资项目实施情况的监督检查。

项目单位应当通过在线平台如实报送政府投资项目开工建设、建设进度、竣工的基本信息。

第二十八条　投资主管部门和依法对政府投资项目负有监督管理职责的其他部门应当建立政府投资项目信息共享机制，通过在线平台实现信息共享。

第二十九条　项目单位应当按照国家有关规定加强政府投资项目档案管理，将项目审批和实施过程中的有关文件、资料存档备查。

第三十条　政府投资年度计划、政府投资项目审批和实施以及监督检查的信息应当依法公开。

第三十一条　政府投资项目的绩效管理、建设工程质量管理、安全生产管理等事项，依照有关法律、行政法规和国家有关规定执行。

第六章　法律责任

第三十二条　有下列情形之一的，责令改正，对负有责任的领导人员和直接责任人员依法给予处分：

（一）超越审批权限审批政府投资项目；

（二）对不符合规定的政府投资项目予以批准；

（三）未按照规定核定或者调整政府投资项目的投资概算；

（四）为不符合规定的项目安排投资补助、贷款贴息等政府投资资金；

（五）履行政府投资管理职责中其他玩忽职守、滥用职权、徇私舞弊的情形。

第三十三条　有下列情形之一的，依照有关预算的法律、行政法规和国家有关规定追究法律责任：

（一）政府及其有关部门违法违规举借债务筹措政府投资资金；

（二）未按照规定及时、足额办理政府投资资金拨付；

（三）转移、侵占、挪用政府投资资金。

第三十四条　项目单位有下列情形之一的，责令改正，根据具体情况，暂停、停止拨付资金或者收回已拨付的资金，暂停或者停止建设活动，对负有责任的领导人员和直接责任人员依法给予处分：

(一) 未经批准或者不符合规定的建设条件开工建设政府投资项目；

(二) 弄虚作假骗取政府投资项目审批或者投资补助、贷款贴息等政府投资资金；

(三) 未经批准变更政府投资项目的建设地点或者对建设规模、建设内容等作较大变更；

(四) 擅自增加投资概算；

(五) 要求施工单位对政府投资项目垫资建设；

(六) 无正当理由不实施或者不按照建设工期实施已批准的政府投资项目。

第三十五条　项目单位未按照规定将政府投资项目审批和实施过程中的有关文件、资料存档备查，或者转移、隐匿、篡改、毁弃项目有关文件、资料的，责令改正，对负有责任的领导人员和直接责任人员依法给予处分。

第三十六条　违反本条例规定，构成犯罪的，依法追究刑事责任。

第七章　附　　则

第三十七条　国防科技工业领域政府投资的管理办法，由国务院国防科技工业管理部门根据本条例规定的原则另行制定。

第三十八条　中国人民解放军和中国人民武装警察部队的固定资产投资管理，按照中央军事委员会的规定执行。

第三十九条　本条例自 2019 年 7 月 1 日起施行。

附录6　国家发展改革委关于加强中央预算内投资绩效管理有关工作的通知

(发改投资〔2019〕220号)

为深入贯彻落实党的十九大报告、《中共中央国务院关于全面实施预算绩效管理的意见》(中发〔2018〕34号)、《中共中央国务院关于深化投融资体制改革的意见》(中发〔2016〕18号)等有关精神,切实加强中央预算内投资绩效管理,提高中央预算内投资效益,现将有关事项通知如下。

一、充分认识加强中央预算内投资绩效管理的重要意义

党的十九大报告提出,"建立全面规范透明、标准科学、约束有力的预算制度,全面实施绩效管理"。《中共中央国务院关于全面实施预算绩效管理的意见》提出,"抓紧健全科学规范的管理制度,完善绩效目标、绩效监控、绩效评价、结果运用等管理流程,健全共性的绩效指标框架和分行业领域的绩效指标体系","投资主管部门要加强基建投资绩效评估,评估结果作为申请预算的必备条件"。《中共中央国务院关于深化投融资体制改革的意见》提出,"建立政府投资范围定期评估调整机制,不断优化投资方向和结构,提高投资效益"。各地方、各有关部门要深入贯彻落实党中央、国务院决策部署,充分认识加强中央预算内投资绩效管理的重要意义,把中央预算内投资绩效管理作为提高中央预算内投资效益、加强投资项目监管的重要手段,根据中央预算内投资管理特点科学设立绩效目标,合理确定并下达绩效目标,切实加强绩效监控和评价,做好评价结果运用,认真做好中央预算内投资绩效管理各项工作,不断提高中央预算内投资效益,充分发挥投资关键作用。

二、科学合理设置绩效目标

国家发展改革委负责设置中央预算内投资专项绩效目标,包括绩效指标和指标值。在设立中央预算内投资各投资专项时,根据中央预算内投资的管理特点、专项管理需要、工作流程和重点环节,科学合理设置绩效指标。绩效指标设置要突出适用性、相关性和可行性等,既有效发挥绩效管理作用,又要避免脱离实际,不下达超出实际的增长目标和硬性任务;要充分考虑中央预算内投资用于建设支出、项目建设周期较长等特点,既要包括实施效果指标,又要包括过程管理指标,同时要充分结合项目建设规模、建设目标等批复要求,避免与项目批复脱节。专项绩效指标设定后,在专项实施期内不得随意变更。根据设置的绩效指标体系,充分考虑相关历史数据、行业标准和管理需要,合理确定投资专项实施期绩效指标值和年度绩效指标值。

三、认真填报绩效目标

各地方、中央和国家机关有关部门和单位申报中央预算内投资计划草案时,要按照国家发展改革委确定的各专项绩效指标认真填报专项投资计划绩效目标,随投资计划一并向国家发展改革委申报。对于不纳入专项管理的单个建设项目,应填报建设项目投资计划绩效目标。填报绩效目标要充分考虑拟申报建设项目审批(核准、备案)核定的建设目标、建设内

容和规模、计划工期等情况。

四、严格审核下达绩效目标

国家发展改革委在审核编制中央预算内投资计划时，根据专项实施期绩效目标和年度绩效目标，审核确定本批次投资计划绩效目标，并在下达投资计划时同步下达给各地方、中央和国家机关有关部门和单位，明确各下达单位的绩效目标。对确难以同步下达绩效目标的，可请省级发展改革部门、中央单位按下达投资规模调整填报绩效目标报国家发展改革委备案。地方发展改革部门和中央单位在分解、转发投资计划时，应同步分解下达绩效目标。对于分解转发的本级投资计划，应分解落实到具体建设项目绩效目标。

五、不断加强绩效监控

各地方、中央和国家机关有关部门和单位在中央预算内投资计划执行中，结合日常调度、在线监测、现场监督检查等，依托全国投资项目在线审批监管平台和国家重大建设项目库等信息化手段，可根据工作需要对绩效目标实现和投资计划执行等情况实行跟踪监控，动态掌握中央预算内投资管理情况。对绩效监控中发现的问题，要立行立改、即知即改，及时改进完善绩效管理工作，确保绩效目标落到实处；对绩效监控中发现的好的经验做法，要加强交流借鉴和宣传推广，进一步提高绩效管理水平。

六、认真组织开展绩效评价

国家发展改革委每年对绩效目标实现、投资计划执行、投资项目管理等情况组织开展自评，并分析专项执行中存在的困难和问题，提出相关政策措施建议，在此基础上形成中央预算内投资专项年度评估报告。同时，视情况选取部分专项，在绩效自评的基础上，委托咨询评估机构等开展绩效评估，进一步科学、客观评价各专项绩效情况，探索总结绩效评价工作经验。中央预算内投资专项实施期间及实施期满后，国家发展改革委可委托咨询评估机构等，对专项执行情况进行中期评估和终期评估。具体建设项目的绩效评价、评估工作，可结合项目验收、后评价等工作开展。

七、进一步加强评估结果运用

国家发展改革委将绩效评估结果作为今后年度优化专项设置、完善专项管理、安排投资计划的重要参考，按照党中央、国务院决策部署，并结合中央预算内投资绩效评估、在线监测、现场监督检查、审计、督查等结果，对中央预算内投资专项进行优化调整。对评估结果优异、建设任务繁重的专项，视情况加大支持力度。对评估结果差的专项，采取措施改进管理，加强薄弱环节、解决存在问题，并视情况减少安排规模直至予以取消。各地方、中央和国家机关有关部门和单位也要健全激励约束机制，加强绩效评估结果运用。

各地方、中央和国家机关有关部门和单位要高度重视、周密安排、认真组织，切实做好中央预算内投资绩效管理各项工作，不断提高中央预算内投资效益，充分发挥投资的关键作用。

附录 7　基本建设财务规则

（财政部令第 81 号）

《基本建设财务规则》已经财政部部务会议审议通过，现予公布，自 2016 年 9 月 1 日起施行。

部长　楼继伟

2016 年 4 月 26 日

第一章　总　　则

第一条　为了规范基本建设财务行为，加强基本建设财务管理，提高财政资金使用效益，保障财政资金安全，制定本规则。

第二条　本规则适用于行政事业单位的基本建设财务行为，以及国有和国有控股企业使用财政资金的基本建设财务行为。

基本建设是指以新增工程效益或者扩大生产能力为主要目的的新建、续建、改扩建、迁建、大型维修改造工程及相关工作。

第三条　基本建设财务管理应当严格执行国家有关法律、行政法规和财务规章制度，坚持勤俭节约、量力而行、讲求实效，正确处理资金使用效益与资金供给的关系。

第四条　基本建设财务管理的主要任务是：

（一）依法筹集和使用基本建设项目（以下简称项目）建设资金，防范财务风险；

（二）合理编制项目资金预算，加强预算审核，严格预算执行；

（三）加强项目核算管理，规范和控制建设成本；

（四）及时准确编制项目竣工财务决算，全面反映基本建设财务状况；

（五）加强对基本建设活动的财务控制和监督，实施绩效评价。

第五条　财政部负责制定并指导实施基本建设财务管理制度。

各级财政部门负责对基本建设财务活动实施全过程管理和监督。

第六条　各级项目主管部门（含一级预算单位，下同）应当会同财政部门，加强本部门或者本行业基本建设财务管理和监督，指导和督促项目建设单位做好基本建设财务管理的基础工作。

第七条　项目建设单位应当做好以下基本建设财务管理的基础工作：

（一）建立、健全本单位基本建设财务管理制度和内部控制制度；

（二）按项目单独核算，按照规定将核算情况纳入单位账簿和财务报表；

（三）按照规定编制项目资金预算，根据批准的项目概（预）算做好核算管理，及时掌握建设进度，定期进行财产物资清查，做好核算资料档案管理；

（四）按照规定向财政部门、项目主管部门报送基本建设财务报表和资料；

（五）及时办理工程价款结算，编报项目竣工财务决算，办理资产交付使用手续；

（六）财政部门和项目主管部门要求的其他工作。

按照规定实行代理记账和项目代建制的，代理记账单位和代建单位应当配合项目建设单位做好项目财务管理的基础工作。

第二章　建设资金筹集与使用管理

第八条　建设资金是指为满足项目建设需要筹集和使用的资金，按照来源分为财政资金和自筹资金。其中，财政资金包括一般公共预算安排的基本建设投资资金和其他专项建设资金，政府性基金预算安排的建设资金，政府依法举债取得的建设资金，以及国有资本经营预算安排的基本建设项目资金。

第九条　财政资金管理应当遵循专款专用原则，严格按照批准的项目预算执行，不得挤占挪用。

财政部门应当会同项目主管部门加强项目财政资金的监督管理。

第十条　财政资金的支付，按照国库集中支付制度有关规定和合同约定，综合考虑项目财政资金预算、建设进度等因素执行。

第十一条　项目建设单位应当根据批准的项目概（预）算、年度投资计划和预算、建设进度等控制项目投资规模。

第十二条　项目建设单位在决策阶段应当明确建设资金来源，落实建设资金，合理控制筹资成本。非经营性项目建设资金按照国家有关规定筹集；经营性项目在防范风险的前提下，可以多渠道筹集。

具体项目的经营性和非经营性性质划分，由项目主管部门会同财政部门根据项目建设目的、运营模式和盈利能力等因素核定。

第十三条　核定为经营性项目的，项目建设单位应当按照国家有关固定资产投资项目资本管理的规定，筹集一定比例的非债务性资金作为项目资本。

在项目建设期间，项目资本的投资者除依法转让、依法终止外，不得以任何方式抽走出资。

经营性项目的投资者以实物、知识产权、土地使用权等非货币财产作价出资的，应当委托具有专业能力的资产评估机构依法评估作价。

第十四条　项目建设单位取得的财政资金，区分以下情况处理：

经营性项目具备企业法人资格的，按照国家有关企业财务规定处理。不具备企业法人资格的，属于国家直接投资的，作为项目国家资本管理；属于投资补助的，国家拨款时对权属有规定的，按照规定执行，没有规定的，由项目投资者享有；属于有偿性资助的，作为项目负债管理。

经营性项目取得的财政贴息，项目建设期间收到的，冲减项目建设成本；项目竣工后收到的，按照国家财务、会计制度的有关规定处理。

非经营性项目取得的财政资金，按照国家行政、事业单位财务、会计制度的有关规定处理。

第十五条　项目收到的社会捐赠，有捐赠协议或者捐赠者有指定要求的，按照协议或者要求处理；无协议和要求的，按照国家财务、会计制度的有关规定处理。

第三章　预算管理

第十六条　项目建设单位编制项目预算应当以批准的概算为基础，按照项目实际建设资金需求编制，并控制在批准的概算总投资规模、范围和标准以内。

项目建设单位应当细化项目预算，分解项目各年度预算和财政资金预算需求。涉及政府采购的，应当按照规定编制政府采购预算。

项目资金预算应当纳入项目主管部门的部门预算或者国有资本经营预算统一管理。列入部门预算的项目，一般应当从项目库中产生。

第十七条　项目建设单位应当根据项目概算、建设工期、年度投资和自筹资金计划、以前年度项目各类资金结转情况等，提出项目财政资金预算建议数，按照规定程序经项目主管部门审核汇总报财政部门。

项目建设单位根据财政部门下达的预算控制数编制预算，由项目主管部门审核汇总报财政部门，经法定程序审核批复后执行。

第十八条　项目建设单位应当严格执行项目财政资金预算。对发生停建、缓建、迁移、合并、分立、重大设计变更等变动事项和其他特殊情况确需调整的项目，项目建设单位应当按照规定程序报项目主管部门审核后，向财政部门申请调整项目财政资金预算。

第十九条　财政部门应当加强财政资金预算审核和执行管理，严格预算约束。

财政资金预算安排应当以项目以前年度财政资金预算执行情况、项目预算评审意见和绩效评价结果作为重要依据。项目财政资金未按预算要求执行的，按照有关规定调减或者收回。

第二十条　项目主管部门应当按照预算管理规定，督促和指导项目建设单位做好项目财政资金预算编制、执行和调整，严格审核项目财政资金预算、细化预算和预算调整的申请，及时掌握项目预算执行动态，跟踪分析项目进度，按照要求向财政部门报送执行情况。

第四章　建设成本管理

第二十一条　建设成本是指按照批准的建设内容由项目建设资金安排的各项支出，包括建筑安装工程投资支出、设备投资支出、待摊投资支出和其他投资支出。

建筑安装工程投资支出是指项目建设单位按照批准的建设内容发生的建筑工程和安装工程的实际成本。

设备投资支出是指项目建设单位按照批准的建设内容发生的各种设备的实际成本。

待摊投资支出是指项目建设单位按照批准的建设内容发生的，应当分摊计入相关资产价值的各项费用和税金支出。

其他投资支出是指项目建设单位按照批准的建设内容发生的房屋购置支出，基本畜禽、林木等的购置、饲养、培育支出，办公生活用家具、器具购置支出，软件研发和不能计入设备投资的软件购置等支出。

第二十二条　项目建设单位应当严格控制建设成本的范围、标准和支出责任，以下支出不得列入项目建设成本：

（一）超过批准建设内容发生的支出；

（二）不符合合同协议的支出；

（三）非法收费和摊派；

（四）无发票或者发票项目不全、无审批手续、无责任人员签字的支出；

（五）因设计单位、施工单位、供货单位等原因造成的工程报废等损失，以及未按照规定报经批准的损失；

（六）项目符合规定的验收条件之日起 3 个月后发生的支出；

（七）其他不属于本项目应当负担的支出。

第二十三条　财政资金用于项目前期工作经费部分，在项目批准建设后，列入项目建设成本。

没有被批准或者批准后又被取消的项目，财政资金如有结余，全部缴回国库。

第五章　基建收入管理

第二十四条　基建收入是指在基本建设过程中形成的各项工程建设副产品变价收入、负荷试车和试运行收入以及其他收入。

工程建设副产品变价收入包括矿山建设中的矿产品收入，油气、油田钻井建设中的原油气收入，林业工程建设中的路影材收入，以及其他项目建设过程中产生或者伴生的副产品、试验产品的变价收入。

负荷试车和试运行收入包括水利、电力建设移交生产前的供水、供电、供热收入，原材料、机电轻纺、农林建设移交生产前的产品收入，交通临时运营收入等。

其他收入包括项目总体建设尚未完成或者移交生产，但其中部分工程简易投产而发生的经营性收入等。

符合验收条件而未按照规定及时办理竣工验收的经营性项目所实现的收入，不得作为项目基建收入管理。

第二十五条　项目所取得的基建收入扣除相关费用并依法纳税后，其净收入按照国家财务、会计制度的有关规定处理。

第二十六条　项目发生的各项索赔、违约金等收入，首先用于弥补工程损失，结余部分按照国家财务、会计制度的有关规定处理。

第六章　工程价款结算管理

第二十七条　工程价款结算是指依据基本建设工程发承包合同等进行工程预付款、进度款、竣工价款结算的活动。

第二十八条　项目建设单位应当严格按照合同约定和工程价款结算程序支付工程款。竣工价款结算一般应当在项目竣工验收后 2 个月内完成，大型项目一般不得超过 3 个月。

第二十九条　项目建设单位可以与施工单位在合同中约定按照不超过工程价款结算总额的 5% 预留工程质量保证金，待工程交付使用缺陷责任期满后清算。资信好的施工单位可以用银行保函替代工程质量保证金。

第三十条　项目主管部门应当会同财政部门加强工程价款结算的监督，重点审查工程招投标文件、工程量及各项费用的计取、合同协议、施工变更签证、人工和材料价差、工程索赔等。

第七章　竣工财务决算管理

第三十一条　项目竣工财务决算是正确核定项目资产价值、反映竣工项目建设成果的文件，是办理资产移交和产权登记的依据，包括竣工财务决算报表、竣工财务决算说明书以及相关材料。

项目竣工财务决算应当数字准确、内容完整。竣工财务决算的编制要求另行规定。

第三十二条　项目年度资金使用情况应当按照要求编入部门决算或者国有资本经营决算。

第三十三条　项目建设单位在项目竣工后，应当及时编制项目竣工财务决算，并按照规定报送项目主管部门。

项目设计、施工、监理等单位应当配合项目建设单位做好相关工作。

建设周期长、建设内容多的大型项目，单项工程竣工具备交付使用条件的，可以编报单项工程竣工财务决算，项目全部竣工后应当编报竣工财务总决算。

第三十四条　在编制项目竣工财务决算前，项目建设单位应当认真做好各项清理工作，包括账目核对及账务调整、财产物资核实处理、债权实现和债务清偿、档案资料归集整理等。

第三十五条　在编制项目竣工财务决算时，项目建设单位应当按照规定将待摊投资支出按合理比例分摊计入交付使用资产价值、转出投资价值和待核销基建支出。

第三十六条　项目竣工财务决算审核、批复管理职责和程序要求由同级财政部门确定。

第三十七条　财政部门和项目主管部门对项目竣工财务决算实行先审核、后批复的办法，可以委托预算评审机构或者有专业能力的社会中介机构进行审核。对符合条件的，应当在 6 个月内批复。

第三十八条　项目一般不得预留尾工工程，确需预留尾工工程的，尾工工程投资不得超过批准的项目概（预）算总投资的 5%。

项目主管部门应当督促项目建设单位抓紧实施项目尾工工程，加强对尾工工程资金使用的监督管理。

第三十九条　已具备竣工验收条件的项目，应当及时组织验收，移交生产和使用。

第四十条　项目隶属关系发生变化时，应当按照规定及时办理财务关系划转，主要包括各项资金来源、已交付使用资产、在建工程、结余资金、各项债权及债务等的清理交接。

第八章　资产交付管理

第四十一条　资产交付是指项目竣工验收合格后，将形成的资产交付或者转交生产使用单位的行为。

交付使用的资产包括固定资产、流动资产、无形资产等。

第四十二条　项目竣工验收合格后应当及时办理资产交付使用手续，并依据批复的项目竣工财务决算进行账务调整。

第四十三条　非经营性项目发生的江河清障疏浚、航道整治、飞播造林、退耕还林（草）、封山（沙）育林（草）、水土保持、城市绿化、毁损道路修复、护坡及清理等不能形成资产的支出，以及项目未被批准、项目取消和项目报废前已发生的支出，作为待核销基建支出处理；形成资产产权归属本单位的，计入交付使用资产价值；形成资产产权不归属本单位的，作为转出投资处理。

非经营性项目发生的农村沼气工程、农村安全饮水工程、农村危房改造工程、游牧民定居工程、渔民上岸工程等涉及家庭或者个人的支出，形成资产产权归属家庭或者个人的，作为待核销基建支出处理；形成资产产权归属本单位的，计入交付使用资产价值；形成资产产权归属其他单位的，作为转出投资处理。

第四十四条　非经营性项目为项目配套建设的专用设施，包括专用道路、专用通讯设施、专用电力设施、地下管道等，产权归属本单位的，计入交付使用资产价值；产权不归属本单位的，作为转出投资处理。

非经营性项目移民安置补偿中由项目建设单位负责建设并形成的实物资产，产权归属集体或者单位的，作为转出投资处理；产权归属移民的，作为待核销基建支出处理。

第四十五条　经营性项目发生的项目取消和报废等不能形成资产的支出，以及设备采购和系统集成（软件）中包含的交付使用后运行维护等费用，按照国家财务、会计制度的有关规定处理。

第四十六条　经营性项目为项目配套建设的专用设施，包括专用铁路线、专用道路、专用通讯设施、专用电力设施、地下管道、专用码头等，项目建设单位应当与有关部门明确产权关系，并按照国家财务、会计制度的有关规定处理。

第九章　结余资金管理

第四十七条　结余资金是指项目竣工结余的建设资金，不包括工程抵扣的增值税进项税额资金。

第四十八条　经营性项目结余资金，转入单位的相关资产。

非经营性项目结余资金，首先用于归还项目贷款。如有结余，按照项目资金来源属于财政资金的部分，应当在项目竣工验收合格后 3 个月内，按照预算管理制度有关规定收回财政。

第四十九条　项目终止、报废或者未按照批准的建设内容建设形成的剩余建设资金中，按照项目实际资金来源比例确认的财政资金应当收回财政。

第十章　绩效评价

第五十条　项目绩效评价是指财政部门、项目主管部门根据设定的项目绩效目标，运用科学合理的评价方法和评价标准，对项目建设全过程中资金筹集、使用及核算的规范性、有效性，以及投入运营效果等进行评价的活动。

第五十一条　项目绩效评价应当坚持科学规范、公正公开、分级分类和绩效相关的原则，坚持经济效益、社会效益和生态效益相结合的原则。

第五十二条　项目绩效评价应当重点对项目建设成本、工程造价、投资控制、达产能力与设计能力差异、偿债能力、持续经营能力等实施绩效评价，根据管理需要和项目特点选用社会效益指标、财务效益指标、工程质量指标、建设工期指标、资金来源指标、资金使用指标、实际投资回收期指标、实际单位生产（营运）能力投资指标等评价指标。

第五十三条　财政部门负责制定项目绩效评价管理办法，对项目绩效评价工作进行指导和监督，选择部分项目开展重点绩效评价，依法公开绩效评价结果。绩效评价结果作为项目财政资金预算安排和资金拨付的重要依据。

第五十四条　项目主管部门会同财政部门按照有关规定，制定本部门或者本行业项目绩效评价具体实施办法，建立具体的绩效评价指标体系，确定项目绩效目标，具体组织实施本部门或者本行业绩效评价工作，并向财政部门报送绩效评价结果。

第十一章　监督管理

第五十五条　项目监督管理主要包括对项目资金筹集与使用、预算编制与执行、建设成本控制、工程价款结算、竣工财务决算编报审核、资产交付等的监督管理。

第五十六条　项目建设单位应当建立、健全内部控制和项目财务信息报告制度，依法接受财政部门和项目主管部门等的财务监督管理。

第五十七条　财政部门和项目主管部门应当加强项目的监督管理，采取事前、事中、事后相结合，日常监督与专项监督相结合的方式，对项目财务行为实施全过程监督管理。

第五十八条　财政部门应当加强对基本建设财政资金形成的资产的管理，按照规定对项目资产开展登记、核算、评估、处置、统计、报告等资产管理基础工作。

第五十九条　对于违反本规则的基本建设财务行为，依照《预算法》《财政违法行为处罚处分条例》等有关规定追究责任。

第十二章 附 则

第六十条 接受国家经常性资助的社会力量举办的公益服务性组织和社会团体的基本建设财务行为，以及非国有企业使用财政资金的基本建设财务行为，参照本规则执行。

使用外国政府及国际金融组织贷款的基本建设财务行为执行本规则。国家另有规定的，从其规定。

第六十一条 项目建设内容仅为设备购置的，不执行本规则；项目建设内容以设备购置、房屋及其他建筑物购置为主并附有部分建筑安装工程的，可以简化执行本规则。

经营性项目的项目资本中，财政资金所占比例未超过50%的，项目建设单位可以简化执行本规则，但应当按照要求向财政部门、项目主管部门报送相关财务资料。国家另有规定的，从其规定。

第六十二条 中央项目主管部门和各省、自治区、直辖市、计划单列市财政厅（局）可以根据本规则，结合本行业、本地区的项目情况，制定具体实施办法并报财政部备案。

第六十三条 本规则自2016年9月1日起施行。2002年9月27日财政部发布的《基本建设财务管理规定》（财建〔2002〕394号）及其解释同时废止。

附录 8　财政部关于印发《内部会计控制规范——工程项目（试行）》的通知

(财会〔2003〕30号)

各省、自治区、直辖市、计划单列市财政厅（局），新疆生产建设兵团财务局、党中央有关部门，国务院各部委、各直属机构，解放军总后勤部，武警部分后勤部，各中央管理企业：

为了促进各单位的内部会计控制建设，加强内部会计监督，维护社会主义市场经济秩序，我们工程项目《试行》。该控制规范以单位内部会计控制为主，同时兼顾与会计相关的控制。现将《内部会计控制规范——工程项目（试行）》印发给你们，请布置所属有关单位自发布之日起试行。试行中有何问题，请及时反馈我部。

中华人民共和国财政部

2003 年 10 月 22 日

第一章　总　　则

第一条　为了加强对工程项目的内部控制，防范工程项目管理中的差错与舞弊，提高资金使用效益，根据《中华人民共和国会计法》和《内部会计控制规范—基本规范（试行）》等法律法规，制定本规范。

第二条　本规范适用于国家机关、社会团体、公司、企业、事业单位和其他经济组织（以下统称单位）。

国家有关法律法规对工程项目另有规定的，从其规定。

第三条　国务院有关部门可以根据国家有关法律法规和本规范，制定本部门或本系统的工程项目内部控制规定。

各单位应当根据国家有关法律法规和本规范，结合部门或系统的工程项目内部控制规定，建立适合本单位业务特点和管理要求的工程项目内部控制制度，并组织实施。

第四条　单位负责人对本单位工程项目内部控制的建立健全和有效实施负责。

第二章　岗位分工与授权批准

第五条　单位应当建立工程项目业务的岗位责任制，明确相关部门和岗位的职责、权限，确保办理工程项目业务的不相容岗位相互分离、制约和监督。

工程项目业务不相容岗位一般包括：

（一）项目建议、可行性研究与项目决策；

（二）概预算编制与审核；

（三）项目实施与从价款支付；

（四）竣工决算与竣工审计。

第六条　单位应当根据工程项目的特点，配备合格的人员办理工程项目业务。办理工程项目业务的人员应当具备良好的业务素质和职业道德。

单位应当配备专门的会计人员办理工程项目会计核算业务，办理工程项目会计业务的人员应当熟悉国家法律法规及工程项目管理方面的专业知识。

第七条　单位应当对工程项目相关业务建立严格的授权批准制度，明确审批人的授权批准方式、权限、程序、责任及相关控制措施，规定经办人的职责范围和工作要求。

第八条　审批人应当根据工程项目相关业务授权批准制度的规定，在授权范围内进行审批，不得超越审批权限。

经办人应当在职责范围内，按照审批人的批准意见办理工程项目业务。对于审批人超越权范围审批的工程项目业务，经办人有权拒绝办理，并及时向审批人的上级授权部门报告。

第九条　严禁未经授权的机构或人员办理工程项目业务。

第十条　单位应当制定工程项目业务流程，明确项目决策、概预算编制、价款支付、竣工决算等环节的控制要求，并设置相应的记录或凭证，如实记载各环节业务的开展情况，确保工程项目全过程得到有效控制。

第三章　项目决策控制

第十一条　单位应当建立工程项目决策环节的控制制度，对项目建议书和可行性研究报告的编制、项目决策程序等作出明确规定，确保项目决策科学、合理。

第十二条　单位应当组织工程、技术、财会等部门的相关专业人员对项目建议书和可行性研究报告的完整性、客观性进行技术经济分析和评审，出具评审意见。

第十三条　单位应当建立工程项目的集体决策制度，决策过程应有完整的书面记录。

严禁任何个人单独决策工程项目或者擅自改变集体决策意见。

第十四条　单位应当建立工程项目决策及实施的责任制度，明确相关部门及人员的责任，定期或不定期地进行检查。

第四章　概预算控制

第十五条　单位应当建立工程项目概预算环节的控制制度，对概预算的编制、审核等作出明确规定，确保概预算编制科学、合理。

第十六条　单位应当组织工程、技术、财会等部门的相关专业人员对编制的概预算进行审核，重点审查编制依据、项目内容、工程量的计算、定额套用等是否真实、完整、准确。

第五章　价款支付控制

第十七条　单位应当建立工程进度价款支付环节的控制制度，对价款支付的条件、方式以及会计核算程序作出明确规定，确保价款支付及时、正确。

第十八条　单位办理工程项目价款支付业务，应当符合《内部会计控制规范—货币资金（试行）》的有关规定。

单位办理工程项目采购业务，应当符合《内部会计控制规范—采购与付款（试行）》的有关规定。

第十九条　单位会计人员应对工程合同约定的价款支付方式、有关部门提交的价款支付申请及凭证、审批人的批准意见等进行审查和复核。复核无误后，方可办理价款支付手续。

单位会计人员在办理价款支付业务过程中发现拟支付的价款与合同约定的价款支付方式及金额不符，或与工程实际完工情况不符等异常情况，应当及时报告。

第二十条　单位因工程变更等原因造成价款支付方式及金额发生变动的，应提供完整的书面文件和其他相关资料。单位会计人员应对工程变更价款支付业务进行审核。

第二十一条　单位应当加强对工程项目资金筹集与运用、物资采购与使用、财产清理与变动等业务的会计核算，真实、完整地反映工程项目资金流入流出情况及财产物资的增减变动情况。

第六章　竣工决算控制

第二十二条　单位应当建立竣工决算环节的控制制度，对竣工清理、竣工决算、竣工审计、竣工验收等作出明确规定，确保竣工决算真实、完整、及时。

第二十三条　单位应当建立竣工清理制度，明确竣工清理的范围、内容和方法，如实填写并妥善保管竣工清理清单。

第二十四条　单位应当依据国家法律法规的规定及时编制竣工决算。

单位应当组织有关部门及人员对竣工决算进行审核，重点审查决算依据是否完备，相关文件资料是否齐全，竣工清理是否完成，决算编制是否正确。

第二十五条　单位应当建立竣工决算审计制度，及时组织竣工决算审计。

未实施竣工决算审计的工程项目，不得办理竣工验收手续。

第二十六条　单位应当及时组织工程项目竣工验收，确保工程质量符合设计要求。

单位应当对竣工验收进行审核，重点审查验收人员、验收范围、验收依据、验收程序等是否符合国家有关规定。

第二十七条　验收合格的工程项目，应当及时编制财产清理，办理资产移交手续，并加强对资产的管理。

第七章　监督检查

第二十八条　单位应当建立对工程项目内部控制的监督检查制度，明确监督检查机构或人员的职责权限，定期或不定期地进行检查。

第二十九条　工程项目内部控制监督检查的内容主要包括：

（一）工程项目业务相关岗位及人员的设置情况。重点检查是否存在不相容职务混岗的现象。

（二）工程项目业务授权批准制度的执行情况。重点检查重要业务的授权批准手续是否健全，是否存在越权审批行为。

（三）工程项目决策责任制的建立及执行情况。重点检查责任制度是否健全，奖惩措施是否落实到位。

（四）概预算控制制度的执行情况。重点检查概预算编制的依据是否真实，是否按规定对概预算进行审核。

（五）各类款项支付制度的执行情况。重点检查工程款、材料设备款及其他费用的支付是否符合相关法规、制度和合同的要求。

（六）竣工决算制度的执行情况。重点检查是否按规定办理竣工决算，实施决算审计。

第三十条　对监督检查过程中发现的工程项目内部控制中的问题和薄弱环节，单位应当采取措施，及时加以纠正和完善。

第八章　附　　则

第三十一条　本规范由财政部负责解释。

第三十二条　本规范自发布之日起施行。

附录9　财政部　建设部关于印发《建设工程价款结算暂行办法》的通知

（财建〔2004〕369号）

党中央有关部门，国务院各部委、各直属机构，有关人民团体，各中央管理企业，各省、自治区、直辖市、计划单列市财政厅（局）、建设厅（委、局），新疆生产建设兵团财务局：

为了维护建设市场秩序，规范建设工程价款结算活动，按照国家有关法律、法规，我们制订了《建设工程价款结算暂行办法》。现印发给你们，请贯彻执行。

附件：建设工程价款结算暂行办法。

中华人民共和国财政部
中华人民共和国建设部
二〇〇四年十月二十日

附件：

建设工程价款结算暂行办法
第一章　总　　则

第一条　为加强和规范建设工程价款结算，维护建设市场正常秩序，根据《中华人民共和国合同法》《中华人民共和国建筑法》《中华人民共和国招标投标法》《中华人民共和国预算法》《中华人民共和国政府采购法》《中华人民共和国预算法实施条例》等有关法律、行政法规制订本办法。

第二条　凡在中华人民共和国境内的建设工程价款结算活动，均适用本办法。国家法律法规另有规定的，从其规定。

第三条　本办法所称建设工程价款结算（以下简称"工程价款结算"），是指对建设工程的发承包合同价款进行约定和依据合同约定进行工程预付款、工程进度款、工程竣工价款结算的活动。

第四条　国务院财政部门、各级地方政府财政部门和国务院建设行政主管部门、各级地方政府建设行政主管部门在各自职责范围内负责工程价款结算的监督管理。

第五条　从事工程价款结算活动，应当遵循合法、平等、诚信的原则，并符合国家有关法律、法规和政策。

第二章　工程合同价款的约定与调整

第六条　招标工程的合同价款应当在规定时间内，依据招标文件、中标人的投标文件，由发包人与承包人（以下简称"发、承包人"）订立书面合同约定。

非招标工程的合同价款依据审定的工程预（概）算书由发、承包人在合同中约定。

合同价款在合同中约定后，任何一方不得擅自改变。

第七条　发包人、承包人应当在合同条款中对涉及工程价款结算的下列事项进行约定：

（一）预付工程款的数额、支付时限及抵扣方式；

（二）工程进度款的支付方式、数额及时限；

（三）工程施工中发生变更时，工程价款的调整方法、索赔方式、时限要求及金额支付方式；

（四）发生工程价款纠纷的解决方法；

（五）约定承担风险的范围及幅度以及超出约定范围和幅度的调整办法；

（六）工程竣工价款的结算与支付方式、数额及时限；

（七）工程质量保证（保修）金的数额、预扣方式及时限；

（八）安全措施和意外伤害保险费用；

（九）工期及工期提前或延后的奖惩办法；

（十）与履行合同、支付价款相关的担保事项。

第八条　发、承包人在签订合同时对于工程价款的约定，可选用下列一种约定方式：

（一）固定总价。合同工期较短且工程合同总价较低的工程，可以采用固定总价合同方式。

（二）固定单价。双方在合同中约定综合单价包含的风险范围和风险费用的计算方法，在约定的风险范围内综合单价不再调整。风险范围以外的综合单价调整方法，应当在合同中约定。

（三）可调价格。可调价格包括可调综合单价和措施费等，双方应在合同中约定综合单价和措施费的调整方法，调整因素包括：

1. 法律、行政法规和国家有关政策变化影响合同价款；

2. 工程造价管理机构的价格调整；

3. 经批准的设计变更；

4. 发包人更改经审定批准的施工组织设计（修正错误除外）造成费用增加；

5. 双方约定的其他因素。

第九条　承包人应当在合同规定的调整情况发生后14天内，将调整原因、金额以书面形式通知发包人，发包人确认调整金额后将其作为追加合同价款，与工程进度款同期支付。发包人收到承包人通知后14天内不予确认也不提出修改意见，视为已经同意该项调整。

当合同规定的调整合同价款的调整情况发生后，承包人未在规定时间内通知发包人，或者未在规定时间内提出调整报告，发包人可以根据有关资料，决定是否调整和调整的金额，并书面通知承包人。

第十条　工程设计变更价款调整

（一）施工中发生工程变更，承包人按照经发包人认可的变更设计文件，进行变更施工，其中，政府投资项目重大变更，需按基本建设程序报批后方可施工。

（二）在工程设计变更确定后 14 天内，设计变更涉及工程价款调整的，由承包人向发包人提出，经发包人审核同意后调整合同价款。变更合同价款按下列方法进行：

1. 合同中已有适用于变更工程的价格，按合同已有的价格变更合同价款；

2. 合同中只有类似于变更工程的价格，可以参照类似价格变更合同价款；

3. 合同中没有适用或类似于变更工程的价格，由承包人或发包人提出适当的变更价格，经对方确认后执行。如双方不能达成一致的，双方可提请工程所在地工程造价管理机构进行咨询或按合同约定的争议或纠纷解决程序办理。

（三）工程设计变更确定后 14 天内，如承包人未提出变更工程价款报告，则发包人可根据所掌握的资料决定是否调整合同价款和调整的具体金额。重大工程变更涉及工程价款变更报告和确认的时限由发承包双方协商确定。

收到变更工程价款报告一方，应在收到之日起 14 天内予以确认或提出协商意见，自变更工程价款报告送达之日起 14 天内，对方未确认也未提出协商意见时，视为变更工程价款报告已被确认。

确认增（减）的工程变更价款作为追加（减）合同价款与工程进度款同期支付。

第三章　工程价款结算

第十一条　工程价款结算应按合同约定办理，合同未作约定或约定不明的，发、承包双方应依照下列规定与文件协商处理：

（一）国家有关法律、法规和规章制度；

（二）国务院建设行政主管部门、省、自治区、直辖市或有关部门发布的工程造价计价标准、计价办法等有关规定；

（三）建设项目的合同、补充协议、变更签证和现场签证，以及经发、承包人认可的其他有效文件；

（四）其他可依据的材料。

第十二条　工程预付款结算应符合下列规定：

（一）包工包料工程的预付款按合同约定拨付，原则上预付比例不低于合同金额的 10%，不高于合同金额的 30%，对重大工程项目，按年度工程计划逐年预付。计价执行《建设工程工程量清单计价规范》（GB 50500—2003）的工程，实体性消耗和非实体性消耗部分应在合同中分别约定预付款比例。

（二）在具备施工条件的前提下，发包人应在双方签订合同后的一个月内或不迟于约定的开工日期前的 7 天内预付工程款，发包人不按约定预付，承包人应在预付时间到期后 10 天内向发包人发出要求预付的通知，发包人收到通知后仍不按要求预付，承包人可在发出通知 14 天后停止施工，发包人应从约定应付之日起向承包人支付应付款的利息（利率按同期银行贷款利率计），并承担违约责任。

（三）预付的工程款必须在合同中约定抵扣方式，并在工程进度款中进行抵扣。

（四）凡是没有签订合同或不具备施工条件的工程，发包人不得预付工程款，不得以预付款为名转移资金。

第十三条 工程进度款结算与支付应当符合下列规定：

（一）工程进度款结算方式

1. 按月结算与支付。即实行按月支付进度款，竣工后清算的办法。合同工期在两个年度以上的工程，在年终进行工程盘点，办理年度结算。

2. 分段结算与支付。即当年开工、当年不能竣工的工程按照工程形象进度，划分不同阶段支付工程进度款。具体划分在合同中明确。

（二）工程量计算

1. 承包人应当按照合同约定的方法和时间，向发包人提交已完工程量的报告。发包人接到报告后 14 天内核实已完工程量，并在核实前 1 天通知承包人，承包人应提供条件并派人参加核实，承包人收到通知后不参加核实，以发包人核实的工程量作为工程价款支付的依据。发包人不按约定时间通知承包人，致使承包人未能参加核实，核实结果无效。

2. 发包人收到承包人报告后 14 天内未核实完工程量，从第 15 天起，承包人报告的工程量即视为被确认，作为工程价款支付的依据，双方合同另有约定的，按合同执行。

3. 对承包人超出设计图纸（含设计变更）范围和因承包人原因造成返工的工程量，发包人不予计量。

（三）工程进度款支付

1. 根据确定的工程计量结果，承包人向发包人提出支付工程进度款申请，14 天内，发包人应按不低于工程价款的 60％，不高于工程价款的 90％向承包人支付工程进度款。按约定时间发包人应扣回的预付款，与工程进度款同期结算抵扣。

2. 发包人超过约定的支付时间不支付工程进度款，承包人应及时向发包人发出要求付款的通知，发包人收到承包人通知后仍不能按要求付款，可与承包人协商签订延期付款协议，经承包人同意后可延期支付，协议应明确延期支付的时间和从工程计量结果确认后第 15 天起计算应付款的利息（利率按同期银行贷款利率计）。

3. 发包人不按合同约定支付工程进度款，双方又未达成延期付款协议，导致施工无法进行，承包人可停止施工，由发包人承担违约责任。

第十四条 工程完工后，双方应按照约定的合同价款及合同价款调整内容以及索赔事项，进行工程竣工结算。

（一）工程竣工结算方式

工程竣工结算分为单位工程竣工结算、单项工程竣工结算和建设项目竣工总结算。

（二）工程竣工结算编审

1. 单位工程竣工结算由承包人编制，发包人审查；实行总承包的工程，由具体承包人编制，在总包人审查的基础上，发包人审查。

2. 单项工程竣工结算或建设项目竣工总结算由总（承）包人编制，发包人可直接进行审查，也可以委托具有相应资质的工程造价咨询机构进行审查。政府投资项目，由同级财政部门审查。单项工程竣工结算或建设项目竣工总结算经发、承包人签字盖章后有效。

承包人应在合同约定期限内完成项目竣工结算编制工作，未在规定期限内完成的并且提不出正当理由延期的，责任自负。

（三）工程竣工结算审查期限

单项工程竣工后，承包人应在提交竣工验收报告的同时，向发包人递交竣工结算报告及完整的结算资料，发包人应按以下规定时限进行核对（审查）并提出审查意见。

工程竣工结算报告金额	审查时间
500 万元以下	从接到竣工结算报告和完整的竣工结算资料之日起 20 天
500 万～2000 万元	从接到竣工结算报告和完整的竣工结算资料之日起 30 天
2000 万～5000 万元	从接到竣工结算报告和完整的竣工结算资料之日起 45 天
5000 万元以上	从接到竣工结算报告和完整的竣工结算资料之日起 60 天

（四）工程竣工价款结算

发包人收到承包人递交的竣工结算报告及完整的结算资料后，应按本办法规定的期限（合同约定有期限的，从其约定）进行核实，给予确认或者提出修改意见。发包人根据确认的竣工结算报告向承包人支付工程竣工结算价款，保留 5% 左右的质量保证（保修）金，待工程交付使用一年质保期到期后清算（合同另有约定的，从其约定），质保期内如有返修，发生费用应在质量保证（保修）金内扣除。

（五）索赔价款结算

发承包人未能按合同约定履行自己的各项义务或发生错误，给另一方造成经济损失的，由受损方按合同约定提出索赔，索赔金额按合同约定支付。

（六）合同以外零星项目工程价款结算

发包人要求承包人完成合同以外零星项目，承包人应在接受发包人要求的 7 天内就用工数量和单价、机械台班数量和单价、使用材料和金额等向发包人提出施工签证，发包人签证后施工，如发包人未签证，承包人施工后发生争议的，责任由承包人自负。

第十五条 发包人和承包人要加强施工现场的造价控制，及时对工程合同外的事项如实纪录并履行书面手续。凡由发、承包双方授权的现场代表签字的现场签证以及发、承包双方协商确定的索赔等费用，应在工程竣工结算中如实办理，不得因发、承包双方现场代表的中途变更改变其有效性。

第十六条 发包人收到竣工结算报告及完整的结算资料后，在本办法规定或合同约定期限内，对结算报告及资料没有提出意见，则视同认可。

承包人如未在规定时间内提供完整的工程竣工结算资料，经发包人催促后 14 天内仍未提供或没有明确答复，发包人有权根据已有资料进行审查，责任由承包人自负。

根据确认的竣工结算报告，承包人向发包人申请支付工程竣工结算款。发包人应在收到申请后 15 天内支付结算款，到期没有支付的应承担违约责任。承包人可以催告发包人支付结算价款，如达成延期支付协议，承包人应按同期银行贷款利率支付拖欠工程价款的利息。如未达成延期支付协议，承包人可以与发包人协商将该工程折价，或申请人民法院将该工程依法拍卖，承包人就该工程折价或者拍卖的价款优先受偿。

第十七条 工程竣工结算以合同工期为准，实际施工工期比合同工期提前或延后，发、承包双方应按合同约定的奖惩办法执行。

第四章 工程价款结算争议处理

第十八条 工程造价咨询机构接受发包人或承包人委托，编审工程竣工结算，应按合同约定和实际履约事项认真办理，出具的竣工结算报告经发、承包双方签字后生效。当事人一方对报告有异议的，可对工程结算中有异议部分，向有关部门申请咨询后协商处理，若不能达成一致的，双方可按合同约定的争议或纠纷解决程序办理。

第十九条 发包人对工程质量有异议，已竣工验收或已竣工未验收但实际投入使用的工程，其质量争议按该工程保修合同执行；已竣工未验收且未实际投入使用的工程以及停工、停建工程的质量争议，应当就有争议部分的竣工结算暂缓办理，双方可就有争议的工程委托有资质的检测鉴定机构进行检测，根据检测结果确定解决方案，或按工程质量监督机构的处理决定执行，其余部分的竣工结算依照约定办理。

第二十条 当事人对工程造价发生合同纠纷时，可通过下列办法解决：

（一）双方协商确定；

（二）按合同条款约定的办法提请调解；

（三）向有关仲裁机构申请仲裁或向人民法院起诉。

第五章 工程价款结算管理

第二十一条 工程竣工后，发、承包双方应及时办清工程竣工结算，否则，工程不得交付使用，有关部门不予办理权属登记。

第二十二条 发包人与中标的承包人不按照招标文件和中标的承包人的投标文件订立合同的，或者发包人、中标的承包人背离合同实质性内容另行订立协议，造成工程价款结算纠纷的，另行订立的协议无效，由建设行政主管部门责令改正，并按《中华人民共和国招标投标法》第五十九条进行处罚。

第二十三条 接受委托承接有关工程结算咨询业务的工程造价咨询机构应具有工程造价咨询单位资质，其出具的办理拨付工程价款和工程结算的文件，应当由造价工程师签字，并应加盖执业专用章和单位公章。

第六章 附　　则

第二十四条 建设工程施工专业分包或劳务分包，总（承）包人与分包人必须依法订立专业分包或劳务分包合同，按照本办法的规定在合同中约定工程价款及其结算办法。

第二十五条　政府投资项目除执行本办法有关规定外，地方政府或地方政府财政部门对政府投资项目合同价款约定与调整、工程价款结算、工程价款结算争议处理等事项，如另有特殊规定的，从其规定。

第二十六条　凡实行监理的工程项目，工程价款结算过程中涉及监理工程师签证事项，应按工程监理合同约定执行。

第二十七条　有关主管部门、地方政府财政部门和地方政府建设行政主管部门可参照本办法，结合本部门、本地区实际情况，另行制订具体办法，并报财政部、建设部备案。

第二十八条　合同示范文本内容如与本办法不一致，以本办法为准。

第二十九条　本办法自公布之日起施行。

附录10 财政部关于印发《中央预算内基建投资项目前期工作经费管理暂行办法》的通知

(财建〔2006〕689号)

党中央有关部门，国务院各部委、各直属机构，全国人大常委会办公厅，全国政协办公厅，高法院，高检院，有关人民团体，各中央管理企业，各省、自治区、直辖市、计划单列市财政厅（局），新疆生产建设兵团财务局：

为进一步加强和规范中央预算内基建投资项目前期工作经费管理，强化预算约束，提高资金使用效益，根据《中华人民共和国预算法》《中华人民共和国预算法实施条例》《基本建设财务管理规定》（财建〔2002〕394号），我部制定了《中央预算内基建投资项目前期工作经费管理暂行办法》，现印发你们，请遵照执行。

附件：中央预算内基建投资项目前期工作经费管理暂行办法

二〇〇六年十月二十六日

附件：

中央预算内基建投资项目前期工作经费管理暂行办法

第一条 为加强和规范中央预算内基建投资项目前期工作经费管理，强化预算约束，提高资金使用效益，根据《中华人民共和国预算法》《中华人民共和国预算法实施条例》《基本建设财务管理规定》（财建〔2002〕394号），制订本办法。

第二条 本办法所称前期工作是指从建设项目的立项申请、可行性研究、初步设计到项目开工前所进行的一系列工作，主要包括项目建议书、可行性研究报告、初步设计等工作环节的材料编制、招标、评估、审查、报送及相关工作。

第三条 本办法所称中央预算内基建投资项目前期工作经费（以下简称前期费）是指从中央预算内基建投资（含国债项目资金）中安排的用于项目前期工作的专项经费。

第四条 前期费安排范围：

1. 中央本级项目的前期工作；

2. 跨地区、跨流域以及对经济和社会发展全局有重大影响的地方项目的前期工作；

3. 经国务院批准的其他项目的前期工作。

第五条 具体项目的前期费根据国民经济和社会发展规划、中央预算内基建投资规模、项目建设内容等合理确定。

第六条　前期费的使用范围：

1. 勘察费；

2. 设计费；

3. 研究试验费；

4. 可行性研究费；

5. 前期工作的标底编制及招标管理费；

6. 概算审查费；

7. 咨询评审费；

8. 技术图书资料费、差旅交通费、业务招待费等管理费用；

9. 经同级财政部门批准的与前期工作相关的其他费用。

有关开支标准应按国家相关规定执行。

第七条　财政部在国家有关部门提出的前期费投资计划的基础上，审核下达前期费预算。

第八条　预算经核定下达后必须严格执行，除特殊情况外一律不得调整。对确需调整的项目，应严格按照预算调整的相关规定执行。

第九条　前期费拨付应遵循以下原则：

1. 严格按照前期费预算、分月用款计划、前期工作进度、基本建设程序、合同等要求拨付资金；

2. 实行政府采购和国库集中支付的项目，其前期费的拨付应根据政府采购和国库集中支付相关规定办理。

第十条　前期费实行总额控制，分年度据实列支。

第十一条　对批准建设的项目，其前期费应列入批准的项目概算内，按照相关规定计入建设成本。

第十二条　对没有被批准或批准后又被取消的建设项目，其发生的前期费由使用单位向主管部门提出申请，由项目主管部门报同级财政部门批准后作核销处理；已安排的前期费如有结余，其结余资金应按规定及时就地上缴国库，列政府收支分类"其他收入"科目，严禁挪作他用。

第十三条　当年未完成的前期工作，其前期费可结转下年继续使用。

第十四条　有关部门、单位要按照基本建设财务会计制度对前期费进行严格管理和核算。

前期工作完成后，有关部门、单位要及时组织审查，对项目前期费的使用情况以及后续工作等进行深入分析，并及时向主管部门报送分析评价报告。重大项目的分析评价报告要报送财政等有关部门。

第十五条　对经审查未通过的前期工作，要按审查的结论意见，由原前期工作承担单位继续完成，增加的费用由相关责任单位负担。

第十六条　前期费的使用和管理要接受财政、审计等部门的监督检查。

第十七条　对违反规定，弄虚作假，截留、挤占、挪用前期费或前期工作中存在严重问题的单位，财政部门将根据《财政违法行为处罚处分条例》（国务院令第 427 号）及国家有关规定，追缴截留、挤占、挪用的前期费，停止拨付尚未拨付的前期费，对有关人员追究责任，触犯法律的要移送司法机关处理。

第十八条　国民经济和社会发展中长期规划、总体规划、专项规划、区域规划等，如涉及具体项目前期工作，与前期工作相关的工作经费的管理比照本办法执行；如不涉及具体项目前期工作，其工作经费的管理按有关规定执行。

第十九条　本办法自发布之日起 30 日后施行。

第二十条　本办法由财政部负责解释。

附录11　财政部关于印发《基本建设项目竣工财务决算管理暂行办法》的通知

（财建〔2016〕503号）

党中央有关部门，国务院各部委、各直属机构，军委后勤保障部、武警总部，全国人大常委会办公厅，全国政协办公厅，高法院，高检院，各民主党派中央，有关人民团体，各中央管理企业，各省、自治区、直辖市、计划单列市财政厅（局），新疆生产建设兵团财务局：

　　为推动各部门、各地区进一步加强基本建设项目竣工财务决算管理，提高资金使用效益，针对基本建设项目竣工财务决算管理中反映出的主要问题，依据《基本建设财务规则》，现印发《基本建设项目竣工财务决算管理暂行办法》，请认真贯彻执行。

　　附件：基本建设项目竣工财务决算管理暂行办法

财政部

2016 年 6 月 30 日

附件：

基本建设项目竣工财务决算管理暂行办法

　　第一条　为进一步加强基本建设项目竣工财务决算管理，依据《基本建设财务规则》（财政部令第 81 号），制定本办法。

　　第二条　基本建设项目（以下简称项目）完工可投入使用或者试运行合格后，应当在 3 个月内编报竣工财务决算，特殊情况确需延长的，中小型项目不得超过 2 个月，大型项目不得超过 6 个月。

　　第三条　项目竣工财务决算未经审核前，项目建设单位一般不得撤销，项目负责人及财务主管人员、重大项目的相关工程技术主管人员、概（预）算主管人员一般不得调离。

　　项目建设单位确需撤销的，项目有关财务资料应当转入其他机构承接、保管。项目负责人、财务人员及相关工程技术主管人员确需调离的，应当继续承担或协助做好竣工财务决算相关工作。

　　第四条　实行代理记账、会计集中核算和项目代建制的，代理记账单位、会计集中核算单位和代建单位应当配合项目建设单位做好项目竣工财务决算工作。

　　第五条　编制项目竣工财务决算前，项目建设单位应当完成各项账务处理及财产物资的盘点核实，做到账账、账证、账实、账表相符。项目建设单位应当逐项盘点核实、填列各种材料、设备、工具、器具等清单并妥善保管，应变价处理的库存设备、材料以及应处理的自用固定资产要公开变价处理，不得侵占、挪用。

第六条 项目竣工财务决算的编制依据主要包括：国家有关法律法规；经批准的可行性研究报告、初步设计、概算及概算调整文件；招标文件及招标投标书，施工、代建、勘察设计、监理及设备采购等合同，政府采购审批文件、采购合同；历年下达的项目年度财政资金投资计划、预算；工程结算资料；有关的会计及财务管理资料；其他有关资料。

第七条 项目竣工财务决算的内容主要包括：项目竣工财务决算报表（附表1）、竣工财务决算说明书、竣工财务决（结）算审核情况及相关资料。

第八条 竣工财务决算说明书主要包括以下内容：

（一）项目概况；

（二）会计账务处理、财产物资清理及债权债务的清偿情况；

（三）项目建设资金计划及到位情况，财政资金支出预算、投资计划及到位情况；

（四）项目建设资金使用、项目结余资金分配情况；

（五）项目概（预）算执行情况及分析，竣工实际完成投资与概算差异及原因分析；

（六）尾工工程情况；

（七）历次审计、检查、审核、稽查意见及整改落实情况；

（八）主要技术经济指标的分析、计算情况；

（九）项目管理经验、主要问题和建议；

（十）预备费动用情况；

（十一）项目建设管理制度执行情况、政府采购情况、合同履行情况；

（十二）征地拆迁补偿情况、移民安置情况；

（十三）需说明的其他事项。

第九条 项目竣工决（结）算经有关部门或单位进行项目竣工决（结）算审核的，需附完整的审核报告及审核表（附表2），审核报告内容应当翔实，主要包括：审核说明、审核依据、审核结果、意见、建议。

第十条 相关资料主要包括：

（一）项目立项、可行性研究报告、初步设计报告及概算、概算调整批复文件的复印件；

（二）项目历年投资计划及财政资金预算下达文件的复印件；

（三）审计、检查意见或文件的复印件；

（四）其他与项目决算相关资料。

第十一条 建设周期长、建设内容多的大型项目，单项工程竣工财务决算可单独报批，单项工程结余资金在整个项目竣工财务决算中一并处理。

第十二条 中央项目竣工财务决算，由财政部制定统一的审核批复管理制度和操作规程。中央项目主管部门本级以及不向财政部报送年度部门决算的中央单位的项目竣工财务决算，由财政部批复；其他中央项目竣工财务决算，由中央项目主管部门负责批复，报财政部备案。国家另有规定的，从其规定。

地方项目竣工财务决算审核批复管理职责和程序要求由同级财政部门确定。

经营性项目的项目资本中，财政资金所占比例未超过 50% 的，项目竣工财务决算可以不报财政部门或者项目主管部门审核批复。项目建设单位应当按照国家有关规定加强工程价款结算和项目竣工财务决算管理。

第十三条 财政部门和项目主管部门对项目竣工财务决算实行先审核、后批复的办法，可以委托预算评审机构或者有专业能力的社会中介机构进行审核。

第十四条 项目竣工财务决算审核批复环节中审减的概算内投资，按投资来源比例归还投资者。

第十五条 项目主管部门应当加强对尾工工程建设资金监督管理，督促项目建设单位抓紧实施尾工工程，及时办理尾工工程建设资金清算和资产交付使用手续。

第十六条 项目建设内容以设备购置、房屋及其他建筑物购置为主且附有部分建筑安装工程的，可以简化项目竣工财务决算编报内容、报表格式和批复手续；设备购置、房屋及其他建筑物购置，不用单独编报项目竣工财务决算。

第十七条 财政部门和项目主管部门审核批复项目竣工财务决算时，应当重点审查以下内容：

（一）工程价款结算是否准确，是否按照合同约定和国家有关规定进行，有无多算和重复计算工程量、高估冒算建筑材料价格现象；

（二）待摊费用支出及其分摊是否合理、正确；

（三）项目是否按照批准的概算（预）算内容实施，有无超标准、超规模、超概（预）算建设现象；

（四）项目资金是否全部到位，核算是否规范，资金使用是否合理，有无挤占、挪用现象；

（五）项目形成资产是否全面反映，计价是否准确，资产接受单位是否落实；

（六）项目在建设过程中历次检查和审计所提的重大问题是否已经整改落实；

（七）待核销基建支出和转出投资有无依据，是否合理；

（八）竣工财务决算报表所填列的数据是否完整，表间钩稽关系是否清晰、正确；

（九）尾工工程及预留费用是否控制在概算确定的范围内，预留的金额和比例是否合理；

（十）项目建设是否履行基本建设程序，是否符合国家有关建设管理制度要求等；

（十一）决算的内容和格式是否符合国家有关规定；

（十二）决算资料报送是否完整、决算数据间是否存在错误；

（十三）相关主管部门或者第三方专业机构是否出具审核意见。

第十八条 财政部对授权主管部门批复的中央项目竣工财务决算实行抽查制度。

第十九条 项目竣工后应当及时办理资金清算和资产交付手续，并依据项目竣工财务决算批复意见办理产权登记和有关资产入账或调账。

第二十条 项目建设单位经批准使用项目资金购买的车辆、办公设备等自用固定资产，项目完工时按下列情况进行财务处理：

资产直接交付使用单位的，按设备投资支出转入交付使用。其中，计提折旧的自用固定资产，按固定资产购置成本扣除累计折旧后的金额转入交付使用，项目建设期间计提的折旧费用作为待摊投资支出分摊到相关资产价值;不计提折旧的自用固定资产,按固定资产购置成本转入交付使用。

资产在交付使用单位前公开变价处置的,项目建设期间计提的折旧费用和固定资产清理净损益(即公开变价金额与扣除所提折旧后设备净值之间的差额)计入待摊投资,不计提自用固定资产折旧的项目,按公开变价金额与购置成本之间的差额作为待摊投资支出分摊到相关资产价值。

第二十一条 本办法自 2016 年 9 月 1 日起施行。《财政部关于加强和改进政府性基金年度决算和中央大中型基建项目竣工财务决算审批的通知》(财建〔2002〕26 号)和《财政部关于进一步加强中央基本建设项目竣工财务决算工作的通知》(财办建〔2008〕91 号)同时废止。

附表 1:基本建设项目竣工财务决算报表

1. 项目概况表(1-1)

2. 项目竣工财务决算表(1-2)

3. 资金情况明细表(1-3)

4. 交付使用资产总表(1-4)

5. 交付使用资产明细表(1-5)

6. 待摊投资明细表(1-6)

7. 待核销基建支出明细表(1-7)

8. 转出投资明细表(1-8)

附表 2:基本建设项目竣工财务决算审核表

1. 项目竣工财务决算审核汇总表(2-1)

2. 资金情况审核明细表(2-2)

3. 待摊投资审核明细表(2-3)

4. 交付使用资产审核明细表(2-4)

5. 转出投资审核明细表(2-5)

6. 待销核基建支出审核明细表(2-6)

附表 1：基本建设项目竣工财务决算报表

项目概况表 (1-1)

建设项目（单项工程）名称						项目	概算批准金额	实际完成金额	备注
主要设计单位					基建支出	建筑安装工程			
占地面积（m²）	设计					设备、工具、器具			
	实际					待摊投资			
新增生产能力	能力（效益）名称					其中：项目建设管理费			
	设计					其他投资			
	实际					待核销基建支出			
建设起止时间	设计	自 年 月 日	至 年 月 日			转出投资			
	实际	自 年 月 日	至 年 月 日			合计			
概算批准部门及文号				建设规模	设计	设备（台、套、吨）		实际	
					实际	设计			
完成主要工程量	单项工程项目、内容				批准概算		已完成投资额	预计未完部分投资额	
尾工工程		小计						预计完成时间	实际完成时间

项目竣工财务决算表（1－2）

项目名称：　　　　　　　　　　　　　　　　　　　　　　　　　　　　　单位：

资金来源	金额	资金占用	金额
一、基建拨款		一、基本建设支出	
1. 中央财政资金		（一）交付使用资产	
其中：一般公共预算资金		1. 固定资产	
中央基建投资		2. 流动资产	
财政专项资金		3. 无形资产	
政府性基金		（二）在建工程	
国有资本经营预算安排的基建项目资金		1. 建筑安装工程投资	
2. 地方财政资金		2. 设备投资	
其中：一般公共预算资金		3. 待摊投资	
地方基建投资		4. 其他投资	
财政专项资金		（三）待核销基建支出	
政府性基金		（四）转出投资	
国有资本经营预算安排的基建项目资金		二、货币资金合计	
二、部门自筹资金（非负债性资金）		其中：银行存款	
三、项目资本		财政应返还额度	
1. 国家资本		其中：直接支付	
2. 法人资本		授权支付	
3. 个人资本		现金	
4. 外商资本		有价证券	
四、项目资本公积		三、预付及应收款合计	
五、基建借款		1. 预付备料款	
其中：企业债券资金		2. 预付工程款	
六、待冲基建支出		3. 预付设备款	
七、应付款合计		4. 应收票据	
1. 应付工程款		5. 其他应收款	
2. 应付设备款		四、固定资产合计	
3. 应付票据		固定资产原价	
4. 应付工资及福利费		减：累计折旧	
5. 其他应付款		固定资产净值	
八、未交款合计		固定资产清理	
1. 未交税金		待处理固定资产损失	
2. 未交结余财政资金			
3. 未交基建收入			
4. 其他未交款			
合计		合计	

补充资料：基建借款期末余额：

　　　　　基建结余资金：

备注：资金来源合计扣除财政资金拨款与国家资本、资本公积重叠部分。

资金情况明细表（1–3）

项目名称：　　　　　　　　　　　　　　　　　　　　　　　　　单位：

资金来源类别	合计		备注
	预算下达或概算批准金额	实际到位金额	需备注预算下达文号
一、财政资金拨款			
1. 中央财政资金			
其中：一般公共预算资金			
中央基建投资			
财政专项资金			
政府性基金			
国有资本经营预算安排的基建项目资金			
政府统借统还非负债性资金			
2. 地方财政资金			
其中：一般公共预算资金			
地方基建投资			
财政专项资金			
政府性基金			
国有资本经营预算安排的基建项目资金			
行政事业性收费			
政府统借统还非负债性资金			
二、项目资本金			
其中：国家资本			
三、银行贷款			
四、企业债券资金			
五、自筹资金			
六、其他资金			
合计			

补充资料：项目缺口资金：

　　　　　缺口资金落实情况：

交付使用资产总表（1－4）

项目名称：
单位：

序号	单项工程名称	总计	固定资产					流动资产	无形资产
			合计	建筑物及构筑物	设备	其他			

交付单位：
盖章：
负责人：
年　月　日

接收单位：
盖章：
负责人：
年　月　日

附　录

交付使用资产明细表 (1-5)

项目名称：　　　　　　　　　　　　　　　　　　　　　　　　　　　　　　　　　　　　　单位：

序号	单项工程名称	固定资产										流动资产		无形资产	
		建筑工程				设备 工具 器具 家具						名称	金额	名称	金额
		结构	面积	金额	其中：分摊待摊投资	名称	规格型号	数量	金额	其中：设备安装费	其中：分摊待摊投资				

支付单位：　　　　　　　　　　　　　　　接收单位：

盖章：　　　　　　　　　　　　　　　　　盖章：

负责人：　　　　　　　　　　　　　　　　负责人：

　年　月　日　　　　　　　　　　　　　　　年　月　日

待摊投资明细表 (1-6)

项目名称：　　　　　　　　　　　　　　　　　　　　　　　　　　　　　单位：

项目	金额	项目	金额
1. 勘察费		25. 社会中介机构审计（查）费	
2. 设计费		26. 工程检测费	
3. 研究试验费		27. 设备检验费	
4. 环境影响评价费		28. 负荷联合试车费	
5. 监理费		29. 固定资产损失	
6. 土地征用及迁移补偿费		30. 器材处理亏损	
7. 土地复垦及补偿费		31. 设备盘亏及毁损	
8. 土地使用税		32. 报废工程损失	
9. 耕地占用税		33.（贷款）项目评估费	
10. 车船税		34. 国外借款手续费及承诺费	
11. 印花税		35. 汇兑损益	
12. 临时设施费		36. 坏账损失	
13. 文物保护费		37. 借款利息	
14. 森林植被恢复费		38. 减：存款利息收入	
15. 安全生产费		39. 减：财政贴息资金	
16. 安全鉴定费		40. 企业债券发行费用	
17. 网络租赁费		41. 经济合同仲裁费	
18. 系统运行维护监理费		42. 诉讼费	
19. 项目建设管理费		43. 律师代理费	
20. 代建管理费		44. 航道维护费	
21. 工程保险费		45. 航标设施费	
22. 招投标费		46. 航测费	
23. 合同公证费		47. 其他待摊投资性质支出	
24. 可行性研究费		合计	

待核销基建支出明细表（1－7）

项目名称：

单位：

不能形成资产部分的财政投资支出				用于家庭或个人的财政补助支出			
支出类别	单位	数量	金额	支出类别	单位	数量	金额
1. 江河清障				1. 补助群众造林			
2. 航道清淤				2. 户用沼气工程			
3. 飞播造林				3. 户用饮水工程			
4. 退耕还林（草）				4. 农村危房改造工程			
5. 封山（沙）育林（草）				5. 垦区及林区棚户区改造			
6. 水土保持				……			
7. 城市绿化							
8. 毁损道路修复							
9. 护坡及清理							
10. 取消项目可行性研究费							
11. 项目报废							
……				合计			

转出投资明细表 (1-8)

项目名称：

单位：

序号	单项工程名称	建筑工程			设备 工具 器具 家具					流动资产		无形资产	
		结构	面积	金额	其中：分摊待摊投资	名称	规格型号	单位	数量	金额	设备安装费	其中：分摊待摊投资	名称	金额	名称	金额

(注：上表结构为竖排文字，列标题自左至右为：序号、单项工程名称、建筑工程[结构、面积、金额、其中：分摊待摊投资]、设备 工具 器具 家具[名称、规格型号、单位、数量、金额、设备安装费、其中：分摊待摊投资]、流动资产[名称、金额]、无形资产[名称、金额])

序号
1
2
3
4
5
6
7
8
合计

支付单位：
盖章：

负责人：
年 月 日

接收单位：
盖章：

负责人：
年 月 日

附表 2：基本建设项目竣工财务决算审核表

项目竣工财务决算审核汇总表（2-1）

项目名称：

序号	工程项目及费用名称 按批准概算明细口径或单位工程、分部工程填列（以下为示例）	批准概算		送审投资		审定投资		审定投资较概算增减额	备注
		数量	金额	数量	金额	数量	金额		
	总计								
一	建筑安装工程投资								
	…								
二	设备、工器具								
	…								
三	工程建设其他费用								
	…								

项目单位：
（盖单位公章）

负责人签字：

年　月　日

评审机构：
（盖单位公章）

评审负责人签字：

年　月　日

资金情况审核明细表（2-2）

项目名称：   单位：

资金来源类别	合计		备注
	预算下达或概算批准金额	实际到位金额	需备注预算下达文号
一、财政资金拨款			
1. 中央财政资金			
其中：一般公共预算资金			
中央基建投资			
财政专项资金			
政府性基金			
国有资本经营预算安排的基建项目资金			
政府统借统还非负债性资金			
2. 地方财政资金			
其中：一般公共预算资金			
地方基建投资			
财政专项资金			
政府性基金			
国有资本经营预算安排的基建项目资金			
行政事业性收费			
政府统借统还非负债性资金			
二、项目资本金			
其中：国家资本			
三、银行贷款			
四、企业债券资金			
五、自筹资金			
六、其他资金			
合计			

项目单位：   评审机构：

　　　负责人签字：   评审负责人签字：

　　　　　年　月　日   　年　月　日

待摊投资审核明细表（2-3）

项目名称：　　　　　　　　　　　　　　　　　　　　　　　　　　　　　单位：

项　目	审定金额	项　目	审定金额
1. 勘察费		25. 社会中介机构审计（查）费	
2. 设计费		26. 工程检测费	
3. 研究试验费		27. 设备检验费	
4. 环境影响评价费		28. 负荷联合试车费	
5. 监理费		29. 固定资产损失	
6. 土地征用及迁移补偿费		30. 器材处理亏损	
7. 土地复垦及补偿费		31. 设备盘亏及毁损	
8. 土地使用税		32. 报废工程损失	
9. 耕地占用税		33. （贷款）项目评估费	
10. 车船税		34. 国外借款手续费及承诺费	
11. 印花税		35. 汇兑损益	
12. 临时设施费		36. 坏账损失	
13. 文物保护费		37. 借款利息	
14. 森林植被恢复费		38. 减：存款利息收入	
15. 安全生产费		39. 减：财政贴息资金	
16. 安全鉴定费		40. 企业债券发行费用	
17. 网络租赁费		41. 经济合同仲裁费	
18. 系统运行维护监理费		42. 诉讼费	
19. 项目建设管理费		43. 律师代理费	
20. 代建管理费		44. 航道维护费	
21. 工程保险费		45. 航标设施费	
22. 招投标费		46. 航测费	
23. 合同公证费		47. 其他待摊投资性质支出	
24. 可行性研究费		合　计	

项目单位：　　　　　　　　　　　　　　　　　　　　　　　评审机构：

　　　负责人签字：　　　　　　　　　　　　　　　　　　　　　　评审负责人签字：

　　　　　　　年　　月　　日　　　　　　　　　　　　　　　　　年　　月　　日

交付使用资产审核明细表 (2－4)

项目名称：

序号	单项工程名称	建筑物及构筑物					固定资产 设备 工具 器具 家具								流动资产		无形资产	
		结构	面积	未分摊前金额	分摊待摊投资	金额合计	名称	规格型号	单位	数量	未分摊前金额	设备安装费	分摊待摊投资	金额合计	名称	金额	名称	金额
1																		
2																		
3																		
4																		
5																		
6																		
7																		
8																		
9																		
10																		
	合计																	

负责人签字：　　　　年　月　日

评审机构：　　　　评审负责人签字：　　　　年　月　日

项目单位：

转出投资审核明细表 (2－5)

项目名称：

序号	单项工程名称	固定资产											流动资产		无形资产	
		建筑物及构筑物				设备							名称	金额	名称	金额
		结构	面积	未分摊前金额	分摊待摊投资	金额合计	名称	规格型号	单位	数量	金额合计					
1																
2																
3																
4																
5																
6																
7																
8																
9																
10																
	合计															

项目单位：　　　　　　　　　负责人签字：　　　　　　　评审机构：　　　　　　　评审负责人签字：

　　　　　　　　　　　　　　　年　月　日　　　　　　　　　　　　　　年　月　日

待核销基建支出审核明细表 (2-6)

项目名称：

单位：

不能形成资产部分的财政投资支出				用于家庭或个人的财政补助支出			
支出类别	单位	数量	金额	支出类别	单位	数量	金额
1. 江河清障				1. 补助群众造林			
2. 航道清淤				2. 户用沼气工程			
3. 飞播造林				3. 户用饮水工程			
4. 退耕还林（草）				4. 农村危房改造工程			
5. 封山（沙）育林（草）				5. 垦区及林区棚户区改造			
6. 水土保持				……			
7. 城市绿化							
8. 毁损道路修复							
9. 护坡及清理							
10. 取消项目可行性研究费							
11. 项目报废							
……							
				合计			

项目单位：　　　　　　　　评审机构：

负责人签字：　　　　　　　评审负责人签字：

年　月　日　　　　　　　年　月　日

附录 12　财政部关于印发《基本建设项目建设成本管理规定》的通知

（财建〔2016〕504 号）

党中央有关部门，国务院各部委、各直属机构，军委后勤保障部，武警总部，全国人大常委会办公厅，全国政协办公厅，高法院，高检院，各民主党派中央，有关人民团体，各中央管理企业，各省、自治区、计划单列市财政厅（局），新疆生产建设兵团财务局：

　　为推动各部门、各地区进一步加强基本建设成本核算管理，提高资金使用效益，针对基本建设成本管理中反映出的主要问题，依据《基本建设财务规则》，现印发《基本建设项目建设成本管理规定》，请认真贯彻执行。

　　附件：1. 基本建设项目建设成本管理规定
　　　　　2. 项目建设管理费总额控制数费率表

财政部

2016 年 7 月 6 日

附件 1：

基本建设项目建设成本管理规定

　　第一条　为了规范基本建设项目建设成本管理，提高建设资金使用效益，依据《基本建设财务规则》（财政部令第 81 号），制定本规定。

　　第二条　建筑安装工程投资支出是指基本建设项目（以下简称项目）建设单位按照批准的建设内容发生的建筑工程和安装工程的实际成本，其中不包括被安装设备本身的价值，以及按照合同规定支付给施工单位的预付备料款和预付工程款。

　　第三条　设备投资支出是指项目建设单位按照批准的建设内容发生的各种设备的实际成本（不包括工程抵扣的增值税进项税额），包括需要安装设备、不需要安装设备和为生产准备的不够固定资产标准的工具、器具的实际成本。

　　需要安装设备是指必须将其整体或几个部位装配起来，安装在基础上或建筑物支架上才能使用的设备。不需要安装设备是指不必固定在一定位置或支架上就可以使用的设备。

　　第四条　待摊投资支出是指项目建设单位按照批准的建设内容发生的，应当分摊计入相关资产价值的各项费用和税金支出。主要包括：

　　（一）勘察费、设计费、研究试验费、可行性研究费及项目其他前期费用；

　　（二）土地征用及迁移补偿费、土地复垦及补偿费、森林植被恢复费及其他为取得或租

· 139 ·

用土地使用权而发生的费用；

（三）土地使用税、耕地占用税、契税、车船税、印花税及按规定缴纳的其他税费；

（四）项目建设管理费、代建管理费、临时设施费、监理费、招标投标费、社会中介机构审查费及其他管理性质的费用；

（五）项目建设期间发生的各类借款利息、债券利息、贷款评估费、国外借款手续费及承诺费、汇兑损益、债券发行费用及其他债务利息支出或融资费用；

（六）工程检测费、设备检验费、负荷联合试车费及其他检验检测类费用；

（七）固定资产损失、器材处理亏损、设备盘亏及毁损、报废工程净损失及其他损失；

（八）系统集成等信息工程的费用支出；

（九）其他待摊投资性质支出。

项目在建设期间的建设资金存款利息收入冲减债务利息支出，利息收入超过利息支出的部分，冲减待摊投资总支出。

第五条　项目建设管理费是指项目建设单位从项目筹建之日起至办理竣工财务决算之日止发生的管理性质的支出。包括：不在原单位发工资的工作人员工资及相关费用、办公费、办公场地租用费、差旅交通费、劳动保护费、工具用具使用费、固定资产使用费、招募生产工人费、技术图书资料费（含软件）、业务招待费、施工现场津贴、竣工验收费和其他管理性质开支。

项目建设单位应当严格执行《党政机关厉行节约反对浪费条例》，严格控制项目建设管理费。

第六条　行政事业单位项目建设管理费实行总额控制，分年度据实列支。总额控制数以项目审批部门批准的项目总投资（经批准的动态投资，不含项目建设管理费）扣除土地征用、迁移补偿等为取得或租用土地使用权而发生的费用为基数分档计算。具体计算方法见附件。

建设地点分散、点多面广、建设工期长以及使用新技术、新工艺等的项目，项目建设管理费确需超过上述开支标准的，中央级项目，应当事前报项目主管部门审核批准，并报财政部备案，未经批准的，超标准发生的项目建设管理费由项目建设单位用自有资金弥补；地方级项目，由同级财政部门确定审核批准的要求和程序。

施工现场管理人员津贴标准比照当地财政部门制定的差旅费标准执行；一般不得发生业务招待费，确需列支的，项目业务招待费支出应当严格按照国家有关规定执行，并不得超过项目建设管理费的5％。

第七条　使用财政资金的国有和国有控股企业的项目建设管理费，比照第六条规定执行。国有和国有控股企业经营性项目的项目资本中，财政资金所占比例未超过50％的项目建设管理费可不执行第六条规定。

第八条　政府设立（或授权）、政府招标产生的代建制项目，代建管理费由同级财政部门根据代建内容和要求，按照不高于本规定项目建设管理费标准核定，计入项目建设成本。

实行代建制管理的项目，一般不得同时列支代建管理费和项目建设管理费，确需同时发生的，两项费用之和不得高于本规定的项目建设管理费限额。

　　建设地点分散、点多面广以及使用新技术、新工艺等的项目，代建管理费确需超过本规定确定的开支标准的，行政单位和使用财政资金建设的事业单位中央项目，应当事前报项目主管部门审核批准，并报财政部备案；地方项目，由同级财政部门确定审核批准的要求和程序。

　　代建管理费核定和支付应当与工程进度、建设质量结合，与代建内容、代建绩效挂钩，实行奖优罚劣。同时满足按时完成项目代建任务、工程质量优良、项目投资控制在批准概算总投资范围3个条件的，可以支付代建单位利润或奖励资金，代建单位利润或奖励资金一般不得超过代建管理费的10％，需使用财政资金支付的，应当事前报同级财政部门审核批准；未完成代建任务的，应当扣减代建管理费。

　　第九条　项目单项工程报废净损失计入待摊投资支出。

　　单项工程报废应当经有关部门或专业机构鉴定。非经营性项目以及使用财政资金所占比例超过项目资本50％的经营性项目，发生的单项工程报废经鉴定后，报项目竣工财务决算批复部门审核批准。

　　因设计单位、施工单位、供货单位等原因造成的单项工程报废损失，由责任单位承担。

　　第十条　其他投资支出是指项目建设单位按照批准的项目建设内容发生的房屋购置支出，基本畜禽、林木等的购置、饲养、培育支出，办公生活用家具、器具购置支出，软件研发及不能计入设备投资的软件购置等支出。

　　第十一条　本规定自2016年9月1日起施行。《财政部关于切实加强政府投资项目代建制财政财务管理有关问题的指导意见》（财建〔2004〕300号）同时废止。

附件2：

项目建设管理费总额控制数费率表			
			单位：万元
工程总概算	费率（％）	算例	
		工程总概算	项目建设管理费
1000 以下	2	1000	1000×2％＝20
1001～5000	1.5	5000	20＋（5000－1000）×1.5％＝80
5001～10000	1.2	10000	80＋（10000－5000）×1.2％＝140
10001～50000	1	50000	140＋（50000－10000）×1％＝540
50001～100000	0.8	100000	540＋（100000－50000）×0.8％＝940
100000 以上	0.4	200000	940＋（200000－100000）×0.4％＝1340

附录 13 关于印发《政府会计制度——行政事业单位会计科目和报表》的通知

（财会〔2017〕25 号）

党中央有关部门，国务院各部委、各直属机构，全国人大常委会办公厅，全国政协办公厅，高法院，高检院，各民主党派中央，有关人民团体，各省、自治区、直辖市、计划单列市财政厅（局），新疆生产建设兵团财务局：

为了适应权责发生制政府综合财务报告制度改革需要，规范行政事业单位会计核算，提高会计信息质量，根据《中华人民共和国会计法》《中华人民共和国预算法》《政府会计准则—基本准则》等法律、行政法规和规章，我部制定了《政府会计制度——行政事业单位会计科目和报表》，现予印发，自 2019 年 1 月 1 日起施行。鼓励行政事业单位提前执行。

执行本制度的单位，不再执行《行政单位会计制度》《事业单位会计准则》《事业单位会计制度》《医院会计制度》《基层医疗卫生机构会计制度》《高等学校会计制度》《中小学校会计制度》《科学事业单位会计制度》《彩票机构会计制度》《地质勘查单位会计制度》《测绘事业单位会计制度》《国有林场与苗圃会计制度（暂行）》《国有建设单位会计制度》等制度。

执行中有何问题，请及时反馈我部。

财政部

2017 年 10 月 24 日

政府会计制度——行政事业单位会计科目和报表（节选）

目　　录

第一部分　总　说　明

一、为了规范行政事业单位的会计核算，保证会计信息质量，根据《中华人民共和国会计法》《中华人民共和国预算法》《政府会计准则——基本准则》等法律、行政法规和规章，制定本制度。

二、本制度适用于各级各类行政单位和事业单位（以下统称单位，特别说明的除外）。

纳入企业财务管理体系执行企业会计准则或小企业会计准则的单位，不执行本制度。

本制度尚未规范的有关行业事业单位的特殊经济业务或事项的会计处理，由财政部另行规定。

三、单位应当根据政府会计准则（包括基本准则和具体准则）规定的原则和本制度的要求，对其发生的各项经济业务或事项进行会计核算。

四、单位对基本建设投资应当按照本制度规定统一进行会计核算，不再单独建账，但是应当按项目单独核算，并保证项目资料完整。

五、单位会计核算应当具备财务会计与预算会计双重功能，实现财务会计与预算会计适度分离并相互衔接，全面、清晰反映单位财务信息和预算执行信息。

单位财务会计核算实行权责发生制；单位预算会计核算实行收付实现制，国务院另有规定的，依照其规定。

单位对于纳入部门预算管理的现金收支业务，在采用财务会计核算的同时应当进行预算会计核算；对于其他业务，仅需进行财务会计核算。

六、单位会计要素包括财务会计要素和预算会计要素。财务会计要素包括资产、负债、净资产、收入和费用。预算会计要素包括预算收入、预算支出和预算结余。

七、单位应当按照下列规定运用会计科目：

（一）单位应当按照本制度的规定设置和使用会计科目。在不影响会计处理和编制报表的前提下，单位可以根据实际情况自行增设或减少某些会计科目。

（二）单位应当执行本制度统一规定的会计科目编号，以便于填制会计凭证、登记账簿、查阅账目，实行会计信息化管理。

（三）单位在填制会计凭证、登记会计账簿时，应当填列会计科目的名称，或者同时填列会计科目的名称和编号，不得只填列会计科目编号、不填列会计科目名称。

（四）单位设置明细科目或进行明细核算，除遵循本制度规定外，还应当满足权责发生制政府部门财务报告和政府综合财务报告编制的其他需要。

八、单位应当按照下列规定编制财务报表和预算会计报表：

（一）财务报表的编制主要以权责发生制为基础，以单位财务会计核算生成的数据为准；预算会计报表的编制主要以收付实现制为基础，以单位预算会计核算生成的数据为准。

（二）财务报表由会计报表及其附注构成。会计报表一般包括资产负债表、收入费用表和净资产变动表。单位可根据实际情况自行选择编制现金流量表。

（三）预算会计报表至少包括预算收入支出表、预算结转结余变动表和财政拨款预算收入支出表。

（四）单位应当至少按照年度编制财务报表和预算会计报表。

（五）单位应当根据本制度规定编制真实、完整的财务报表和预算会计报表，不得违反本制度规定随意改变财务报表和预算会计报表的编制基础、编制依据、编制原则和方法，不得随意改变本制度规定的财务报表和预算会计报表有关数据的会计口径。

（六）财务报表和预算会计报表应当根据登记完整、核对无误的账簿记录和其他有关资料编制，做到数字真实、计算准确、内容完整、编报及时。

（七）财务报表和预算会计报表应当由单位负责人和主管会计工作的负责人、会计机构负责人（会计主管人员）签名并盖章。

九、单位应当重视并不断推进会计信息化的应用。单位开展会计信息化工作，应当符合财政部制定的相关会计信息化工作规范和标准，确保利用现代信息技术手段开展会计核算及生成的会计信息符合政府会计准则和本制度的规定。

十、本制度自 2019 年 1 月 1 日起施行。

第二部分　会计科目名称和编号

一、财务会计科目
（一）资产类

序号	科目编号	科目名称
1	1001	库存现金
2	1002	银行存款
3	1011	零余额账户用款额度
4	1021	其他货币资金
5	1101	短期投资
6	1201	财政应返还额度
7	1211	应收票据
8	1212	应收账款
9	1214	预付账款
10	1215	应收股利
11	1216	应收利息
12	1218	其他应收款
13	1219	坏账准备
14	1301	在途物品
15	1302	库存物品
16	1303	加工物品
17	1401	待摊费用
18	1501	长期股权投资
19	1502	长期债券投资
20	1601	固定资产
21	1602	固定资产累计折旧

（续）

序号	科目编号	科目名称
22	1611	工程物资
23	1613	在建工程
24	1701	无形资产
25	1702	无形资产累计摊销
26	1703	研发支出
27	1801	公共基础设施
28	1802	公共基础设施累计折旧（摊销）
29	1811	政府储备物资
30	1821	文物文化资产
31	1831	保障性住房
32	1832	保障性住房累计折旧
33	1891	受托代理资产
34	1901	长期待摊费用
35	1902	待处理财产损溢

（二）负债类

序号	科目编号	科目名称
36	2001	短期借款
37	2101	应交增值税
38	2102	其他应交税费
39	2103	应缴财政款
40	2201	应付职工薪酬
41	2301	应付票据
42	2302	应付账款
43	2303	应付政府补贴款
44	2304	应付利息
45	2305	预收账款
46	2307	其他应付款
47	2401	预提费用
48	2501	长期借款
49	2502	长期应付款
50	2601	预计负债
51	2901	受托代理负债

（三）净资产类

序号	科目编号	科目名称
52	3001	累计盈余
53	3101	专用基金
54	3201	权益法调整
55	3301	本期盈余
56	3302	本年盈余分配
57	3401	无偿调拨净资产
58	3501	以前年度盈余调整

（四）收入类

序号	科目编号	科目名称
59	4001	财政拨款收入
60	4101	事业收入
61	4201	上级补助收入
62	4301	附属单位上缴收入
63	4401	经营收入
64	4601	非同级财政拨款收入
65	4602	投资收益
66	4603	捐赠收入
67	4604	利息收入
68	4605	租金收入
69	4609	其他收入

（五）费用类

序号	科目编号	科目名称
70	5001	业务活动费用
71	5101	单位管理费用
72	5201	经营费用
73	5301	资产处置费用
74	5401	上缴上级费用
75	5501	对附属单位补助费用
76	5801	所得税费用
77	5901	其他费用

二、预算会计科目
（一）预算收入类

序号	科目编号	科目名称
1	6001	财政拨款预算收入
2	6101	事业预算收入
3	6201	上级补助预算收入
4	6301	附属单位上缴预算收入
5	6401	经营预算收入
6	6501	债务预算收入
7	6601	非同级财政拨款预算收入
8	6602	投资预算收益
9	6609	其他预算收入

（二）预算支出类

序号	科目编号	科目名称
10	7101	行政支出
11	7201	事业支出
12	7301	经营支出
13	7401	上缴上级支出
14	7501	对附属单位补助支出
15	7601	投资支出
16	7701	债务还本支出
17	7901	其他支出

（三）预算结余类

序号	科目编号	科目名称
18	8001	资金结存
19	8101	财政拨款结转
20	8102	财政拨款结余
21	8201	非财政拨款结转
22	8202	非财政拨款结余
23	8301	专用结余
24	8401	经营结余
25	8501	其他结余
26	8701	非财政拨款结余分配

附录 14　关于印发《中央基本建设项目竣工财务决算审核批复操作规程》的通知

（财办建〔2018〕2号）

党中央有关部门办公厅（室），国务院各部委、各直属机构办公厅（室），全国人大常委会办公厅秘书局，全国政协办公厅秘书局，高法院办公厅，高检院办公厅，各民主党派中央办公厅，有关人民团体办公厅（室），有关中央管理企业：

　　为进一步规范中央基本建设项目竣工财务决算审核批复管理工作，根据财政部《基本建设财务规则》（财政部令第81号）、《基本建设项目竣工财务决算管理暂行办法》（财建〔2016〕503号）等规定，制定了《中央基本建设项目竣工财务决算审核批复操作规程》，请贯彻执行。执行中发现问题，请及时反馈。

　　附件：中央基本建设项目竣工财务决算审核批复操作规程

财政部办公厅

2018年1月4日

附件：

中央基本建设项目竣工财务决算审核批复操作规程
第一章　总　　则

　　第一条　为进一步规范中央基本建设项目竣工财务决算审核批复程序和行为，保证工作质量，根据财政部《基本建设财务规则》（财政部令第81号）、《基本建设项目竣工财务决算管理暂行办法》（财建〔2016〕503号）等规定，制定本规程。

　　第二条　本规程为财政部、中央项目主管部门（含一级预算单位和中央企业，以下简称主管部门）审核批复中央基本建设项目竣工财务决算的行为规范和参考依据。

　　第三条　本规程所称中央基本建设项目（以下简称项目），是指财务关系隶属于中央部门（或单位）的项目，以及国有企业、国有控股企业使用财政资金的非经营性项目和使用财政资金占项目资本比例超过50%的经营性项目。

　　第四条　国家有关文件规定的项目竣工财务决算（以下简称项目决算）批复范围划分如下：

　　（一）财政部直接批复的范围

　　1. 主管部门本级的投资额在3000万元（不含3000万元，按完成投资口径）以上的项目决算。

2. 不向财政部报送年度部门决算的中央单位项目决算。主要是指不向财政部报送年度决算的社会团体、国有及国有控股企业使用财政资金的非经营性项目和使用财政资金占项目资本比例超过 50％的经营性项目决算。

（二）主管部门批复的范围

1. 主管部门二级及以下单位的项目决算。

2. 主管部门本级投资额在 3000 万元（含 3000 万元）以下的项目决算。

由主管部门批复的项目决算，报财政部备案（批复文件抄送财政部），并按要求向财政部报送半年度和年度汇总报表。

国防类项目、使用外国政府及国际金融组织贷款项目等，国家另有规定的，从其规定。

第二章　决算审核批复原则和程序

第五条　项目决算批复部门应按照"先审核后批复"原则，建立健全项目决算评审和审核管理机制，以及内部控制制度。

由财政部批复的项目决算，一般先由财政部委托财政投资评审机构或有资质的中介机构（以下统称"评审机构"）进行评审，根据评审结论，财政部审核后批复项目决算。

由主管部门批复的项目决算参照上述程序办理。

第六条　评审机构进行了决（结）算评审的项目决算，或已经审计署进行全面审计的项目决算，财政部或主管部门审核未发现较大问题，项目建设程序合法、合规，报表数据正确无误，评审报告内容翔实、事实反映清晰、符合决算批复要求以及发现的问题均已整改到位的，可依据评审报告及审核结果批复项目决算。

第七条　未经评审或审计署全面审计的项目决算，以及虽经评审或审计，但主管部门、财政部审核发现存在以下问题或情形的，应开展项目决算评审：

（一）评审报告内容简单、附件不完整、事实反映不清晰且未达到决算批复相关要求。

（二）决算报表填列的数据不完整、存在较多错误、表间钩稽关系不清晰、不正确，以及决算报告和报表数据不一致。

（三）项目存在严重超标准、超规模、超概算，挤占、挪用项目建设资金，待核销基建支出和转出投资无依据、不合理等问题。

（四）评审报告或有关部门历次核查、稽查和审计所提问题未整改完毕，存在重大问题未整改或整改落实不到位。

（五）建设单位未能提供审计署的全面审计报告。

（六）其他影响项目竣工财务决算完成投资等的重要事项。

第八条　主管部门、财政部可对评审机构的工作质量实行报告审核、报告质量评估和质量责任追究制度。主管部门、财政部可对评审机构实行"黑名单"制度，将完成质量差、效率低的评审机构列入"黑名单"，3 年内不得再委托其业务。

第九条　委托评审机构实施项目竣工财务决算评审时，应当要求其遵循依法、独立、客观、公正的原则。

项目建设单位可对评审机构在实施评审过程中的违法行为进行举报。

第十条　主管部门、财政部收到项目竣工财务决算，一般可按照以下工作程序开展工作：

（一）条件和权限审核。

1. 审核项目是否为本部门批复范围。不属于本部门批复权限的项目决算，予以退回。

2. 审核项目或单项工程是否已完工。尾工工程超过 5% 的项目或单项工程，予以退回。

（二）资料完整性审核。

1. 审核项目是否经有资质的中介机构进行决（结）算评审，是否附有完整的评审报告。对未经决（结）算评审（含审计署审计）的，委托评审机构进行决算审核。

2. 审核决算报告资料的完整性，决算报表和报告说明书是否按要求编制、项目有关资料复印件是否清晰、完整。

决算报告资料报送不完整的，通知其限期补报有关资料，逾期未补报的，予以退回。

需要补充说明材料或存在问题需要整改的，要求主管部门在限期内报送并督促项目建设单位进行整改，逾期未报或整改不到位的，予以退回。

属于本规程第七条规定情形的，委托评审机构进行评审。

（三）符合本规程第六条规定情形的，进入审核批复程序。

审核中，评审发现项目建设管理存在严重问题并需要整改的，要及时督促项目建设单位限期整改；存在违法违纪的，依法移交有关机关处理。

（四）审核未通过的，属评审报告问题的，退回评审机构补充完善；属项目本身不具备决算条件的，请项目建设单位（或报送单位）整改、补充完善或予以退回。

第三章　决算审核方式、依据和主要内容

第十一条　审核工作主要是对项目建设单位提供的决算报告及评审机构提供的评审报告、社会中介机构审计报告进行分析、判断，与审计署审计意见进行比对，并形成批复意见。

（一）政策性审核。重点审核项目履行基本建设程序情况、资金来源、到位及使用管理情况、概算执行情况、招标履行及合同管理情况、待核销基建支出和转出投资的合规性、尾工工程及预留费用的比例和合理性等。

（二）技术性审核。重点审核决算报表数据和表间钩稽关系、待摊投资支出情况、建筑安装工程和设备投资支出情况、待摊投资支出分摊计入交付使用资产情况以及项目造价控制情况等。

（三）评审结论审核。重点审核评审结论中投资审减（增）金额和理由。

（四）意见分歧审核及处理。对于评审机构与项目建设单位就评审结论存在意见分歧的，应以国家有关规定及国家批准项目概算为依据进行核定，其中：

评审审减投资属工程价款结算违反承发包双方合同约定及多计工程量、高估冒算等情况的，一律按评审机构评审结论予以核定批复。

　　评审审减投资属超国家批准项目概算、但项目运行使用确实需要的，原则上应先经项目概算审批部门调整概算后，再按调整概算确认和批复。若自评审机构出具评审结论之日起 3 个月内未取得原项目概算审批部门的调整概算批复，仍按评审结论予以批复。

　　第十二条　审核工作依据以下文件：

　　（一）项目建设和管理的相关法律、法规、文件规定。

　　（二）国家、地方以及行业工程造价管理的有关规定。

　　（三）财政部颁布的基本建设财务管理及会计核算制度。

　　（四）本项目相关资料：

　　1. 项目初步设计及概算批复和调整批复文件、历年财政资金预算下达文件。

　　2. 项目决算报表及说明书。

　　3. 历年监督检查、审计意见及整改报告。

　　必要时，还可审核项目施工和采购合同、招投标文件、工程结算资料，以及其他影响项目决算结果的相关资料。

　　第十三条　审核的主要内容包括工程价款结算、项目核算管理、项目建设资金管理、项目基本建设程序执行及建设管理、概（预）算执行、交付使用资产及尾工工程等。

　　第十四条　工程价款结算审核。主要包括评审机构对工程价款是否按有关规定和合同协议进行全面评审；评审机构对于多算和重复计算工程量、高估冒算建筑材料价格等问题是否予以审减；单位、单项工程造价是否在合理或国家标准范围，是否存在严重偏离当地同期同类单位工程、单项工程造价水平问题。

　　第十五条　项目核算管理情况审核主要包括执行《基本建设财务规则》及相关会计制度情况。具体包括：

　　（一）建设成本核算是否准确。对于超过批准建设内容发生的支出、不符合合同协议的支出、非法收费和摊派，以及无发票或者发票项目不全、无审批手续、无责任人员签字的支出和因设计单位、施工单位、供货单位等原因，造成的工程报废损失等不属于本项目应当负担的支出，是否按规定予以审减。

　　（二）待摊费用支出及其分摊是否合理合规。

　　（三）待核销基建支出有无依据、是否合理合规。

　　（四）转出投资有无依据、是否已落实接收单位。

　　（五）决算报表所填列的数据是否完整，表内和表间钩稽关系是否清晰、正确。

　　（六）决算的内容和格式是否符合国家有关规定。

　　（七）决算资料报送是否完整、决算数据之间是否存在错误。

　　（八）与财务管理和会计核算有关的其他事项。

　　第十六条　项目资金管理情况审核主要包括：

　　（一）资金筹集情况。

　　1. 项目建设资金筹集，是否符合国家有关规定。

　　2. 项目建设资金筹资成本控制是否合理。

　　（二）资金到位情况。

1. 财政资金是否按批复的概算、预算及时足额拨付项目建设单位。

2. 自筹资金是否按批复的概算、计划及时筹集到位，是否有效控制筹资成本。

（三）项目资金使用情况。

1. 财政资金情况。是否按规定专款专用，是否符合政府采购和国库集中支付等管理规定。

2. 结余资金情况。结余资金在各投资者间的计算是否准确；应上缴财政的结余资金是否按规定在项目竣工后 3 个月内及时交回，是否存在擅自使用结余资金情况。

第十七条　项目基本建设程序执行及建设管理情况审核主要包括：

（一）项目基本建设程序执行情况。审核项目决策程序是否科学规范，项目立项、可研、初步设计及概算和调整是否符合国家规定的审批权限等。

（二）项目建设管理情况。审核决算报告及评审或审计报告是否反映了建设管理情况；建设管理是否符合国家有关建设管理制度要求，是否建立和执行法人责任制、工程监理制、招投标制、合同制；是否制定相应的内控制度，内控制度是否健全、完善、有效；招投标执行情况和项目建设工期是否按批复要求有效控制。

第十八条　概（预）算执行情况。主要包括是否按照批准的概（预）算内容实施，有无超标准、超规模、超概（预）算建设现象，有无概算外项目和擅自提高建设标准、扩大建设规模、未完成建设内容等问题；项目在建设过程中历次检查和审计所提的重大问题是否已经整改落实；尾工工程及预留费用是否控制在概算确定的范围内，预留的金额和比例是否合理。

第十九条　交付使用资产情况。主要包括项目形成资产是否真实、准确、全面反映，计价是否准确，资产接受单位是否落实；是否正确按资产类别划分固定资产、流动资产、无形资产；交付使用资产实际成本是否完整，是否符合交付条件，移交手续是否齐全。

第四章　决算批复的主要内容

第二十条　主管部门、财政部批复项目决算主要包括以下内容：

（一）批复确认项目决算完成投资、形成的交付使用资产、资金来源及到位构成，核销基建支出和转出投资等。

（二）根据管理需要批复确认项目交付使用资产总表、交付使用资产明细表等。

（三）批复确认项目结余资金、决算评审审减资金，并明确处理要求。

1. 项目结余资金的交回时限。按照财政部有关基本建设结余资金管理办法规定处理，即应在项目竣工后 3 个月内交回国库。项目决算批复时，应确认是否已按规定交回，未交回的，应在批复文件中要求其限时缴回，并指出其未按规定及时交回问题。

2. 项目决算确认的项目概算内评审审减投资，按投资来源比例归还投资方，其中审减的财政资金按要求交回国库；决算审核确认的项目概算内审增投资，存在资金缺口的，要求主管部门督促项目建设单位尽快落实资金来源。

（四）批复项目结余资金和审减投资中应上缴中央总金库的资金，在决算批复后 30 日内，由主管部门负责上缴。上缴的方式如下：

对应缴回的国库集中支付结余资金，请主管部门及时将结余调整计划报财政部，并相应进行账务核销。

对应缴回的非国库集中支付结余资金，请主管部门由一级预算单位统一将资金汇总后上缴中央总金库。上缴时填写汇款单，"收款人全称"栏填写"财政部"，"账号"栏填"170001"，"汇入行名称"栏填"国家金库总库"，"用途"栏填应冲减的支出功能分类、政府支出经济分类科目名称及编码。上述工作完成以后，将汇款单印送财政部（部门预算管理对口司局、经济建设司）备查。

（五）要求主管部门督促项目建设单位按照批复及基本建设财务会计制度有关规定及时办理资产移交和产权登记手续，加强对固定资产的管理，更好地发挥项目投资效益。

（六）批复披露项目建设过程存在的主要问题，并提出整改时限要求。

（七）决算批复文件涉及需交回财政资金的，应当抄送财政部驻当地财政监察专员办事处。

第二十一条　主管部门和财政部驻当地财政监察专员办事处应对项目决算批复执行情况实施监督。

第五章　附　　则

第二十二条　财政部将进一步加强对主管部门批复项目竣工财务决算工作的指导和监督，对由主管部门批复的项目竣工财务决算，随机进行抽查复查。

第二十三条　主管部门可依据本规程并视本部门或行业情况进一步细化操作规程。

第二十四条　本规程依据的国家有关政策文件如出台新规定的，以新规定为准。

第二十五条　本规程由财政部（经济建设司）负责解释。

附录 15   财政部关于加快做好行政事业单位长期已使用在建工程转固工作的通知

（财建〔2019〕1 号）

党中央有关部门，国务院各部委、各直属机构，全国人大常委会办公厅，全国政协办公厅，高法院，高检院，各民主党派中央，有关中央管理企业，有关人民团体，各省、自治区、直辖市、计划单列市财政厅（局），新疆生产建设兵团财政局：

为贯彻落实党中央、国务院完善国有资产管理有关要求，进一步解决在建工程比例较大、计入固定资产比例较低等问题，提高资产使用效益，根据《基本建设财务规则》（财政部第 81 号令）、《基本建设项目竣工财务决算管理暂行办法》（财建〔2016〕503 号）、会计准则制度等有关规定，现就加快做好行政事业单位长期已使用在建工程转固相关工作通知如下：

一、加快办理具备转固条件的竣工项目转固手续

《基本建设财务规则》第四十二条规定，项目竣工验收合格后应当及时办理资产交付使用手续，即基建项目并非竣工财务决算批复后才能进行在建工程转固，已交付使用但尚未办理竣工决算手续的固定资产，应当按照估计价值入账，待办理竣工决算后再按实际成本调整原来的暂估价值。《基本建设财务规则》第二十八条规定，竣工价款结算一般应当在项目竣工验收后 2 个月内完成，大型项目一般不得超过 3 个月。项目主管部门应当指导和督促项目建设单位，完成项目竣工验收、工程竣工价款结算、资产交付使用后，按规定及时办理在建工程转固手续。

二、主动做好竣工财务决算编制等转固基础工作

《基本建设项目竣工财务决算管理暂行办法》第二条规定，基本建设项目完工可投入使用或者试运行合格后，应当在 3 个月内编报竣工财务决算，特殊情况确需延长的，中小型项目不得超过 2 个月，大型项目不得超过 6 个月。《基本建设财务规则》第三十七条规定，项目主管部门对项目竣工财务决算实行先审核、后批复的办法，对符合批复条件的项目，应当在 6 个月内批复。项目主管部门要及时指导和督促项目建设单位按时编报项目竣工财务决算，做好在建工程转固基础工作。项目主管部门要及时批复符合条件的基建项目竣工财务决算。项目建设单位要及时依据批复的项目竣工财务决算，按照政府会计准则制度进行转固资产账务调整处理。

三、积极推动长期已使用在建工程转固

项目单位要进一步规范和加强基建管理，全面清理基建会计账务。对于尚不具备转固条件、计入在建工程科目核算的实际成本，进行核实、确认；对于已交付使用的建设项目，应按规定及时办理基建项目竣工财务决算相关手续，确认固定资产入账成本等。各单位要主动掌握在建工程转固政策，避免造成工作滞后和被动，防止出现故意不办理在建工程转固、继续从已完工在建工程中列支各种费用支出、项目运行维护费用等行为。

四、将长期已使用在建工程转固情况纳入中央基建项目竣工财务决算工作进度报告

项目主管部门要加强对长期已使用在建工程转固工作的监督管理，按照财政部《关于及时报送中央基本建设项目竣工财务决算工作进度和结余财政资金上交情况的通知》（财建〔2017〕606号），及时掌握项目竣工财务决算编制、批复、长期已使用在建工程转固工作进度，按时将有关情况报送我部。

五、将长期已使用在建工程转固情况纳入年度资产报告

各单位要按照进一步加强和改进行政事业单位国有资产管理工作统一要求，将长期已使用在建工程转固情况纳入本单位年度资产报告，并重点对在建工程未转固定资产等问题进行说明。各中央部门和地方财政部门要总结长期已使用在建工程转固管理情况，随年度行政事业单位国有资产报告一并报财政部。

附录 16　住房城乡建设部财政部关于印发《建设工程质量保证金管理办法的通知》

（建质〔2017〕138 号）

党中央有关部门，国务院各部委、各直属机构，高法院，高检院，有关人民团体，各中央管理企业，各省、自治区、直辖市、计划单列市住房城乡建设厅（建委、建设局）、财政厅（局），新疆生产建设兵团建设局、财务局：

为贯彻落实国务院关于进一步清理规范涉企收费、切实减轻建筑业企业负担的精神，规范建设工程质量保证金管理，住房城乡建设部、财政部对《建设工程质量保证金管理办法》（建质〔2016〕295 号）进行了修订。现印发给你们，请结合本地区、本部门实际认真贯彻执行。

中华人民共和国住房和城乡建设部

中华人民共和国财政部

2017 年 6 月 20 日

建设工程质量保证金管理办法

第一条　为规范建设工程质量保证金管理，落实工程在缺陷责任期内的维修责任，根据《中华人民共和国建筑法》《建设工程质量管理条例》《国务院办公厅关于清理规范工程建设领域保证金的通知》和《基本建设财务管理规则》等相关规定，制定本办法。

第二条　本办法所称建设工程质量保证金（以下简称保证金）是指发包人与承包人在建设工程承包合同中约定，从应付的工程款中预留，用以保证承包人在缺陷责任期内对建设工程出现的缺陷进行维修的资金。缺陷是指建设工程质量不符合工程建设强制性标准、设计文件，以及承包合同的约定。

缺陷责任期一般为 1 年，最长不超过 2 年，由发、承包双方在合同中约定。

第三条　发包人应当在招标文件中明确保证金预留、返还等内容，并与承包人在合同条款中对涉及保证金的下列事项进行约定：

（一）保证金预留、返还方式；

（二）保证金预留比例、期限；

（三）保证金是否计付利息，如计付利息，利息的计算方式；

（四）缺陷责任期的期限及计算方式；

（五）保证金预留、返还及工程维修质量、费用等争议的处理程序；

（六）缺陷责任期内出现缺陷的索赔方式；

（七）逾期返还保证金的违约金支付办法及违约责任。

第四条　缺陷责任期内，实行国库集中支付的政府投资项目，保证金的管理应按国库集中支付的有关规定执行。其他政府投资项目，保证金可以预留在财政部门或发包方。缺陷责任期内，如发包方被撤销，保证金随交付使用资产一并移交使用单位管理，由使用单位代行发包人职责。

社会投资项目采用预留保证金方式的，发、承包双方可以约定将保证金交由第三方金融机构托管。

第五条　推行银行保函制度，承包人可以银行保函替代预留保证金。

第六条　在工程项目竣工前，已经缴纳履约保证金的，发包人不得同时预留工程质量保证金。

采用工程质量保证担保、工程质量保险等其他保证方式的，发包人不得再预留保证金。

第七条　发包人应按照合同约定方式预留保证金，保证金总预留比例不得高于工程价款结算总额的3%。合同约定由承包人以银行保函替代预留保证金的，保函金额不得高于工程价款结算总额的3%。

第八条　缺陷责任期从工程通过竣工验收之日起计。由于承包人原因导致工程无法按规定期限进行竣工验收的，缺陷责任期从实际通过竣工验收之日起计。由于发包人原因导致工程无法按规定期限进行竣工验收的，在承包人提交竣工验收报告90天后，工程自动进入缺陷责任期。

第九条　缺陷责任期内，由承包人原因造成的缺陷，承包人应负责维修，并承担鉴定及维修费用。如承包人不维修也不承担费用，发包人可按合同约定从保证金或银行保函中扣除，费用超出保证金额的，发包人可按合同约定向承包人进行索赔。承包人维修并承担相应费用后，不免除对工程的损失赔偿责任。

由他人原因造成的缺陷，发包人负责组织维修，承包人不承担费用，且发包人不得从保证金中扣除费用。

第十条　缺陷责任期内，承包人认真履行合同约定的责任，到期后，承包人向发包人申请返还保证金。

第十一条　发包人在接到承包人返还保证金申请后，应于14天内会同承包人按照合同约定的内容进行核实。如无异议，发包人应当按照约定将保证金返还给承包人。对返还期限没有约定或者约定不明确的，发包人应当在核实后14天内将保证金返还承包人，逾期未返还的，依法承担违约责任。发包人在接到承包人返还保证金申请后14天内不予答复，经催告后14天内仍不予答复，视同认可承包人的返还保证金申请。

第十二条　发包人和承包人对保证金预留、返还以及工程维修质量、费用有争议的，按承包合同约定的争议和纠纷解决程序处理。

第十三条　建设工程实行工程总承包的，总承包单位与分包单位有关保证金的权利与义务的约定，参照本办法关于发包人与承包人相应权利与义务的约定执行。

第十四条　本办法由住房城乡建设部、财政部负责解释。

第十五条　本办法自2017年7月1日起施行，原《建设工程质量保证金管理办法》（建质〔2016〕295号）同时废止。

附录 17　农业农村部关于印发《农业农村部农业投资管理工作规程（试行）》的通知

（农计财发〔2019〕10 号）

各省、自治区、直辖市及计划单列市农业农村（农牧）、农机、畜牧兽医、农垦、渔业厅（局、委、办），新疆生产建设兵团农业农村局，部机关各司局、派出机构、各直属单位：

为深入贯彻落实党和国家机构改革精神，切实履行农业投资管理职能，规范农业农村部负责实施的项目资金管理工作，我部在系统梳理相关管理制度基础上，制定了《农业农村部农业投资管理工作规程（试行）》，现印发给你们，请遵照执行。

农业农村部

2019 年 5 月 15 日

农业农村部农业投资管理工作规程（试行）
第一章　总　　则

第一条　为切实履行中央赋予农业农村部的农业投资管理职责，建立科学合理的投资决策机制，提高投资效率，根据《中共中央、国务院关于深化投融资体制改革的意见》《中共中央、国务院关于全面实施预算绩效管理的意见》《财政部关于印发中央对地方专项转移支付管理办法的通知》《国家发展改革委办公厅、农业农村部办公厅关于中央预算内投资补助地方农业项目投资计划管理有关问题的通知》和有关法律法规规定，结合农业农村部职能职责，制定本规程。

第二条　本规程所指农业投资包括农业农村部管理和参与管理的用于农业农村的中央财政转移支付项目、中央预算投资项目等。农业农村部部门预算项目、利用外资农业投资项目根据需要统筹安排。

第三条　农业农村部负责提出农业投融资体制机制改革建议，编制中央投资安排的农业投资专项建设规划，提出农业投资规模和方向、扶持农业农村发展财政项目的建议，按国务院规定权限审批农业投资项目，负责农业投资项目资金安排和监督管理。

第四条　农业投资管理遵循规划引领、统筹资金、简政放权、开拓创新的总体方向，坚持公开透明、程序规范、权责对等、监督问效的基本原则，强化对重点领域、重点任务的集中支持。

第五条　农业农村部计划财务司（以下简称"计划财务司"）是农业农村部农业投资管

理的牵头部门，负责农业投资的统筹管理，包括组织编制农业投资规划、统筹协调安排项目资金、统筹下达项目投资计划和任务清单、统筹开展项目监督和绩效管理，组织制定相关项目资金管理办法等。

农业农村部各相关项目归口管理司局和派出机构（以下简称"各相关司局"）负责具体项目的管理，包括编制有关规划，提出投资项目安排建议，编制项目实施的总体绩效目标，组织项目实施并开展日常监督、绩效管理等工作。

第六条　各省（自治区、直辖市）、计划单列市农业农村行政主管部门（以下简称"省级农业农村部门"）负责提出本辖区需中央支持的农业投资项目建议，组织开展具体投资项目的立项、实施、监督和绩效管理等工作。

第二章　投融资政策研究与规划

第七条　计划财务司牵头组织开展农业投融资体制机制和支持保护政策研究，提出农业投资的总体方案和政策措施建议，组织论证形成重大投资政策项目储备。

第八条　中央财政转移支付项目实行中期财政规划管理，各相关司局负责提出本行业本领域的中央财政转移支付项目三年支出规划建议，计划财务司进行统筹平衡，经计划财务司司务会审议并报部领导审定，必要时报部党组会议或部常务会议审定后，报送财政部。

中央预算内投资项目决策以专项建设规划为重要依据。各相关司局负责提出本行业领域的农业投资专项建设规划，计划财务司负责统筹投资并组织进行论证，经计划财务司司务会审议并报部领导审定，必要时报部党组会议或部常务会议审定后，报送国家发展改革委。专项建设规划以农业农村部文件或会同国家发展改革委等部门联合印发。重大专项建设规划按程序报国务院审批后印发。

第九条　计划财务司对行业内交叉重复以及性质相同、用途相近的农业投资项目进行整合，对中央财政转移支付项目、中央预算内投资项目、部门预算项目按资金性质、功能等进行统筹安排，整体设计投资框架体系。

第十条　中央财政转移支付项目和中央预算内投资项目实行"大专项＋任务清单"管理。鼓励创新投融资模式，探索通过政府购买服务、政府与社会资本合作、担保费补助、贷款贴息、风险补偿、先建后补、以奖代补等方式，引导和撬动金融资本、社会资本和农民加大农业投资。

第三章　年度投资安排

第十一条　各相关司局根据有关规划和要求，研究提出年度农业投资政策建议，计划财务司统筹平衡各类项目资金需求，形成年度农业投资建议，经计划财务司司务会审议，并报部党组会议或部常务会议审定后，按投资项目资金渠道分别报送国家发展改革委和财政部。

第十二条　计划财务司与国家发展改革委、财政部协调对接，确定年度中央财政转移支付项目资金、中央预算内投资的总体规模；组织细化支出方向和规模，形成年度农业投资安排总体方案，报部领导审定后组织实施。

第十三条　中央财政转移支付项目管理，按照以下流程进行。

（一）根据年度项目资金总体规模和有关专项管理办法，计划财务司组织各相关司局细化项目任务，测算资金安排，经综合平衡后，形成项目资金安排建议，报部领导审定后，向财政部报送资金安排建议。

（二）计划财务司牵头组织各相关司局制定项目实施指导意见或工作通知，由农业农村部会同财政部以正式文件印发，任务清单同步下达。

（三）计划财务司及时调财政部下达项目资金，并抄送各省农业农村部门。省级农业农村部门会同财政部门，根据项目实施指导意见以及中央财政下达资金，编制本区域具体项目绩效目标，报送农业农村部和财政部。

第十四条　中央预算内投资农业项目按照以下流程组织实施。

（一）根据年度投资计划安排，由各相关司局提出年度项目申报的初步意见，计划财务司统筹平衡后，统一发布项目申报通知。

各省级农业农村部门根据通知开展项目前期工作，并按要求在全国投资项目在线审批监管平台、国家重大建设项目库和农业建设项目管理平台中填报和推送有关信息。

（二）省级农业农村部门负责受理本区域内中央预算内农业投资项目申报，并批复可行性研究报告、初步设计方案。

申请中央预算内投资超过限额的重大项目，由农业农村部按程序报国家发展改革委进行审批。采取竞争立项的中央预算内投资项目采取一事一议方式，按照项目相关申报通知执行。

（三）省级农业农村部门按照相关程序及时间要求，会同相关部门以计财字号正式文件向农业农村部报送投资需求和绩效目标，文件应同时抄送计划财务司和各相关司局。各相关司局进行汇审核后，根据年度投资规模、有关专项建设规划和管理办法提出相关专项的投资建议计划及绩效目标，计划财务司审核汇总和衔接平衡后，形成农业农村部年度投资计划申请及绩效目标，经计划财务司司务会审议并报部领导审定后，分省份分投资类别（专项）报送国家发展改革委。

（四）根据国家发展改革委下达或抄送的年度投资计划，计划财务司会同各相关司局以农业农村部文件统一分解下达项目任务清单、绩效目标等，送省级发展改革部门，报国家发展改革委备案。

第十五条　农业农村部按照中央关于高标准农田建设"五统一"要求，统筹各渠道农田建设资金，组织开展高标准农田建设。

第四章　项目实施与监督

第十六条　省级农业农村部门根据财政部、农业农村部印发的中央财政转移支付资金下达文件及实施指导意见，以及国家发展改革委下达的中央预算内投资目投资计划、农业农村部下达的建设任务、项目任务清单和绩效目标，按有关要求会同相关部门将资金、任务、绩效目标分解下达,对标准农田建设等重大任务要统筹资金、创新投融资模式,统一组织实施。中央财政转移支付项目的细化方案报送农业农村部和财政部备案。中央预算内投资项目分解、任务清单、绩效目标文件抄报农业农村部备案。

第十七条　中央财政转移支付项目根据项目实施指意见,按照任务清单方式进行管理。任务清单分为约束性任务和指导性任务两类,允许地方在完成约束性任务的前提下,根据当地产业发展需要,在同一大专项内统筹使用资金,扶贫攻坚等领域有其他规定的可参照其他规定执行。中央财政转移支付项目调整,由该项目的审批机关审核批准,重大项目的调整报农业农村部、财政部备案。

第十八条　中央预算内投资项目按照基本建设投资项目进行管理,项目实施应遵守招标投标、工程监理、合同管理、竣工验收、资金管理等有关法律规章,依法办理相关手续。投资计划下达后不得随意调整,投资计划和项目任务清单确需调整的,按照谁下达、谁调整的原则,办理调整事项。其中,如调整后项目仍在原专项内的,由省级调整,调整结果及时报农业农村部备案;如调整到其他专项的项目,由省级农业农村部门会同相关部门联合将调整申请报送农业农村部、国家发展改革委,农业农村部提出调整建议,报国家发展改革委进行调整。

第十九条　计划财务司统筹组织农业投资的监督管理。各相关司局应加强对农业投资项目的监管,及时对项目进展进行调度、督导。省级农业农村部门负责项目日常监督管理工作,及时调度各地农业投资项目进展情况,加强对绩效目标实现和资金管理使用情况的督导检查。

第二十条　计划财务司、各相关司局、省级农业农村部门应按照有关规定,加强对农业投资项目的审计监督,主动支持配合有关部门开展审计、巡视督查、纪检监察等,自觉接受社会监督。对审计等发现的问题,应按要求提出整改措施并严格落实。对于社会各界反映的情况和重要信访举报线索,应及时组织调查核实,依法依规处理。

第二十一条　建立全过程的责任追究机制,对于项目决策、资金安排和使用、建设和管理、监督检查等各环节发现的问题,依法依规依纪追究相应的责任单位及责任人责任。

第五章　项目绩效管理

第二十二条　计划财务司统筹开展农业投资项目绩效管理工作,牵头制定农业农村部农业投资项目绩效管理相关制度,组织构建分行业、分领域、分层次的绩效指标和标准体系。各相关司局结合具体投资项目实际加强相关制度建设,构建本行业、本领域的绩效指标和标准体系。

第二十三条　各相关司局负责审核汇总省级农业农村部门报送的农业投资项目区域绩效目标。计财务司汇总审核,将中央财政转移支付项目绩效目标报送财政部;中央预算内投资项目绩效目标与中央预算内投资项目投资计划、项目任务清单一并印发。

第二十四条　各级农业农村部门应加强农业投资项目执行过程中的绩效监控,按照"谁支出、谁负责"的原则,组织开展农业投资项目绩效目标实现程度的运行监控,及时发现和纠正问题，确保绩效目标如期保质保量实现。

第二十五条 计划财务司统筹开展农业农村部农业投资项目年度绩效自评。各相关司局组织对项目实施情况进行总结并开展绩效自评，及时将项目实施情况总结和绩效自评结果报送计划财务司。计划财务司会同各相关司局对重点项目开展绩效评价，加强对绩效评价过程和绩效评价结果的监督。

第二十六条 计划财务司和各相关司局加强对绩效评价结果的运用，及时将绩效评价结果反馈给相关单位，对发现的问题进行督促整改，并将绩效评价结果作为政策调整、项目安排和资金分配的重要依据。

第二十七条 计划财务司牵头组织对重大农业投资项目总体实施情况进行评估，对政策到期或绩效低下的投资项目及时提出清理退出意见，会同有关部门进行调整。

第六章 附 则

第二十八条 本规程由农业农村部计划财务司负责解释。

第二十九条 农业农村部部门预算项目、利用外资农业投资项目，以及直属事业单位、中央直属高校和中央直属企业承担的中央预算内投资相关项目的具体管理，按照相关制度规定执行。

第三十条 新疆生产建设兵团、黑龙江省农垦总局、广东省农垦总局申请中央投资的农业投资项目参照本规程进行管理。

第三十一条 本规程自发布之日起施行。

附录 18　农业农村部直属单位建设项目管理工作规程（试行）

（农办规〔2020〕1 号）

第一章　总　　则

第一条　为加强农业农村部直属单位建设项目管理，建立科学合理的决策机制，增强直属单位保障部中心工作和服务"三农"的能力，提高投资效益，依据《政府投资条例》等法律法规以及《中央预算内直接投资项目管理办法》《农业农村部农业投资管理工作规程（试行）》等规定，制定本规程。

第二条　本规程适用于农业农村部使用中央预算内直接投资安排的直属单位非经营性固定资产投资项目（以下统称"直属单位项目"）。包括部门自身建设专项和行业专项中的直属单位项目。

第三条　直属单位项目管理工作在农业农村部直属单位基本建设工作领导小组领导下，由有关司局和直属单位按照职能分工负责、分级实施。

第四条　农业农村部直属单位基本建设工作领导小组负责研究审议直属单位基本建设重大问题，审定直属单位能力条件建设规划和院区建设总体规划，审定直属单位重大建设项目建议书、可行性研究报告，协调解决重大问题等。

发展规划司负责直属单位项目的统筹管理，包括组织编制直属单位重大工程建设规划，建立项目库，审核审批直属单位项目，提出相关投资建议计划，组织开展日常监督、竣工验收和绩效管理等工作。

计划财务司组织编制农业投资规划，统筹安排直属单位项目资金，统筹下达项目投资计划和年度预算，统筹开展项目监督和绩效管理。

行业司局（含派出机构）负责指导直属单位研究谋划行业发展重大建设项目，提出行业审查和立项推荐意见，提出行业专项投资建议计划，指导项目实施，协同开展日常监督、竣工验收和绩效管理等工作。

直属单位依据职能和发展要求，研究本单位重大建设问题，编制本单位能力条件建设规划和院区建设总体规划，谋划建设项目，负责项目申报、实施、管理运行等工作，并选择有相应资质资格的工程咨询、勘察、设计、施工、监理、招标代理、造价咨询和专业化管理等单位或机构参与项目建设。

第五条　凡不涉及国家安全和国家秘密、法律法规未禁止公开的直属单位项目，按照信息公开的规定，将相关信息向社会公开。

第六条　直属单位项目管理要坚持规划引领，严格按照建设程序开展项目建设，实行全过程监管。建设程序一般包括项目建议书、可行性研究、初步设计、实施准备、建设实施、竣工验收等环节。需对已建成项目进行后评价的，按照有关规定执行。

第二章　规划编制与审批

第七条　发展规划司着眼服务部中心工作，结合直属单位发展需求和行业发展与建设规划，依据国家投资政策，组织编制直属单位中长期条件能力建设规划。主要内容应包括规划编制背景、总体要求、建设布局、项目建设单位、重点建设任务、投资估算及资金筹措、效益分析、保障措施及项目清单等。

直属单位依据本单位职能，与直属单位中长期能力条件建设规划相衔接，编制本单位能力条件建设规划，按本单位程序审批后印发。主要内容包括规划说明书、规划目标、项目建设单位、布局与建设内容、重点项目、投资估算与资金筹措、实施步骤、效益分析、保障措施以及附表附图等。

有关行业司局应结合行业专项特点，充分考虑直属单位建设项目需求，优先考虑纳入相关行业发展建设规划。

第八条　直属单位应依据当地城乡规划行政主管部门制定的控制性详细规划要求，编制所属院区建设总体规划，明确功能定位、发展目标和建设任务，并对地上地下建筑、交通、道路、绿化、管线等进行空间科学布局和景观规划设计。主要内容包括总平面图、专业规划图、竖向规划图、透视图、规划设计说明书等。经发展规划司对空间布局等进行审核后，提交直属单位基本建设领导小组审议后审批。

第九条　经审批的规划是安排项目的前提和依据。规划编制所需费用按有关标准进行测算，纳入前期工作费用或相关部门预算统筹安排解决。

第十条　规划编制单位应根据国家政策变化、行业建设规划调整、直属单位职能调整等情况，及时修订上述规划并按程序报原审批部门批准。规划执行过程中应进行中期评估，并根据评估结果对规划内容进行修订。

第三章　项目申报与审批

第十一条　直属单位应当编制项目建议书、可行性研究报告、初步设计，按程序报送农业农村部。直属单位应保证前期工作深度达到投资项目要求，并对项目建议书、可行性研究报告、初步设计以及依法应当附具的其他文件的真实性负责。对于农业农村部审批权限之内的直属单位项目，根据实际需要，可将项目建议书和可行性研究两个环节合并，直接编制可行性研究报告。

第十二条　直属单位依据相关建设规划和国家投资政策及建设需要，自行或委托相关机构编写项目建议书。项目建议书要重点论证项目建设的必要性，提出主要建设内容、拟建地点、拟建规模、投资匡算、资金来源，对社会、生态及经济效益等进行初步分析，并附相关文件资料。

第十三条　直属单位应当开展项目可行性研究，自行或委托工程咨询机构编制可行性研究报告，并办理规划、用地等项目前置审批手续。可行性研究报告主要内容包括总论、项目背景及必要性、建设单位情况、功能定位及目标任务、需求分析、工艺技术路线与建设规模、建设方案与建设内容、项目选址分析、投资估算与资金筹措、招标方案、项目组织与管理、节能分析、环境影响分析、运行保障与效益分析、结论与建议等。

第十四条　直属单位依据可行性研究报告批复文件、设计基础资料和设计要求，以及有关建设标准、规范、定额等，委托具有相应资质的设计单位编制初步设计和概算。初步设计和概算应涵盖项目所有建设内容，满足工艺技术路线和使用功能需要，并达到设计深度要求。主要内容包括设计说明书、设计图纸、农机具及仪器设备清单和概算书等。直属单位原则上应在可行性研究报告批复后 6 个月内报送初步设计和概算文件。

第十五条　纳入相关建设规划的直属单位项目实行常态化申报，发展规划司和行业司局随时受理，并进行形式审查和行业审查。

第十六条　发展规划司会同行业司局委托工程咨询机构，组织开展项目建议书、可行性研究报告评估和初步设计评审工作。工程咨询机构组织专家对项目进行评估（评审）。每个项目应由工程、技术、经济等方面的专家提出独立审查意见，工程咨询机构综合专家意见后形成对项目的评估（评审）意见，原则上应在 20 个工作日内将评估评审报告以正式文件报送发展规划司及有关行业司局。

第十七条　行业司局应在收到评估报告 5 个工作日内提出行业审查和立项推荐书面意见。发展规划司商有关司局统筹研究提出拟批复项目并进行公示，公示无异议后 30 个工作日内按程序办理农业农村部文件批复可行性研究报告，会签有关司局并报部领导签发。经批准的可行性研究报告是确定建设项目的依据。

发展规划司根据项目评审意见，30 个工作日内按程序办理农业农村部办公厅文件批复项目初步设计和概算。批复文件须会签有关司局，必要时应报部领导审签。经批准的初步设计文件应当作为项目建设实施和控制投资的依据。

第十八条　对于中央预算内投资 3000 万元（含）以上的重大项目，直属单位在可行性研究阶段应开展节能评估审查和社会稳定风险评估。发展规划司应将审核通过后的可行性研究报告、初步设计和概算，会签有关司局后办理农业农村部文件报送发展改革委。可行性研究报告须提请部直属单位基本建设工作领导小组会议审议。发展改革委批复后，发展规划司以部办公厅文件转发批复文件。

第十九条　直属单位应根据部年度投资计划申报要求、项目批复文件和建设进展，科学编制年度投资需求并报送计划财务司、发展规划司和行业司局。发展规划司和行业司局根据有关规划和要求，分别提出直属单位部门自身建设专项和行业专项年度投资建议计划。对行业专项中涉及直属单位项目年度投资建议计划的，行业司局需征求发展规划司意见。计划财务司进行审核汇总和衔接平衡，按程序报部领导审定后以农业农村部文件报送发展改革委。

第四章　项目实施与监督检查

第二十条　直属单位项目的实施必须严格执行项目单位法人责任制、招标投标制、工程监理制和合同制等管理制度。直属单位法定代表人、主要负责人，对项目的申报、质量、进度、投资、安全及运行管理等全过程负总责。直属单位项目投资计划下达后，发展规划司与项目法定代表人或主要责任人签订履约责任书。

第二十一条　直属单位按照项目报建要求，办理工程质量监督、施工安全监督等手续，完成施工计划备案，依法取得用地、规划和施工许可，并完成项目资金预算、政府采购预算、进口仪器设备审批。

第二十二条　直属单位项目的勘察、设计、施工、监理、仪器、设备、材料的招标和采购要根据项目批复，依照《中华人民共和国招标投标法》《中华人民共和国招标投标法实施条例》《中华人民共和国政府采购法》等法律法规实施。

第二十三条　纳入年度投资计划的直属单位项目，原则上应在投资计划下达和初步设计概算批复后 6 个月内开工建设。因故不能按期开工的，应以书面形式向发展规划司申请延期开工。

第二十四条　直属单位必须按照批复文件组织实施项目建设，在确保实现建设目标和功能的前提下，可对项目建设内容进行优化完善提升，并将投资变化控制在经核定的投资概算内。优化过程的决策文件及相关资料应纳入项目档案管理。

第二十五条　对确因客观原因导致建设地点、建设性质、建设单位、招标方案、主要使用（服务）功能等发生重大变更的，初步设计概算超过可行性研究报告批准投资估算 10%的，实施过程中投资变动超过批准初步设计概算总投资 10%的，直属单位应当报告发展规划司和有关行业司局。发展规划司商行业司局可以要求项目单位重新组织编制和报批可行性研究报告或按程序调整初步设计概算。

第二十六条　发展规划司、行业司局应按照有关规定对直属单位项目进行全过程监管，采取在线监测等方式按月调度并通报项目实施进度情况，对建设进度偏慢的项目开展现场督导检查。直属单位应当通过农业建设项目管理平台、国家重大建设项目库等方式如实报送项目开工建设、建设进度、竣工验收的基本信息，对建设进度慢的项目应分析原因并提出改进措施。计划财务司会同发展规划司及相关司局对直属单位项目预算执行进行监督。

中国农业科学院、中国水产科学研究院、中国热带农业科学院负责对下属单位项目开展指导和监督检查。

第五章　竣工验收

第二十七条　直属单位项目建成后，应按照有关规定和职责分工组织完成项目竣工验收，并在竣工验收合格后及时办理竣工财务决算。

第二十八条　直属单位应在项目各项建设内容完成、履行相应专项验收、交工验收及审查、备案手续后 3 个月内，对项目建设情况和建设成效进行全面总结回顾，收集整理项目建设档案，按照国家有关规定编报竣工财务决算，并撰写总结报告，开展初步验收。

第二十九条　直属单位完成初步验收后，应向竣工验收组织单位提出项目竣工验收申请报告，包括正式文件、总结报告、财务决算等。

第三十条　竣工验收组织单位要及时将竣工验收报告和竣工验收表向发展规划司及行业司局报备，督促建设单位在农业建设项目管理信息系统填报项目验收情况，并据此核发竣工验收合格证书。

第三十一条　直属单位应按照有关规定建立健全项目档案，随项目建设进度及时收集、整理从项目提出到竣工验收各环节产生的全部文件资料，并分类立卷归档。竣工验收合格后，按有关规定移交档案。

第六章　绩效管理

第三十二条　发展规划司及行业司局组织开展直属单位项目绩效管理工作，制定绩效指标和标准体系，汇总直属单位项目绩效目标，并报计划财务司。

第三十三条　发展规划司及行业司局，组织开展直属单位项目绩效目标实现程度的运行监控，及时发现和纠正问题，确保绩效目标如期保质保量实现。

第三十四条　直属单位应对项目实施情况进行总结并开展绩效自评，及时将项目实施情况总结和绩效自评结果报送发展规划司及行业司局。

第三十五条　计划财务司、发展规划司及行业司局加强对绩效评价结果的运用，及时将结果反馈给直属单位，督促问题整改，并将绩效评价结果作为政策调整、项目安排和资金分配的重要参考。

第七章　附　　则

第三十六条　使用纳入预算管理的其他资金进行建设的直属单位基本建设项目参照本规程管理。

第三十七条　中央直属高校、中央直属企业承担农业农村部安排的建设项目，参照本规程管理。

第三十八条　本规程由发展规划司负责解释。

第三十九条　本规程自发布之日起施行。

附录 19 农业农村部项目支出绩效评价实施办法

（农办计财〔2020〕12 号）

第一章 总 则

第一条 为全面实施预算绩效管理，规范农业农村部项目支出绩效评价工作，提高绩效评价工作质量和水平，根据《中共中央、国务院关于全面实施预算绩效管理的意见》《财政部关于印发〈项目支出绩效评价管理办法〉的通知》《国家发展改革委关于加强中央预算内投资绩效管理有关工作的通知》等有关规定，结合农业农村部实际，制定本办法。

第二条 本办法所称项目，包括农业农村部部门预算项目、中央财政农业相关转移支付项目、中央预算内投资农业项目。

第三条 项目支出绩效评价是指依据设定的绩效目标，对项目支出的经济性、效率性、效益性和公平性进行客观、公正的测量、分析和评判。

第四条 本办法所称绩效评价，包括单位自评和部门评价。单位自评是指项目单位按照有关规定和要求，对绩效目标完成情况进行自我评价。部门评价是指农业农村部根据相关要求，运用科学、合理的绩效评价指标、评价标准和评价方法，对项目组织开展的绩效评价。

第五条 绩效评价期限包括年度、中期及项目实施期结束后；对于实施期 5 年及以上的项目，应适时开展中期和实施期后绩效评价。

第二章 绩效评价原则、依据和标准

第六条 绩效评价应当遵循以下基本原则：

（一）科学公正。绩效评价应当运用科学合理的方法，按照规范的程序，对项目绩效进行客观、公正的反映。

（二）统筹兼顾。单位自评和部门评价应职责明确，各有侧重，相互衔接。

（三）激励约束。绩效评价结果与预算安排、政策调整、改进管理实质性挂钩，体现奖优罚劣和激励相容导向，有效要安排、低效要压减、无效要问责。

（四）公开透明。绩效评价结果依法依规公开，并自觉接受社会监督。

第七条 绩效评价的主要依据：

（一）国家相关法律、法规和规章制度；

（二）党中央、国务院重大决策部署，经济社会发展目标；

（三）农业农村部职责相关规定；

（四）相关行业政策、行业标准、行业规划及专业技术规范；

（五）预算管理制度及办法，项目及资金管理办法、财务和会计资料；

（六）项目设立的政策依据和目标，项目批复文件，预算执行情况，年度决算报告、项目决算或验收报告等相关材料；

（七）其他相关资料。

第八条　绩效评价标准主要用于对绩效指标完成情况进行比较，包括：

（一）计划标准。指以预先制定的目标、计划、预算、定额等作为评价标准。

（二）行业标准。指参照国家公布的行业指标数据制定的评价标准。

（三）历史标准。指参照历史数据制定的评价标准，为体现绩效改进的原则，在可实现的条件下应当确定相对较高的评价标准。

（四）按规定确认或认可的其他标准。

第三章　单位自评组织实施

第九条　单位自评应由项目单位具体负责实施，即"谁支出、谁自评"。

第十条　单位自评内容主要包括：项目总体绩效目标、各项绩效指标完成情况以及预算执行情况。对未完成绩效目标或偏离绩效目标较大的项目要分析并说明原因，研究提出改进措施。

第十一条　单位自评指标是指预算批复时确定的绩效指标，包括项目的产出数量、质量、时效、成本，以及经济效益、社会效益、生态效益、可持续影响、服务对象满意度等。

第十二条　单位自评指标的权重由各单位根据项目实际情况确定。原则上预算执行率和一级指标权重统一设置为：预算执行率10％、产出指标50％、效益指标30％、服务对象满意度指标10％。如有特殊情况，一级指标权重可做适当调整。二、三级指标应当根据指标重要程度、项目实施阶段等因素综合确定，准确反映项目的产出和效益。有关部门另有规定的，从其规定。

第十三条　单位自评采用定量与定性评价相结合的比较法，总分由各项指标得分汇总形成。

第十四条　定量指标得分按照以下方法评定：

（一）与年初或项目设定指标值相比，完成指标值的，记该指标所赋全部分值；

（二）对完成值高于指标值较多的，要分析原因，如果是由于年初或项目设定指标值设定明显偏低造成的要按照偏离度适度调减分值；

（三）未完成指标值的，按照完成值与指标值的比例记分。

第十五条　定性指标得分按照以下方法评定：根据指标完成情况分为达成年度指标、部分达成年度指标并具有一定效果、未达成年度指标且效果较差三档，分别按照该指标对应分值区间100％～80％（含）、80％～60％（含）、60％～0％合理确定分值。

第十六条　单位自评主要通过项目支出绩效自评表和自评报告的形式反映，自评结果应做到内容完整、权重合理、数据真实、结果客观。项目单位对自评结果的真实性和准确性负责。

第十七条 有关部门和部计划财务司根据工作需要，对单位自评结果进行抽查核验。对抽查核验发现的问题，项目单位应及时整改落实。

第四章 部门评价组织实施

第十八条 部门评价实行年度计划管理，每年年初部计划财务司统筹研究确定当年绩效评价工作计划。

第十九条 部门评价应在单位自评的基础上开展，必要时可委托第三方机构（以下简称第三方）实施。

第二十条 部门评价内容主要包括：项目立项情况；绩效目标和绩效指标设定情况；资金管理和使用情况；相关管理制度办法的健全性及执行情况；实现的产出情况；取得的效益情况；服务对象满意度情况；其他相关内容。

第二十一条 评价工作主要包括以下环节：

（一）确定绩效评价对象和范围；

（二）下达绩效评价通知；

（三）研究制订绩效评价工作方案；

（四）收集相关数据资料，并进行现场调研、座谈；

（五）核实有关情况，分析形成初步结论；

（六）与被评价部门（单位）交换意见；

（七）综合分析并形成最终结论；

（八）提交绩效评价报告；

（九）建立绩效评价档案。

第二十二条 部门评价对象应根据工作需要，优先选择贯彻落实党中央、国务院重大方针政策和决策部署，以及履行农业农村部职能的重大改革发展项目，随机选择一般性项目，原则上应以5年为周期，实现部门评价重点项目全覆盖。

第二十三条 部门评价通知应明确评价任务、评价对象、评价内容、评价工作进程安排、需项目单位提供的资料等，在组织实施部门评价前下达各项目单位。

第二十四条 部门评价工作方案要符合可行性、全面性和简明性原则，评价内容、方法、步骤和时间节点安排科学合理。

第二十五条 部门评价应根据项目情况成立5人（含）以上的评价工作组。评价工作组应由项目所涉及领域专家、财务管理专家、绩效管理专家等组成，其中项目所涉及领域专家人数不得少于成员总数的一半。评价工作组人员数量、专业结构及业务能力应满足评价工作需要，并充分考虑利益关系回避、成员稳定性等因素。

第二十六条 评价工作组应在与项目单位充分沟通的基础上，考虑完整性、重要性、相关性、可比性、可行性和经济性、有效性等因素，科学编制绩效评价指标体系，以充分体现和客观反映项目绩效状况和绩效目标实现程度。

第二十七条 评价指标应当符合以下要求：

（一）与评价对象密切相关，全面反映项目决策、项目和资金管理、产出和效益；

（二）优先选取最具代表性、最能直接反映产出和效益的核心指标，精简实用；

（三）指标内涵应当明确、具体、可衡量，数据及佐证资料应当可采集、可获得；

（四）同类项目绩效评价指标和标准应具有一致性，便于评价结果相互比较。

第二十八条　评价指标的权重根据各项指标在评价体系中的重要程度确定，应当突出结果导向，原则上产出、效益指标权重不低于60％。项目处于不同实施阶段时，指标权重应体现差异性，其中，实施期间的评价更加注重决策、过程和产出，实施期结束后的评价更加注重产出和效益。

第二十九条　部门评价原则上应采取现场和非现场评价相结合的方式。

（一）非现场评价，是指评价人员对项目单位提供的项目相关资料和各种公开数据资料进行分类、汇总和分析，对项目进行评价的过程。非现场评价原则上须覆盖所有项目单位。

（二）现场评价，是指评价人员到项目现场采取勘察、询查、复核或与项目单位座谈等方式，对有关情况进行核实，对所掌握的资料进行分析，对项目进行评价的过程。

第三十条　部门评价方法主要包括成本效益分析法、比较法、因素分析法、最低成本法、公众评判法、标杆管理法等。根据评价对象的具体情况可采用一种或多种方法。

（一）成本效益分析法。是指将投入与产出、效益进行关联性分析的方法。

（二）比较法。是指将实施情况与绩效目标、历史情况、不同部门和地区同类支出情况进行比较的方法。

（三）因素分析法。是指综合分析影响绩效目标实现、实施效果的内外部因素的方法。

（四）最低成本法。是指在绩效目标确定的前提下，成本最小者为优的方法。

（五）公众评判法。是指通过专家评估、公众问卷及抽样调查等方式进行评判的方法。

（六）标杆管理法。是指以国内外同行业中较高的绩效水平为标杆进行评判的方法。

（七）其他评价方法。

第三十一条　评价工作组应在对现场评价和非现场评价情况进行梳理、汇总、分析的基础上，对项目总体情况进行综合评价，形成评价结果并撰写部门评价报告。

第三十二条　评价结果采取评分和评级相结合的方式，具体分值和等级可根据不同评价内容设定。总分一般设置为100分，等级一般划分为四档：90（含）～100分为优、80（含）～90分为良、60（含）～80分为中、60分以下为差。

第三十三条　部门评价报告要全面阐述所评价项目的基本情况，说明评价组织实施情况，并在全面分析总结评价的基础上，对照评价指标体系作出具体绩效分析和结论。对项目绩效、主要问题的分析等要做到数据真实、内容完整、案例翔实、依据充分、分析透彻、结论准确，所提建议应具有针对性和可行性。

第五章　对第三方评价的要求

第三十四条　委托第三方开展部门评价时，要体现委托人与项目实施主体相分离的原则，确保绩效评价的独立、客观、公正，一般由部计划财务司委托；根据工作需要，经部计划财务司同意，中央财政农业相关转移支付项目可由行业管理司局委托，一并纳入部门评价计划管理。

第三十五条　涉密项目不得委托第三方开展部门评价，应由委托方直接组建评价工作组实施绩效评价。

第三十六条　委托第三方开展部门评价可通过政府购买服务方式实施，属于政府采购范围的要按照政府采购有关要求执行。

第三十七条　委托方应加强对第三方的指导，参与评价工作的重要环节，推动提高评价的科学性、客观性和公正性。

第三十八条　参与部门评价的第三方应具备下列条件：

（一）依法设立并具有独立承担民事责任的能力；

（二）具有有关行业管理部门认可的专业资质；

（三）具有履行合同协议所必需的设备、人员和专业技术能力；

（四）具有健全的内部管理制度和质量控制制度；

（五）具有良好的业绩和信誉，近三年来无不良记录。

第三十九条　第三方应通过调研等方式了解被评价项目及相关单位业务情况，收集相关资料，充分了解项目立项、预算、实施内容、组织管理、绩效目标设置等内容，在此基础上编制评价方案及评价指标体系，经委托方审定同意后实施绩效评价。

第四十条　第三方应对所有项目支出情况开展非现场评价，对项目单位提供的相关文件资料进行分类整理，对照评价指标分析项目实施情况和效果。

第四十一条　现场评价范围根据委托方要求确定，原则上不低于具体项目单位总数的30%、项目预算总额的30%。

第四十二条　第三方根据委托方确定的现场评价范围，组成现场评价工作组，对项目进行实地勘察、资料核实和分析评价，主要包括听取情况介绍、资料核查、实地勘察、分析评价、交换意见等。

第四十三条　第三方应根据非现场评价和现场评价情况形成评价结果，并撰写评价报告，在规定时限内提交给委托方。

第四十四条　第三方在绩效评价过程中，应汇总整理工作安排、佐证资料、检查要点和结果、数据分析过程、工作方法、会议纪要等有关工作底稿，随同评价报告一并提交委托方。

第四十五条　第三方在绩效评价过程中，应就评价工作的开展情况、发现的问题、工作进度等及时向委托方报告。

第四十六条　未经委托方同意，第三方不得擅自转包、分包承接任务。

第四十七条　第三方及其参与绩效评价的机构人员和相关专家，对被评价项目涉及的信息资料负有保护信息安全和保守秘密的义务，应妥善保管相关信息资料，未经委托方同意不得擅自采用或以任何形式对外提供、泄露、公开。

第四十八条　委托方根据需要，可采取适当方式听取被评价部门（单位）对第三方工作的意见，加强对第三方工作质量的监督管理。

第六章　绩效评价结果应用及公开

第四十九条　项目单位应切实加强单位自评结果的整理、分析，将自评结果作为本单位完善政策、制度和改进管理的重要依据。对预算执行率偏低、自评结果较差的项目，要单独说明原因，提出整改措施。

第五十条　部门评价工作完成后，评价方应及时将评价结果反馈评价对象，并明确整改时限；评价对象应按要求报送整改落实情况，对于评价结果与自评结果差异较大的，要深刻分析产生差异的原因，进一步改进单位自评工作。

第五十一条　绩效评价结果是安排预算、完善政策和改进管理的重要依据。原则上对评价等级为优、良的，根据情况予以支持；对评价等级为中、差的，要完善政策、改进管理，根据情况核减预算或提出核减预算建议。对不进行整改或整改不到位的，根据情况相应调减预算或提出调减预算建议，整改到位后再予安排。

第五十二条　绩效评价工作和结果依法接受审计监督。

第五十三条　单位自评结果按要求报送有关部门并公开，部门评价结果按有关规定和要求，以适当方式进行公开。

第七章　附　　则

第五十四条　政府性基金预算、固有资本经营预算项目支出的绩效评价适用本办法，政府购买服务绩效评价可参照本办法执行。

第五十五条　中国农业科学院、中国水产科学研究院、中国热带农业科学院等单位可参照本办法关于部门评价的规定要求，组织对所属单位承担的项目开展相关评价。

第五十六条　本办法由农业农村部计划财务司负责解释。

第五十七条　本办法自发布之日起施行。

附件：1. 项目支出绩效评价指标体系框架（参考）

　　　2. 项目支出绩效评价报告（参考提纲）

附件 1:

项目支出绩效评价指标体系框架（参考）

一级指标	二级指标	三级指标	指标解释	指标说明
决策	项目立项	立项依据充分性	项目立项是否符合法律法规、相关政策、发展规划以及农业农村部职责，用以反映和考核项目立项依据情况	评价要点： ①项目立项是否符合国家法律法规、国民经济发展规划和相关政策 ②项目立项是否符合农业行业发展规划和政策要求 ③项目立项是否与农业农村部职责范围相符，属于部门履职所需 ④项目是否属于公共财政支持范围，是否符合中央、地方事权支出责任划分原则 ⑤项目是否与农业农村部同类项目或内部相关项目重复
		立项程序规范性	项目申请、设立过程是否符合相关要求，用以反映和考核项目立项的规范情况	评价要点： ①项目是否按照规定的程序申请设立 ②审批文件、材料是否符合相关要求 ③事前是否已经过必要的可行性研究、专家论证、风险评估、绩效评估、集体决策
	绩效目标	绩效目标合理性	项目所设定的绩效目标是否依据充分，是否符合客观实际，用以反映和考核项目绩效目标与项目实施的相符情况	评价要点： ①项目是否有绩效目标 ②项目绩效目标与实际工作内容是否具有相关性 ③项目预期产出效益和效果是否符合正常的业绩水平 ④是否与预算确定的项目投资额或资金量相匹配
	绩效目标	绩效指标明确性	依据绩效目标设定的绩效指标是否清晰、细化、可衡量等，用以反映和考核项目绩效目标的明细化情况	评价要点： ①是否将项目绩效目标细化分解为具体的绩效指标 ②是否通过清晰、可衡量的指标值予以体现 ③是否与项目目标任务数或计划数相对应
决策	资金投入	预算编制科学性	项目预算编制是否经过科学论证、有明确标准，资金额度与年度目标是否相适应，用以反映和考核项目预算编制的科学性、合理性情况	评价要点： ①预算编制是否经过科学论证 ②预算内容与项目内容是否匹配 ③预算额度测算依据是否充分，是否按照标准编制 ④预算确定的项目投资额或资金量是否与工作任务相匹配
		资金分配合理性	项目预算资金分配是否有测算依据，与补助单位或地方实际是否相适应，用以反映和考核项目预算资金分配的科学性、合理性情况	评价要点： ①预算资金分配依据是否充分 ②资金分配额度是否合理，与项目单位或地方实际是否相适应

（续）

一级指标	二级指标	三级指标	指标解释	指标说明
过程	资金管理	资金到位率	实际到位资金与预算资金的比率，用以反映和考核资金落实情况对项目实施的总体保障程度	资金到位率＝（实际到位资金/预算资金)×100％ 实际到位资金：一定时期（本年度或项目期）内落实到具体项目的资金 预算资金：一定时期（本年度或项目期）内预算安排到具体项目的资金
		预算执行率	项目预算资金是否按照计划执行，用以反映或考核项目预算执行情况	预算执行率＝（实际支出资金/实际到位资金)×100％ 实际支出资金：一定时期（本年度或项目期）内项目实际拨付的资金
		资金使用合规性	项目资金使用是否符合相关的财务管理制度规定，用以反映和考核项目资金的规范运行情况	评价要点： ①是否将合国家财经法规和财务管理制度、有关专项资金管理办法以及农业农村部相关制度的规定 ②资金的拨付是否有完整的审批程序和手续 ③是否符合项目预算批复或合同规定的用途 ④是否存在截留、挤占、挪用、虚列支出等情况
	组织实施	管理制度健全性	项目实施单位的财务和业务管理制度是否健全，用以反映和考核财务和业务管理制度对项目顺利实施的保障情况	评价要点： ①是否已制定或具有相应的财务和业务管理制度 ②财务和业务管理制度是否合法、合规、完整
		制度执行有效性	项目实施是否符合相关管理规定，用以反映和考核相关管理制度的有效执行情况	评价要点： ①是否遵守相关法律法规和相关管理规定 ②项目调整及支出调整手续是否完备 ③项目合同书、验收报告、技术鉴定等资料是否齐全并及时归档 ④项目实施的人员条件、场地设备、信息支撑等是否落实到位

（续）

一级指标	二级指标	三级指标	指标解释	指标说明
产出	产出数量	实际完成率	项目实施的实际产出数与计划产出数的比率，用以反映和考核项目产出数量目标的实现程度	实际完成率＝(实际产出数/计划产出数)×100% 实际产出数：一定时期（本年度或项目期）内项目实际产出的产品或提供的服务数量 计划产出数：项目绩效目标确定的在一定时期（本年度或项目期）内计划产出的产品或提供的服务数量
	产出质量	质量达标率	项目完成的质量达标产出数与实际产出数的比率，用以反映和考核项目产出质量目标的实现程度	质量达标率＝(质量达标产出数/实际产出数)×100% 质量达标产出数：一定时期（本年度或项目期）内实际达到既定质量标准的产品或服务数量。既定质量标准是指项目实施单位设立绩效目标时依据计划标准、行业标准、历史标准或其他标准而设定的绩效指标值
	产出时效	完成及时性	项目实际完成时间与计划完成时间的比较，用以反映和考核项目产出时效目标的实现程度	实际完成时间：项目实施单位完成该项目实际所耗用的时间。计划完成时间：按照项目实施计划或相关规定完成该项目所需的时间
	产出成本	成本节约率	完成项目计划工作目标的实际节约成本与计划成本的比率，用以反映和考核项目的成本节约程度	成本节约率＝[(计划成本－实际成本)/计划成本]×100% 实际成本：项目实施单位如期、保质、保量完成既定工作目标实际所耗费的支出 计划成本：项目实施单位为完成工作目标计划安排的支出，一般以项目预算为参考
效益	项目效益	实施效益	项目实施所产生的效益	项目实施所产生的社会效益、经济效益、生态效益、可持续影响等。可根据项目实际情况有选择地设置和细化
		满意度	社会公众或服务对象对项目实施效果的满意程度	社会公众或服务对象是指因该项目实施而受到影响的部门（单位）、群体或个人。一般采取社会调查的方式

附件 2:

项目支出绩效评价报告
（参考提纲）

一、基本情况

（一）项目概况。包括项目背景、主要内容及实施情况、资金投入和使用情况等。

（二）项目绩效目标。包括总体目标和阶段性目标。

二、绩效评价工作开展情况

（一）绩效评价目的、对象和范围。

（二）绩效评价原则、评价指标体系（附表说明）、评价方法、评价标准等。

（三）绩效评价工作过程。

三、综合评价情况及评价结论（附相关评分表）

四、绩效评价指标分析

（一）项目决策情况。

（二）项目过程情况。

（三）项目产出情况。

（四）项目效益情况。

五、主要经验及做法、存在的问题及原因分析

六、有关建议

七、其他需要说明的问题

附录 20 农业农村部关于印发《农业农村部中央预算内直接投资农业建设项目管理办法》的通知

（农计财发〔2020〕18 号）

为加强和规范中央预算内投资农业建设项目管理，强化项目管理制度建设，我部制定了《农业农村部中央预算内直接投资农业建设项目管理办法》。现予以印发，请认真贯彻执行。

农业农村部

2020 年 9 月 27 日

农业农村部中央预算内直接投资农业建设项目管理办法
第一章 总 则

第一条 为加强中央预算内直接投资农业建设项目管理，规范项目建设程序和行为，推进简政放权和全面绩效管理，提高项目建设质量和投资效益，根据《政府投资条例》《中共中央、国务院关于深化投融资体制改革的意见》《中共中央 国务院关于全面实施预算绩效管理的意见》《中央预算内直接投资项目管理办法》等有关法规及文件，制定本办法。

第二条 本办法适用于农业农村部管理的以直接投资方式安排中央预算内投资的农业建设项目（以下简称"直接投资农业建设项目"）的申请、安排、实施、监督和绩效管理等工作。

直接投资，是指政府安排政府投资资金投入非经营性项目，并由政府有关机构或其指定、委托的机关、团体、事业单位等作为项目单位（法人）组织建设实施的方式。

第三条 直接投资农业建设项目的管理，应按照规划引领、程序规范、决策科学、公开透明、监督问效的原则，强化对农业农村重点领域、重点任务的集中支持，加大对贫困地区的倾斜支持。

第四条 农业农村部依据有关专项规划，编报直接投资农业建设项目投资计划，负责项目监督管理。农业农村部计划财务司是农业农村部农业投资管理的牵头部门，负责直接投资农业建设项目统筹管理。农业农村部各项目归口管理司局负责相关直接投资农业建设项目的行业监督管理。

地方各级农业农村部门负责本辖区直接投资农业建设项目的规划布局、前期工作、审核储备、编报投资计划建议及绩效目标、组织实施、监督检查和绩效管理等工作。

第五条 各级农业农村部门负责人对本辖区直接投资农业建设项目实施负领导责任。

项目单位（法人）承担项目建设主体责任，日常监管直接责任单位及监管责任人承担项目日常监管责任。

项目单位的法定代表人对项目申报、实施、质量、资金管理、绩效管理及建成后的运行等负总责。

项目勘察、设计、施工、监理等单位法定代表人在工程设计使用年限内按照各自职责对所承建项目的工程质量负终身责任。

项目单位项目负责人、勘察单位项目负责人、设计单位项目负责人、施工单位项目经理、监理单位总监理工程师等在工程设计使用年限内对所承建项目的工程质量负终身责任。

第六条　直接投资农业建设项目建设程序一般包括提出项目建议书、编制可行性研究报告、进行初步设计、施工准备、建设实施、竣工验收等阶段。重点建设项目还应当开展后评价。

第七条　除涉及国家秘密的项目外，直接投资农业建设项目应当依托全国投资项目在线审批监管平台、国家重大建设项目库和农业建设项目管理平台开展项目信息化管理，实现信息互联互通，提高管理效率。

第二章　项目前期工作

第八条　直接投资农业建设项目应当按照有关要求做好前期工作。

前期工作一般包括项目建议书、可行性研究报告、初步设计的编制、申报、评估及审批，以及列入年度计划、完成施工图设计、进行建设准备等工作。

第九条　项目单位根据建设需要提出项目建议书。项目建议书应当对项目建设的必要性、可行性、建设地点选择、建设内容、建设规模与标准、投资估算及资金筹措、绩效目标，以及经济效益、生态效益和社会效益估计等作出初步说明。

项目建议书应当由项目单位或项目单位委托具有相应能力且资信良好的工程咨询机构编写。

第十条　项目建议书批准后，项目单位在调查研究、分析论证项目技术可行性和经济合理性的基础上，进行方案比选，编制可行性研究报告。可行性研究报告编制应遵循有关编制规范要求。

可行性研究报告应当选择具有相应能力且资信良好的工程咨询机构编写。技术和工艺较为简单、投资规模较小的项目可由项目单位编写。

第十一条　项目可行性研究报告批准后，项目单位可根据项目可行性研究报告内容和审批意见，遵循有关编制规范要求，组织编制初步设计文件。

项目初步设计文件批准后，可进行施工图设计。

初步设计和施工图设计文件应当由具有相应工程设计资质的机构编制，并达到规定的深度。行业有特殊规定的，从其规定。

第十二条　项目建议书、可行性研究报告、初步设计审批前，项目审批部门应当组织评估或委托具有相应能力且资信良好的工程咨询机构开展评估。

项目审批部门应当根据评估结果，结合以往项目执行情况对项目进行审查，按照审批权限办理审批。

第十三条　项目建议书、可行性研究报告、初步设计按照以下权限进行评估和审批：地方承担的项目，由省级农业农村部门评估和审批，或由省级农业农村部门授权省级以下农业农村部门评估和审批。

农业农村部派出机构及直属单位承担的项目，由农业农村部评估和审批。超出审批限额的项目，按程序报送国家发展改革委评估和审批。

第十四条　项目可行性研究报告提出的总投资超过批准的项目建议书总投资10％，或初步设计提出的概算总投资超过批准的可行性研究报告总投资10％的，项目单位应当向项目可行性研究报告审批部门报告，项目可行性研究报告审批部门可以要求项目单位重新报送项目建议书或可行性研究报告；施工图设计提出的预算总投资超过批准的初步设计概算总投资5％的，项目单位应当向项目初步设计审批部门报告，项目初步设计审批部门可以要求项目单位重新报送初步设计。

第十五条　对下列直接投资农业建设项目，可以按照国家有关规定简化需要报批的文件和审批程序：

（一）相关规划中已经明确的项目；

（二）部分扩建、改建项目；

（三）建设内容单一、投资规模较小、技术方案简单的项目；

（四）为应对自然灾害、事故灾难、公共卫生事件、社会安全事件等突发事件需要紧急建设的项目。

具体规定在年度项目储备及申报要求中视不同项目类型进行明确。符合实行简易审批程序的村庄建设项目按照有关规定执行。

第十六条　直接投资农业建设项目应当在完成可行性研究报告审批等前期工作后，方可申请列入年度投资计划。对确需先行安排部分经费开展项目前期工作的，可视情况将项目前期工作经费列入年度投资计划。

第三章　项目投资管理

第十七条　地方承担的直接投资农业建设项目投资计划及绩效目标应当按照有关程序和要求，逐级分头报送至农业农村部和国家发展改革委。农业农村部派出机构和直属单位承担的直接投资农业建设项目投资计划建议及绩效目标由农业农村部报送国家发展改革委。

第十八条　直接投资农业建设项目投资计划应当明确项目名称、建设内容及规模、建设工期、项目总投资、年度投资额及资金来源、项目法人、日常监管直接责任单位及监管责任人等事项。

第十九条　根据国家发展改革委下达的直接投资农业建设项目投资计划、绩效目标和农业农村部下达的任务清单，省级农业农村部门应当联合发展改革部门及时将相关计划、任务、绩效目标分解下达到具体项目。

第二十条　直接投资农业建设项目实施应当形成新的固定资产和生产（业务）能力，不得将下列内容（项目）列入投资计划：

（一）投资在5万元以下（含5万元）的单台（件）或单批次设备、仪器、器具购置和单项土建工程项目；

（二）按规定由生产费用、行政费用，科研、教育、培训、技术推广及其他行政、事业、外事费用列支的项目；

（三）其他按照国家有关规定不能在政府投资中安排的项目或列支的费用。

第二十一条　直接投资农业建设项目投资原则上不得超过经核定的投资概算。项目建设过程中因客观原因确需增加投资概算的，项目单位应当提出调整方案及资金来源，按照规定程序报项目初步设计审批部门或者投资概算核定部门核定。概算调增幅度超过批复概算10%的，初步设计审批部门或者概算核定部门原则上先商请审计机构进行审计，并依据审计结果进行概算调整。

建设过程中因申报漏项、擅自提高建设标准和扩大建设规模以及管理不善等造成的超概算投资，由项目单位自行负责，一律不再追加投资。

第四章　项目实施管理

第二十二条　直接投资农业建设项目应当严格执行项目法人责任制、招投标制、监理制、合同制，并按照先勘察、后设计、再施工的原则开展工程建设。

第二十三条　直接投资农业建设项目的勘察、设计、施工、监理和与工程建设有关的重要设备、材料的采购应当根据项目批复，依照《中华人民共和国招标投标法》及其实施条例实施。

符合下列条件之一的直接投资农业建设项目必须进行招标：

（一）施工单项合同估算价在400万元人民币以上；

（二）重要设备、材料等货物的采购，单项合同估算价在200万元人民币以上；

（三）勘察、设计、监理等服务的采购，单项合同估算价在100万元人民币以上。

同一项目中可以合并进行的勘察、设计、施工、监理以及与工程建设有关的重要设备、材料等的采购，合同估算价合计达到前款规定标准的，必须招标。

项目中不是构成工程不可分割的组成部分，且不是实现工程基本功能所必需的设备、材料等购置，依照《中华人民共和国政府采购法》及其实施条例实施。

第二十四条　直接投资农业建设项目的施工、设备监造、信息化类项目实施应当依照有关规定由具备相应资质的监理单位进行监理或监造，项目单位应当严格审查监理单位资质。

土建或田间工程、定制设备、信息化类项目总投资在100万元人民币以上的，或房屋类建筑面积在1000平方米以上的直接投资农业建设项目，必须由监理单位进行监理。

第二十五条　监理单位受项目单位委托，根据法律法规、工程建设标准、勘察设计文件及合同，在施工或设备建造阶段对质量、进度、造价进行控制，对合同、信息进行管理，对建设相关方的关系进行协调，并履行安全生产管理法定职责。

项目单位可委托监理单位在建设工程勘察、设计、保修或定制设备的设计、保修等阶段提供服务。

第二十六条 直接投资农业建设项目的咨询、勘察、设计、施工、监理，设备、材料等采购应当依法订立合同，明确质量要求、权利义务和违约责任。

第二十七条 项目单位应当按规定确定施工单位，对于依法必须招标的项目，应通过招标确定。项目单位应当将工程发包给具有相应资质的施工单位，不得将工程肢解发包，不得迫使承包方以低于成本的价格竞标，不得任意压缩合理工期，监督施工单位不得转包或违法分包。

第二十八条 直接投资农业建设项目应当在第一次中央投资到位后的 6 个月内开工。因故不能按期开工的，应当向项目初步设计审批部门报告。

第二十九条 直接投资农业建设项目建设应当严格按照审批文件实施，不得擅自变更项目单位、建设地点、建设性质和招标方案。确因客观原因须做上述变更，或因建设内容、建设规模、建设标准、技术方案等变更导致项目主要使用（服务）功能发生变化的，应当按程序向项目可行性研究报告审批部门申请办理变更。

地方承担的项目需要变更的，省级农业农村部门应当会同有关部门按照"谁下达、谁调整"的原则，根据有关规定程序办理投资计划、任务清单调整等有关事项。

第三十条 项目单位应当督促勘察、设计、施工、监理和材料设备供应商等建设相关方履行职责，加强质量、投资、工期和安全控制。

项目单位应当会同监理机构监督施工单位严格按照设计图纸、施工标准和规范进行施工，督促施工单位建立健全工程质量保证体系、现场工程质量自检制度、重要结构部位和隐蔽工程质量预检复检制度。

项目单位应当建立健全设备材料质量检查制度，严禁施工单位使用不合格或不符合设计和施工规定的材料和设备。

第三十一条 项目单位应当建立健全直接投资农业建设项目资金管理制度，严格执行国家有关财务管理规定，建设资金应当按项目单独核算、专款专用，严禁转移、侵占、挪用。

直接投资农业建设项目不得由施工单位垫资建设。

第三十二条 项目单位应当按照批准文件规定的期限完成各项建设内容。

项目建成后，地方承担的项目由省级农业农村部门组织验收或授权省级以下农业农村部门验收；农业农村部派出机构及直属单位承担的项目，由项目可行性研究报告审批部门组织验收或授权验收。

第三十三条 项目建成后，应当按照国家有关规定进行竣工验收，并在竣工验收合格后及时办理竣工财务决算。

对项目建设形成的资产，应当按照国家有关资产管理规定进行管理。

第三十四条 项目单位应当按照国家有关规定建立健全项目档案，从项目提出到竣工验收各环节的文件资料，均应及时收集、整理、归档，并在项目竣工验收后，按规定将全部档案移交有关部门。

第三十五条 各级农业农村部门应当加强对建成后项目管护运行的监督管理，确保项目持续稳定发挥作用。

第五章　项目绩效管理

第三十六条　直接投资农业建设项目应当强化事前事中事后绩效管理，建立全方位、全过程、全覆盖的项目绩效管理体系。

第三十七条　各级农业农村部门组织开展本辖区直接投资农业建设项目的绩效管理工作，加强项目执行过程中的绩效监控，及时调度进展情况，确保工程质量、建设进度和资金的合理、安全使用。按照国家有关规定，应当选择有代表性的已建成项目进行后评价。

第三十八条　各级农业农村部门应当对本辖区直接投资农业建设项目绩效目标实现程度开展运行监控，指导项目单位及时纠正偏离绩效目标的问题，按照要求做好项目绩效评价工作，确保绩效目标如期保质保量实现。

第三十九条　各级农业农村部门应当加强直接投资农业建设项目绩效评价结果应用，建立激励约束机制，将绩效评价结果作为政策调整、项目安排和资金分配的重要依据。对存在违规违法问题的项目和单位，依据《政府投资条例》和有关法律规定进行处理。

第六章　附　　则

第四十条　由原农业部审批的地方项目如需变更、终止，农业农村部授权省级农业农村部门办理变更、终止手续，相关批复文件应当报农业农村部备案。

第四十一条　农田建设项目管理按照《农田建设项目管理办法》（农业农村部令 2019 年第 4 号）执行。

第四十二条　新疆生产建设兵团农业农村部门、中央直属垦区的项目管理职能参照省级农业农村部门职能管理。中央直属高校、中央直属企业承担的项目参照农业农村部直属单位项目进行管理。

第四十三条　本办法所称"以上"包括本数。

第四十四条　省级农业农村部门可根据本办法，结合本地区实际情况，细化制定具体实施办法，报农业农村部备案。

第四十五条　本办法由农业农村部负责解释。

第四十六条　本办法自发布之日起施行。

附录 21　财政部关于印发《政府会计准则制度解释第 2 号》的通知

(财会〔2019〕24 号)

党中央有关部门，国务院各部委、各直属机构，全国人大常委会办公厅，全国政协办公厅，最高人民法院，最高人民检察院，各民主党派中央，有关人民团体，各省、自治区、直辖市、计划单列市财政厅（局），新疆生产建设兵团财政局：

　　为了进一步健全和完善政府会计准则制度，确保政府会计准则制度有效实施，根据《政府会计准则—基本准则》（财政部令第 78 号），我们制定了《政府会计准则制度解释第 2 号》，现予印发，请遵照执行。执行中有何问题，请及时反馈我部。

　　附件：政府会计准则制度解释第 2 号

财政部

2019 年 12 月 17 日

附件：

政府会计准则制度解释第 2 号

一、关于归垫资金的账务处理

　　行政事业单位（以下简称单位）按规定报经财政部门审核批准，在财政授权支付用款额度或财政直接支付用款计划下达之前，用本单位实有资金账户资金垫付相关支出，再通过财政授权支付方式或财政直接支付方式将资金归还原垫付资金账户的，应当按照以下规定进行账务处理：

　　（一）用本单位实有资金账户资金垫付相关支出时，按照垫付的资金金额，借记"其他应收款"科目，贷记"银行存款"科目；预算会计不做处理。

　　（二）通过财政直接支付方式或授权支付方式将资金归还原垫付资金账户时，按照归垫的资金金额，借记"银行存款"科目，贷记"财政拨款收入"科目，并按照相同的金额，借记"业务活动费用"等科目，贷记"其他应收款"科目；同时，在预算会计中，按照相同的金额，借记"行政支出""事业支出"等科目，贷记"财政拨款预算收入"科目。

二、关于从本单位零余额账户向本单位实有资金账户划转资金的账务处理

　　单位在某些特定情况下按规定从本单位零余额账户向本单位实有资金账户划转资金用于后续相关支出的，可在"银行存款"或"资金结存—货币资金"科目下设置"财政拨款资金"明细科目，或采用辅助核算等形式，核算反映按规定从本单位零余额账户转入实有资金

账户的资金金额，并应当按照以下规定进行账务处理：

（一）从本单位零余额账户向实有资金账户划转资金时，按照划转的资金金额，借记"银行存款"科目，贷记"零余额账户用款额度"科目；同时，在预算会计中借记"资金结存—货币资金"科目，贷记"资金结存—零余额账户用款额度"科目。

（二）将本单位实有资金账户中从零余额账户划转的资金用于相关支出时，按照实际支付的金额，借记"应付职工薪酬""其他应交税费"等科目，贷记"银行存款"科目；同时，在预算会计中借记"行政支出""事业支出"等支出科目下的"财政拨款支出"明细科目，贷记"资金结存—货币资金"科目。

三、关于从财政科研项目中计提项目间接费用或管理费的账务处理

单位按规定从财政科研项目中计提项目间接费用或管理费的，应当按照以下规定进行账务处理：

（一）从财政科研项目中计提项目间接费用或管理费时，按照计提的金额，借记"业务活动费用""单位管理费用"等科目，贷记"预提费用—项目间接费用或管理费"科目；预算会计不做处理。

（二）按规定将计提的项目间接费用或管理费从本单位零余额账户划转到实有资金账户的，按照本解释"二、关于从本单位零余额账户向本单位实有资金账户划转资金的账务处理"的相关规定处理。

（三）使用计提的项目间接费用或管理费时，在财务会计下，按照实际支付的金额，借记"预提费用—项目间接费用或管理费"科目，贷记"银行存款""零余额账户用款额度""财政拨款收入"等科目。使用计提的项目间接费用或管理费购买固定资产、无形资产的，按照固定资产、无形资产的成本金额，借记"固定资产""无形资产"科目，贷记"银行存款""零余额账户用款额度""财政拨款收入"等科目；同时，按照相同的金额，借记"预提费用—项目间接费用或管理费"科目，贷记"累计盈余"科目。

同时，在预算会计下，按照实际支付的金额，借记"事业支出"等支出科目下的"财政拨款支出"明细科目，贷记"资金结存""财政拨款预算收入"科目。

四、关于事业单位按规定需将长期股权投资持有期间取得的投资收益上缴财政的账务处理

事业单位按规定需将长期股权投资持有期间取得的投资收益上缴本级财政的，应当按照以下规定进行账务处理：

（一）长期股权投资采用成本法核算的，被投资单位宣告发放现金股利或利润时，事业单位按照应收的金额，借记"应收股利"科目，贷记"投资收益"科目；收到现金股利或利润时，借记"银行存款"等科目，贷记"应缴财政款"科目，同时按照此前确定的应收股利金额，借记"投资收益"科目或"累计盈余"科目（此前确认的投资收益已经结转的），贷记"应收股利"科目；将取得的现金股利或利润上缴财政时，借记"应缴财政款"科目，贷记"银行存款"等科目。

（二）长期股权投资采用权益法核算的，被投资单位实现净利润的，按照应享有的份额，借记"长期股权投资—损益调整"科目，贷记"投资收益"科目；被投资单位宣告发放现金股利或利润时，单位按照应享有的份额，借记"应收股利"科目，贷记"长期股权投资—损益调整"科目；收到现金股利或利润时，借记"银行存款"等科目，贷记"应缴财政款"科目，同时按照此前确定的应收股利金额，借记"投资收益"科目或"累计盈余"科目（此前确认的投资收益已经结转的），贷记"应收股利"科目；将取得的现金股利或利润上缴财政时，借记"应缴财政款"科目，贷记"银行存款"等科目。

五、关于收取差旅伙食费和市内交通费的账务处理

接待单位按规定收取出差人员差旅伙食费和市内交通费并出具相关票据的，应当按照以下规定进行账务处理：

（一）单位不承担支出责任的，应当按照收到的款项金额，借记"库存现金"等科目，贷记"其他应付款"科目或"其他应收款"科目（前期已垫付资金的）；向其他会计主体转付款时，借记"其他应付款"科目，贷记"库存现金"等科目。预算会计不做处理。

（二）单位承担支出责任的，应当按照收到的款项金额，借记"库存现金"等科目，贷记相关费用科目；同时在预算会计中借记"资金结存"科目，贷记相关支出科目。

单位如因开具税务发票承担增值税等纳税义务的，按照《政府会计制度—行政事业单位会计科目和报表》（以下简称《政府会计制度》）相关规定处理。

六、关于专利权维护费的会计处理

单位应当按照《政府会计准则第4号—无形资产》规定，将依法取得的专利权确认为无形资产，并进行后续摊销。在以后年度，单位按照相关规定发生的专利权维护费，应当在发生时计入当期费用，原确定的无形资产摊销年限不据此调整。

七、关于公费医疗经费的会计处理

享受公费医疗待遇的单位从所在地公费医疗管理机构取得的公费医疗经费，应当在实际取得时计入非同级财政拨款收入（非同级财政拨款预算收入），在实际支用时计入相关费用（支出）。

八、关于单位基本建设会计有关问题

（一）关于基本建设项目会计核算主体。

基本建设项目应当由负责编报基本建设项目预决算的单位（即建设单位）作为会计核算主体。建设单位应当按照《政府会计制度》规定在相关会计科目下分项目对基本建设项目进行明细核算。

基本建设项目管理涉及多个主体难以明确识别会计核算主体的，项目主管部门应当按照《基本建设财务规则》相关规定确定建设单位。

建设项目按照规定实行代建制的，代建单位应当配合建设单位做好项目会计核算和财务管理的基础工作。

（二）关于代建制项目的会计处理。

建设项目实行代建制的，建设单位应当要求代建单位通过工程结算或年终对账确认在建工程成本的方式，提供项目明细支出、建设工程进度和项目建设成本等资料，归集"在建工程"成本，及时核算所形成的"在建工程"资产，全面核算项目建设成本等情况。有关账务处理如下：

1. 关于建设单位的账务处理

(1) 拨付代建单位工程款时，按照拨付的款项金额，借记"预付账款—预付工程款"科目，贷记"财政拨款收入""零余额账户用款额度""银行存款"等科目；同时，在预算会计中借记"行政支出""事业支出"等科目，贷记"财政拨款预算收入""资金结存"科目。

(2) 按照工程进度结算工程款或年终代建单位对账确认在建工程成本时，按照确定的金额，借记"在建工程"科目下的"建筑安装工程投资"等明细科目，贷记"预付账款—预付工程款"等科目。

(3) 确认代建管理费时，按照确定的金额，借记"在建工程"科目下的"待摊投资"明细科目，贷记"预付账款—预付工程款"等科目。

(4) 项目完工交付使用资产时，按照代建单位转来在建工程成本中尚未确认入账的金额，借记"在建工程"科目下的"建筑安装工程投资"等明细科目，贷记"预付账款—预付工程款"等科目；同时，按照在建工程成本，借记"固定资产""公共基础设施"等科目，贷记"在建工程"科目。

工程结算、确认代建费或竣工决算时涉及补付资金的，应当在确认在建工程的同时，按照补付的金额，贷记"财政拨款收入""零余额账户用款额度""银行存款"等科目；同时在预算会计中进行相应的账务处理。

2. 关于代建单位的账务处理

代建单位为事业单位的，应当设置"1615 代建项目"一级科目，并与建设单位相对应，按照工程性质和类型设置"建筑安装工程投资""设备投资""待摊投资""其他投资""待核销基建支出""基建转出投资"等明细科目，对所承担的代建项目建设成本进行会计核算，全面反映工程的资金资源消耗情况；同时，在"代建项目"科目下设置"代建项目转出"明细科目，通过工程结算或年终对账确认在建工程成本的方式，将代建项目的成本转出，体现在建设单位相应"在建工程"账上。年末，"代建项目"科目应无余额。有关账务处理规定如下：

(1) 收到建设单位拨付的建设项目资金时，按照收到的款项金额，借记"银行存款"等科目，贷记"预收账款—预收工程款"科目。预算会计不做处理。

(2) 工程项目使用资金或发生其他耗费时，按照确定的金额，借记"代建项目"科目下的"建筑安装工程投资"等明细科目，贷记"银行存款""应付职工薪酬""工程物资""累计折旧"等科目。预算会计不做处理。

(3) 按工程进度与建设单位结算工程款或年终与建设单位对账确认在建工程成本并转出时，按照确定的金额，借记"代建项目—代建项目转出"科目，贷记"代建项目"科目下的"建筑安装工程投资"等明细科目，同时，借记"预收账款—预收工程款"等科目，贷记"代建项目—代建项目转出"科目。

(4) 确认代建费收入时，按照确定的金额，借记"预收账款—预收工程款"等科目，贷记有关收入科目；同时，在预算会计中借记"资金结存"科目，贷记有关预算收入科目。

(5) 项目完工交付使用资产时，按照代建项目未转出的在建工程成本，借记"代建项目—代建项目转出"科目，贷记"代建项目"科目下的"建筑安装工程投资"等明细科目，同时，借记"预收账款—预收工程款"等科目，贷记"代建项目—代建项目转出"科目。

工程竣工决算时收到补付资金的，按照补付的金额，借记"银行存款"等科目，贷记"预收账款—预收工程款"科目。

代建单位为企业的，按照企业类会计准则制度相关规定进行账务处理。

3. 关于新旧衔接的规定

建设单位在首次执行本解释时尚未登记应确认的在建工程的，应当按照本解释规定确定的建设成本，借记"在建工程"科目，贷记"累计盈余"科目。代建单位在首次执行本解释时已将代建项目登记为在建工程的，应当按照"在建工程"科目余额，借记"累计盈余"科目，贷记"在建工程"科目。建设单位应与代建单位做好在建工程入账的协调，确保在建工程在记账上不重复、不遗漏。

（三）关于"在建工程"科目有关账务处理规定。

1. 工程交付使用时，单位应当按照合理的分配方法分配待摊投资，借记"在建工程—建筑安装工程投资、设备投资"科目，贷记"在建工程—待摊投资"科目；待摊投资中有按规定应当分摊计入转出投资价值和待核销基建支出的，还应当借记"在建工程—待核销基建支出、基建转出投资"科目，贷记"在建工程—待摊投资"科目。

2. 建设项目竣工验收交付使用时，按规定直接转入建设单位以外的会计主体的，建设单位应当按照转出的建设项目的成本，借记"在建工程—基建转出投资"科目，贷记"在建工程—建筑安装工程投资、设备投资"科目；同时，借记"无偿调拨净资产"科目，贷记"在建工程—基建转出投资"科目。

建设项目竣工验收交付使用时，按规定先转入建设单位、再无偿划拨给其他会计主体的，建设单位应当按照《政府会计制度》规定，先将在建工程转入"固定资产""公共基础设施"等科目，再按照无偿调拨资产相关规定进行账务处理。

建设单位与资产调入方应当按规定做好资产核算工作的衔接和相关会计资料的交接，确保交付使用资产在记账上不重复、不遗漏。

（四）关于基本建设项目的明细科目或辅助核算。

单位按照《政府会计制度》对基本建设项目进行会计核算的，应当通过在有关会计科目下设置与基本建设项目相关的明细科目或增加标记，或设置基建项目辅助账等方式，满足基本建设项目竣工决算报表编制的需要。

九、关于部门（单位）合并财务报表范围

（一）部门（单位）合并财务报表合并范围确定的一般原则。

按照《政府会计准则第9号—财务报表编制和列报》规定，部门（单位）合并财务报表的合并范围一般应当以财政预算拨款关系为基础予以确定。有下级预算单位的部门（单位）为合并主体，其下级预算单位为被合并主体。合并主体应当将其全部被合并主体纳入合并财务报表的合并范围。

通常情况下，纳入本部门预决算管理的行政事业单位和社会组织（包括社会团体、基金会和社会服务机构，下同）都应当纳入本部门（单位）合并财务报表范围。

（二）除满足一般原则的会计主体外，以下会计主体也应当纳入部门（单位）合并财务报表范围：

1. 部门（单位）所属的未纳入部门预决算管理的事业单位。

2. 部门（单位）所属的纳入企业财务管理体系执行企业类会计准则制度的事业单位。

3. 财政部规定的应当纳入部门（单位）合并财务报表范围的其他会计主体。

（三）以下会计主体不纳入部门（单位）合并财务报表范围：

1. 部门（单位）所属的企业，以及所属企业下属的事业单位。

2. 与行政机关脱钩的行业协会商会。

3. 部门（单位）财务部门按规定单独建账核算的会计主体，如工会经费、党费、团费和土地储备资金、住房公积金等资金（基金）会计主体。

4. 挂靠部门（单位）的没有财政预算拨款关系的社会组织以及非法人性质的学术团体、研究会等。

单位内部非法人独立核算单位的核算及合并问题，按照《政府会计制度》及相关补充规定执行。

十、关于工会系统适用的会计制度

县级及以上总工会和基层工会组织应当执行《工会会计制度》（财会〔2009〕7 号），工会所属事业单位应当执行政府会计准则制度，工会所属企业应当执行企业类会计准则制度，挂靠工会管理的社会团体应当按规定执行《民间非营利组织会计制度》（财会〔2004〕7 号，下同）。

十一、关于纳入部门预决算管理的社会组织适用的会计制度

纳入部门预决算管理的社会组织，原执行《事业单位会计制度》（财会〔2012〕22 号）的，应当自 2019 年 1 月 1 日起执行政府会计准则制度；原执行《民间非营利组织会计制度》的，仍然执行《民间非营利组织会计制度》。

十二、关于本解释生效日期及新旧衔接规定

本解释第一至第八项自 2020 年 1 月 1 日起施行，允许单位提前采用；第九项适用于 2019 年度及以后期间的财务报表；第十项、十一项自 2019 年 1 月 1 日起施行。

本解释除第八项（二）以外，其余各项首次施行时均采用未来适用法。

附录 22　关于印发《政府会计制度——行政事业单位会计科目和报表》与《行政单位会计制度》《事业单位会计制度》有关衔接问题处理规定的通知

（财会〔2018〕3 号）

党中央有关部门，国务院各部委、各直属机构，全国人大常委会办公厅，全国政协办公厅，高法院，高检院，各民主党派中央，有关人民团体，各省、自治区、直辖市、计划单列市财政厅（局），新疆生产建设兵团财政局：

《政府会计制度——行政事业单位会计科目和报表》（财会〔2017〕25 号）自 2019 年 1 月 1 日起施行。为了确保新旧制度顺利衔接、平稳过渡，促进新制度的有效贯彻实施，我部制定了《〈政府会计制度——行政事业单位会计科目和报表〉与〈行政单位会计制度〉有关衔接问题的处理规定》和《〈政府会计制度——行政事业单位会计科目和报表〉与〈事业单位会计制度〉有关衔接问题的处理规定》，现印发给你们，请遵照执行。

执行中有何问题，请及时反馈我部。

附件：

1.《政府会计制度——行政事业单位会计科目和报表》与《行政单位会计制度》有关衔接问题的处理规定

2.《政府会计制度——行政事业单位会计科目和报表》与《事业单位会计制度》有关衔接问题的处理规定

财政部

2018 年 2 月 1 日

附件 1：

《政府会计制度——行政事业单位会计科目和报表》与《行政单位会计制度》有关衔接问题的处理规定

我部于 2017 年 10 月 24 日印发了《政府会计制度——行政事业单位会计科目和报表》（财会〔2017〕25 号，以下简称"新制度"）。目前执行《行政单位会计制度》（财库〔2013〕218 号，以下简称原制度）的单位，自 2019 年 1 月 1 日起执行新制度，不再执行原制度。为了确保新旧会计制度顺利过渡，现对单位执行新制度的有关衔接问题规定如下：

一、新旧制度衔接总要求

（一）自 2019 年 1 月 1 日起，单位应当严格按照新制度的规定进行会计核算、编制财务报表和预算会计报表。

（二）单位应当按照本规定做好新旧制度衔接的相关工作，主要包括以下几个方面：

1. 根据原账编制 2018 年 12 月 31 日的科目余额表，并按照本规定要求，编制原账的部分科目余额明细表（见附表 1、附表 2）。

2. 按照新制度设立 2019 年 1 月 1 日的新账。

3. 按照本规定要求，登记新账的财务会计科目余额和预算结余科目余额，包括将原账科目余额转入新账财务会计科目、按照原账科目余额登记新账预算结余科目（行政单位新旧会计制度转账、登记新账科目对照表见附表 3），将未入账事项登记新账科目，并对相关新账科目余额进行调整。原账科目是指按照原制度规定设置的会计科目。

4. 按照登记及调整后新账的各会计科目余额，编制 2019 年 1 月 1 日的科目余额表，作为新账各会计科目的期初余额。

5. 根据新账各会计科目期初余额，按照新制度编制 2019 年 1 月 1 日资产负债表。

（三）及时调整会计信息系统。单位应当按照新制度要求对原有会计信息系统进行及时更新和调试，实现数据正确转换，确保新旧账套的有序衔接。

二、财务会计科目的新旧衔接

（一）将 2018 年 12 月 31 日原账会计科目余额转入新账财务会计科目

1. 资产类

（1）"库存现金""零余额账户用款额度""财政应返还额度""应收账款""预付账款""无形资产""公共基础设施""政府储备物资""受托代理资产""待处理财产损溢"科目

新制度设置了"库存现金""零余额账户用款额度""财政应返还额度""应收账款""预付账款""无形资产""公共基础设施""政府储备物资""受托代理资产""待处理财产损溢"科目，其核算内容与原账的上述相应科目的核算内容基本相同。转账时，单位应当将原账的上述科目余额直接转入新账的相应科目。其中，还应当将原账的"库存现金"科目余额中属于新制度规定受托代理资产的金额，转入新账"库存现金"科目下的"受托代理资产"明细科目。

（2）"银行存款"科目

新制度设置了"银行存款"和"其他货币资金"科目，原制度设置了"银行存款"科目。转账时，单位应当将原账"银行存款"科目中核算的属于新制度规定的其他货币资金的金额，转入新账的"其他货币资金"科目；将原账"银行存款"科目余额减去其中属于其他货币资金金额后的差额，转入新账的"银行存款"科目。其中，还应当将原账"银行存款"科目余额中属于新制度规定受托代理资产的金额，转入新账"银行存款"科目下的"受托代理资产"明细科目。

（3）"其他应收款"科目

新制度设置了"其他应收款"科目，该科目的核算内容与原账"其他应收款"科目的核算内容基本相同。转账时，单位应当将原账的"其他应收款"科目余额转入新账的"其他应收款"科目。

新制度设置了"在途物品"科目，单位在原账的"其他应收款"科目中核算了已经付款、尚未收到物资的，应当将原账的"其他应收款"科目余额中已经付款、尚未收到物资的金额，转入新账的"在途物品"科目。

(4)"存货"科目

新制度设置了"库存物品"和"加工物品"科目，原制度设置了"存货"科目。转账时，单位应当将原账的"存货—委托加工存货成本"科目余额转入新账的"加工物品"科目；将原账的"存货"科目余额减去属于委托加工存货成本余额后的差额，转入新账的"库存物品"科目。

单位在原账的"存货"科目中核算了按照新制度规定的政府储备物资的，应当将原账的"存货"科目余额中属于政府储备物资的金额，转入新账的"政府储备物资"科目。

(5)"固定资产"科目

新制度设置了"固定资产""公共基础设施""政府储备物资""文物文化资产""保障性住房"科目。单位在原账"固定资产"科目中只核算了按照新制度规定的固定资产内容的，转账时，应当将原账的"固定资产"科目余额全部转入新账的"固定资产"科目。单位在原账的"固定资产"科目中核算了按照新制度规定应当记入"公共基础设施""政府储备物资""文物文化资产""保障性住房"科目内容的，转账时，应当将原账的"固定资产"科目余额中相应资产的账面余额，分别转入新账的"公共基础设施""政府储备物资""文物文化资产""保障性住房"科目，并将原账的"固定资产"科目余额减去上述金额后的差额，转入新账的"固定资产"科目。

(6)"累计折旧"科目

新制度设置了"固定资产累计折旧"科目，该科目的核算内容与原账"累计折旧—固定资产累计折旧"科目的核算内容基本相同。单位已经计提了固定资产折旧并记入"累计折旧—固定资产累计折旧"科目的，转账时，应当将原账的"累计折旧—固定资产累计折旧"科目余额，转入新账的"固定资产累计折旧"科目。

新制度设置了"公共基础设施累计折旧（摊销）"科目，该科目的核算内容与原账"累计折旧—公共基础设施累计折旧"科目的核算内容基本相同。单位已经计提了公共基础设施折旧并记入"累计折旧—公共基础设施累计折旧"科目的，转账时，应当将原账的"累计折旧—公共基础设施累计折旧"科目余额，转入新账的"公共基础设施累计折旧（摊销）"科目。

单位在原账的"固定资产"科目中核算了按照新制度规定应当记入"公共基础设施""保障性住房"科目的内容，且已经计提了固定资产折旧并记入"累计折旧—固定资产累计折旧"科目的，转账时，应当将原账的"累计折旧—固定资产累计折旧"科目余额中属于公共基础设施累计折旧（摊销）、保障性住房累计折旧的金额，分别转入新账的"公共基础设施累计折旧（摊销）""保障性住房累计折旧"科目。

(7)"在建工程"科目

新制度设置了"在建工程""工程物资"和"预付账款—预付备料款、预付工程款"科目，原制度设置了"在建工程"科目。转账时，单位应当将原账的"在建工程"科目余额（基建"并账"后的金额，下同）中属于工程物资的金额，转入新账的"工程物资"科目；将原账"在建工程"科目余额中属于预付备料款、预付工程款的金额，转入新账"预付账款"相关明细科目；将原账的"在建工程"科目余额减去工程物资和预付备料款、预付工程款金额后的差额，转入新账的"在建工程"科目。

（8）"累计摊销"科目

新制度设置了"无形资产累计摊销"科目，该科目的核算内容与原账"累计摊销"科目的核算内容基本相同。单位已经计提了无形资产摊销的，转账时，应当将原账的"累计摊销"科目余额，转入新账的"无形资产累计摊销"科目。

2. 负债类

（1）"应缴财政款""应付职工薪酬""应付政府补贴款""其他应付款""长期应付款""受托代理负债"科目

新制度设置了"应缴财政款""应付职工薪酬""应付政府补贴款""其他应付款""长期应付款""受托代理负债"科目，其核算内容与原账的上述相应科目的核算内容基本相同。转账时，单位应当将原账的上述科目余额直接转入新账的相应科目。

（2）"应缴税费"科目

新制度设置了"应交增值税""其他应交税费"科目，原制度设置了"应缴税费"科目。转账时，单位应当将原账的"应缴税费—应缴增值税"科目余额转入新账"应交增值税"科目中的相关明细科目；将原账的"应缴税费"科目余额减去属于应交增值税余额后的差额，转入新账的"其他应交税费"科目。

（3）"应付账款"科目

新制度设置了"应付账款"科目，该科目的核算内容与原账"应付账款"科目的核算内容基本相同，但是不再核算应付质量保证金，应付质量保证金改在新账的"其他应付款"科目核算。转账时，单位应当将原账的"应付账款"科目余额中属于尚未支付质量保证金的余额，转入新账的"其他应付款"科目；将原账的"应付账款"科目余额减去其中属于尚未支付质量保证金的余额后的差额，转入新账的"应付账款"科目。

3. 净资产类

（1）"财政拨款结转""财政拨款结余""其他资金结转结余"科目

新制度设置了"累计盈余"科目，该科目的余额包含了原账的"财政拨款结转""财政拨款结余""其他资金结转结余"科目的余额内容。转账时，单位应当将原账的"财政拨款结转""财政拨款结余""其他资金结转结余"科目余额，转入新账的"累计盈余"科目。

（2）"资产基金""待偿债净资产"科目

依据新制度，单位无需对原制度中"资产基金""待偿债净资产"科目对应的内容进行核算。转账时，单位应当将原账"资产基金"科目贷方余额转入新账的"累计盈余"科目贷方，将原账的"待偿债净资产"科目借方余额转入新账的"累计盈余"科目借方。

4. 收入类、支出类

由于原账中收入类、支出类科目年末无余额，单位无需进行转账处理。自 2019 年 1 月

1 日起，单位应当按照新制度设置收入类、费用类科目并进行账务处理。

单位存在其他本规定未列举的原账科目余额的，应当比照本规定转入新账的相应科目。新账科目设有明细科目的，应当对原账中对应科目的余额加以分析，分别转入新账中相应科目的相关明细科目。

单位在进行新旧衔接的转账时，应当编制转账的工作分录，作为转账的工作底稿，并将转入新账的对应原账户余额及分拆原账户余额的依据作为原始凭证。

（二）将原未入账事项登记新账财务会计科目

1. 在途物品、政府储备物资、公共基础设施、文物文化资产、保障性住房

单位在新旧制度转换时，应当将 2018 年 12 月 31 日前未入账的在途物品、政府储备物资、公共基础设施、文物文化资产、保障性住房按照新制度规定记入新账。登记新账时，按照确定的在途物品、政府储备物资、公共基础设施、文物文化资产、保障性住房初始入账成本，分别借记"在途物品""政府储备物资""公共基础设施""文物文化资产""保障性住房"科目，贷记"累计盈余"科目。

单位对于登记新账时首次确认的公共基础设施、保障性住房，应当于 2019 年 1 月 1 日以后，按照其在登记新账时确定的成本和尚可使用年限计提折旧（摊销）。

2. 受托代理资产

单位在新旧制度转换时，应当将 2018 年 12 月 31 日前未入账的受托代理物资按照新制度规定记入新账。登记新账时，按照确定的受托代理物资成本，借记"受托代理资产"科目，贷记"受托代理负债"科目。

3. 盘盈资产

单位在新旧制度转换时，应当将 2018 年 12 月 31 日前未入账的盘盈资产按照新制度规定记入新账。登记新账时，按照确定的盘盈资产及其成本，分别借记有关资产科目，按照盘盈资产成本的合计金额，贷记"累计盈余"科目。

4. 预计负债

单位在新旧制度转换时，应当将 2018 年 12 月 31 日按照新制度规定确认的预计负债记入新账。登记新账时，按照确定的预计负债金额，借记"累计盈余"科目，贷记"预计负债"科目。

单位存在 2018 年 12 月 31 日前未入账的其他事项的，应当比照本规定登记新账的相应科目。

单位对新账的财务会计科目补记未入账事项时，应当编制记账凭证，并将补充登记事项的确认依据作为原始凭证。

（三）对新账的相关财务会计科目余额按照新制度规定的核算基础进行调整

1. 补提折旧

单位在原账中尚未计提固定资产折旧、公共基础设施折旧（摊销）的，应当全面核查截至 2018 年 12 月 31 日固定资产、公共基础设施的预计使用年限、已使用年限、尚可使用年限等，并按照新制度规定于 2019 年 1 月 1 日对尚未计提折旧的固定资产、公共基础设施补提折旧，按照应计提的折旧金额，借记"累计盈余"科目，贷记"固定资产累计折旧""公

共基础设施累计折旧（摊销）"科目。

单位在原账的"固定资产"科目中核算了按照新制度规定应当记入"公共基础设施""保障性住房"科目内容的，应当比照前款规定补提公共基础设施折旧（摊销）、保障性住房折旧，按照应计提的折旧（摊销）金额，借记"累计盈余"科目，贷记"公共基础设施累计折旧（摊销）""保障性住房累计折旧"科目。

2. 补提摊销

单位在原账中尚未计提无形资产摊销的，应当全面核查截至 2018 年 12 月 31 日无形资产的预计使用年限、已使用年限、尚可使用年限等，并按照新制度规定于 2019 年 1 月 1 日对尚未摊销的无形资产补提摊销，按照应计提的摊销金额，借记"累计盈余"科目，贷记"无形资产累计摊销"科目。

单位对新账的财务会计科目期初余额进行调整时，应当编制记账凭证，并将调整事项的确认依据作为原始凭证。

三、预算会计科目的新旧衔接

（一）"财政拨款结转"和"财政拨款结余"科目及对应的"资金结存"科目余额

新制度设置了"财政拨款结转""财政拨款结余"科目及对应的"资金结存"科目。在新旧制度转换时，单位按照新制度规定将原账其他应收款中的预付款项计入预算支出的，应当对原账的"财政拨款结转"科目余额进行逐项分析，按照减去已经支付财政资金尚未计入预算支出（如其他应收款中的预付款项等）的金额后的差额，登记新账的"财政拨款结转"科目及其明细科目贷方；按照原账的"财政拨款结余"科目余额，登记新账的"财政拨款结余"科目及其明细科目贷方。

单位应当按照原账的"财政应返还额度"科目余额登记新账的"资金结存—财政应返还额度"科目借方；按照新账的"财政拨款结转"和"财政拨款结余"科目贷方余额合计数，减去新账的"资金结存—财政应返还额度"科目借方余额后的差额，登记新账的"资金结存—货币资金"科目的借方。

（二）"非财政拨款结转"科目及对应的"资金结存"科目余额

新制度设置了"非财政拨款结转"科目及对应的"资金结存"科目。在新旧制度转换时，单位按照新制度规定将原账其他应收款中的预付款项计入预算支出的，应当对原账的"其他资金结转结余—项目结转"科目余额进行逐项分析，按照减去已经支付非财政拨款专项资金尚未计入预算支出（如其他应收款中的预付款项等）的金额后的差额，登记新账的"非财政拨款结转"科目及其明细科目贷方；同时，按照相同的金额登记新账的"资金结存—货币资金"科目借方。

（三）"非财政拨款结余"科目及对应的"资金结存"科目余额

1. 登记"非财政拨款结余"科目余额

新制度设置了"非财政拨款结余"科目及对应的"资金结存"科目。在新旧制度转换时，单位应当按照原账的"其他资金结转结余—非项目结余"科目余额，借记新账的"资金结存—货币资金"科目，贷记新账的"非财政拨款结余"科目。

2. 对新账"非财政拨款结余"科目及"资金结存"科目余额进行调整

单位按照新制度规定将原账其他应收款中的预付款项计入预算支出的，应当对原账的"其他应收款"科目余额进行分析，区分其中预付款项的金额（将来很可能列支）和非预付款项的金额，并对预付款项的金额划分为财政拨款资金预付的金额、非财政拨款专项资金预付的金额和非财政拨款非专项资金预付的金额，按照非财政拨款非专项资金预付的金额，借记新账的"非财政拨款结余"科目，贷记新账的"资金结存—货币资金"科目。

（四）预算收入类、预算支出类会计科目

由于预算收入类、预算支出类会计科目年初无余额，在新旧制度转换时，单位无需对预算收入类、预算支出类会计科目进行新账年初余额登记。

单位应当自 2019 年 1 月 1 日起，按照新制度设置预算收入类、预算支出类科目并进行账务处理。

单位存在 2018 年 12 月 31 日前需要按照新制度预算会计核算基础调整预算会计科目期初余额的其他事项的，应当比照本规定调整新账的相应预算会计科目期初余额。

单位对预算会计科目的期初余额登记和调整，应当编制记账凭证，并将期初余额登记和调整的依据作为原始凭证。

四、财务报表和预算会计报表的新旧衔接

（一）编制 2019 年 1 月 1 日资产负债表

单位应当根据 2019 年 1 月 1 日新账的财务会计科目余额，按照新制度编制 2019 年 1 月 1 日资产负债表（仅要求填列各项目"年初余额"）。

（二）2019 年度财务报表和预算会计报表的编制

单位应当按照新制度规定编制 2019 年财务报表和预算会计报表。在编制 2019 年度收入费用表、净资产变动表、现金流量表和预算收入支出表、预算结转结余变动表时，不要求填列上年比较数。

单位应当根据 2019 年 1 月 1 日新账财务会计科目余额，填列 2019 年净资产变动表各项目的"上年年末余额"；根据 2019 年 1 月 1 日新账预算会计科目余额，填列 2019 年预算结转结余变动表的"年初预算结转结余"项目和财政拨款预算收入支出表的"年初财政拨款结转结余"项目。

五、其他事项

（一）截至 2018 年 12 月 31 日尚未进行基建"并账"的单位，应当首先参照《新旧行政单位会计制度有关衔接问题的处理规定》（财库〔2013〕219 号），将基建账套相关数据并入 2018 年 12 月 31 日原账中的相关科目余额，再按照本规定将 2018 年 12 月 31 日原账相关会计科目余额转入新账相应科目。

（二）2019 年 1 月 1 日前执行新制度的单位，应当参照本规定做好新旧制度衔接工作。

附表 1：

行政单位原会计科目余额明细表一

总账科目	明细分类	金额	备注
库存现金	库存现金		
	其中：受托代理现金		
银行存款	银行存款		
	其中：受托代理银行存款		
	其他货币资金		
其他应收款	在途物资		已经付款，尚未收到物资
	其他		
存货	在加工存货		
	非在加工存货		
	政府储备物资		
固定资产	固定资产		
	公共基础设施		
	政府储备物资		
	文物文化资产		
	保障性住房		
累计折旧	固定资产累计折旧		
	公共基础设施累计折旧		
	保障性住房累计折旧		
在建工程	在建工程		
	工程物资		
	预付工程款、预付备料款		
应缴税费	应交增值税		
	其他应交税费		
应付账款	应付质量保证金		购置固定资产、完成在建工程等扣留的质量保证金
	其他		

附件 2：

《政府会计制度——行政事业单位会计科目和报表》与《事业单位会计制度》有关衔接问题的处理规定

我部于 2017 年 10 月 24 日印发了《政府会计制度——行政事业单位会计科目和报表》（财会〔2017〕25 号，以下简称新制度）。目前执行《事业单位会计制度》（财会〔2012〕22 号，以下简称原制度）的单位，自 2019 年 1 月 1 日起执行新制度，不再执行原制度。为了确保新旧会计制度顺利过渡，现对单位执行新制度的有关衔接问题规定如下：

一、新旧制度衔接总要求

（一）自 2019 年 1 月 1 日起，单位应当严格按照新制度的规定进行会计核算、编制财务报表和预算会计报表。

（二）单位应当按照本规定做好新旧制度衔接的相关工作，主要包括以下几个方面：

1. 根据原账编制 2018 年 12 月 31 日的科目余额表，并按照本规定要求，编制原账的部分科目余额明细表（参见附表 1、附表 2）。

2. 按照新制度设立 2019 年 1 月 1 日的新账。

3. 按照本规定要求，登记新账的财务会计科目余额和预算结余科目余额，包括将原账科目余额转入新账财务会计科目、按照原账科目余额登记新账预算结余会计科目（事业单位新旧会计制度转账、登记新账科目对照表见附表 3），将未入账事项登记新账科目，并对相关新账科目余额进行调整。原账科目是指按照原制度规定设置的会计科目。

4. 按照登记及调整后新账的各会计科目余额，编制 2019 年 1 月 1 日的科目余额表，作为新账各会计科目的期初余额。

5. 根据新账各会计科目期初余额，按照新制度编制 2019 年 1 月 1 日资产负债表。

（三）及时调整会计信息系统。单位应当按照新制度要求对原有会计信息系统进行及时更新和调试，实现数据正确转换，确保新旧账套的有序衔接。

二、财务会计科目的新旧衔接

（一）将 2018 年 12 月 31 日原账会计科目余额转入新账财务会计科目

1. 资产类

（1）"库存现金""零余额账户用款额度""财政应返还额度""短期投资""应收票据""应收账款""预付账款""无形资产"科目。

新制度设置了"库存现金""零余额账户用款额度""财政应返还额度""短期投资""应收票据""应收账款""预付账款""无形资产"科目，其核算内容与原账的上述相应科目的核算内容基本相同。转账时，单位应当将原账的上述科目余额直接转入新账的相应科目。其中，还应当将原账的"库存现金"科目余额中属于新制度规定受托代理资产的金额，转入新账"库存现金"科目下的"受托代理资产"明细科目。

（2）"银行存款"科目

新制度设置了"银行存款"和"其他货币资金"科目，原制度设置了"银行存款"科目。转账时，单位应当将原账"银行存款"科目中核算的属于新制度规定的其他货币资金的金额，转入新账"其他货币资金"科目；将原账"银行存款"科目余额减去其中属于其他货币资金余额后的差额，转入新账的"银行存款"科目。其中，还应当将原账的"银行存款"科目余额中属于新制度规定受托代理资产的金额，转入新账"银行存款"科目下的"受托代理资产"明细科目。

（3）"其他应收款"科目

新制度设置了"其他应收款"科目，该科目的核算内容与原账"其他应收款"科目的核算内容基本相同。转账时，单位应当将原账的"其他应收款"科目余额，转入新账的"其他应收款"科目。

新制度设置了"在途物品"科目，单位在原账"其他应收款"科目中核算了已经付款或开出商业汇票、尚未收到物资的，应当将原账的"其他应收款"科目余额中已经付款或开出商业汇票、尚未收到物资的金额，转入新账的"在途物品"科目。

（4）"存货"科目

新制度设置了"库存物品""加工物品"科目，原制度设置了"存货"科目。转账时，单位应当将原账的"存货"科目余额中属于在加工存货的金额，转入新账的"加工物品"科目；将原账的"存货"科目余额减去属于在加工存货的金额后的差额，转入新账的"库存物品"科目。

单位在原账的"存货"科目中核算了属于新制度规定的工程物资、政府储备物资、受托代理物资的，应当将原账的"存货"科目余额中属于工程物资、政府储备物资、受托代理物资的金额，分别转入新账的"工程物资""政府储备物资""受托代理资产"科目。

（5）"长期投资"科目

新制度设置了"长期股权投资"和"长期债券投资"科目，原制度设置了"长期投资"科目。转账时，单位应当将原账的"长期投资"科目余额中属于股权投资的金额，转入新账的"长期股权投资"科目及其明细科目；将原账的"长期投资"科目余额中属于债券投资的金额，转入新账的"长期债券投资"科目及其明细科目。

（6）"固定资产"科目

新制度设置了"固定资产""公共基础设施""政府储备物资""文物文化资产""保障性住房"科目。单位在原账"固定资产"科目中只核算了按照新制度规定的固定资产内容的，转账时，应当将原账的"固定资产"科目余额全部转入新账的"固定资产"科目。单位在原账的"固定资产"科目中核算了按照新制度规定应当记入"公共基础设施""政府储备物资""文物文化资产""保障性住房"科目内容的，转账时，应当将原账的"固定资产"科目余额中相应资产的账面余额，分别转入新账的"公共基础设施""政府储备物资""文物文化资产""保障性住房"科目，并将原账的"固定资产"科目余额减去上述金额后的差额，转入新账的"固定资产"科目。

（7）"累计折旧"科目

新制度设置了"固定资产累计折旧"科目，该科目的核算内容与原账"累计折旧"科目的核算内容基本相同。单位已经计提了固定资产折旧并记入"累计折旧"科目的，转账时，应当将原账的"累计折旧"科目余额，转入新账的"固定资产累计折旧"科目。

新制度设置了"公共基础设施累计折旧（摊销）"和"保障性住房累计折旧"科目，单位在原账的"固定资产"科目中核算了按照新制度规定应当记入"公共基础设施""保障性住房"科目的内容，且已经计提了固定资产折旧的，转账时，应当将原账的"累计折旧"科目余额中属于公共基础设施累计折旧（摊销）、保障性住房累计折旧的金额，分别转入新账的"公共基础设施累计折旧（摊销）""保障性住房累计折旧"科目。

（8）"在建工程"科目

新制度设置了"在建工程"和"预付账款—预付备料款、预付工程款"科目，原制度设置了"在建工程"科目。转账时，单位应当将原账的"在建工程"科目余额（基建"并账"后的金额，下同）中属于预付备料款、预付工程款的金额，转入新账"预付账款"相关明细科目；将原账的"在建工程"科目余额减去预付备料款、预付工程款金额后的差额，转入新账的"在建工程"科目。

单位在原账"在建工程"科目中核算了按照新制度规定应当记入"工程物资"科目内容的，应当将原账"在建工程"科目余额中属于工程物资的金额，转入新账的"工程物资"科目。

（9）"累计摊销"科目

新制度设置了"无形资产累计摊销"科目，该科目的核算内容与原账"累计摊销"科目的核算内容基本相同。单位已经计提了无形资产摊销的，转账时，应当将原账的"累计摊销"科目余额，转入新账的"无形资产累计摊销"科目。

（10）"待处置资产损溢"科目

新制度设置了"待处理财产损溢"科目，该科目的核算内容与原账"待处置资产损溢"科目的核算内容基本相同。转账时，单位应当将原账的"待处置资产损溢"科目余额，转入新账的"待处理财产损溢"科目。

2. 负债类

（1）"短期借款""应付职工薪酬""应付票据""应付账款""预收账款""长期借款""长期应付款"科目

新制度设置了"短期借款""应付职工薪酬""应付票据""应付账款""预收账款""长期借款""长期应付款"科目，这些科目的核算内容与原账的上述相应科目的核算内容基本相同。转账时，单位应当将原账的上述科目余额直接转入新账的相应科目。

（2）"应缴税费"科目

新制度设置了"应交增值税"和"其他应交税费"科目，原制度设置了"应缴税费"科目。转账时，单位应当将原账的"应缴税费—应缴增值税"科目余额，转入新账"应交增值税"中的相关明细科目；将原账的"应缴税费"科目余额减去属于应缴增值税余额后的差额，转入新账的"其他应交税费"科目。

（3）"应缴国库款""应缴财政专户款"科目

新制度设置了"应缴财政款"科目，原制度设置了"应缴国库款""应缴财政专户款"科目。转账时，单位应当将原账的"应缴国库款""应缴财政专户款"科目余额，转入新账的"应缴财政款"科目。

（4）"其他应付款"科目

新制度设置了"其他应付款"科目，该科目的核算内容与原账"其他应付款"科目的核算内容基本相同。转账时，单位应当将原账的"其他应付款"科目余额，转入新账的"其他应付款"科目。其中，单位在原账的"其他应付款"科目中核算了属于新制度规定的受托代理负债的，应当将原账的"其他应付款"科目余额中属于受托代理负债的余额，转入新账的"受托代理负债"科目。

3. 净资产类

（1）"事业基金"科目

新制度设置了"累计盈余"科目，该科目的核算内容包含了原账"事业基金"科目的核算内容。转账时，单位应当将原账的"事业基金"科目余额转入新账的"累计盈余"科目。

（2）"非流动资产基金"科目

依据新制度，无需对原制度中"非流动资产基金"科目对应内容进行核算。转账时，单位应当将原账的"非流动资产基金"科目余额转入新账的"累计盈余"科目。

（3）"专用基金"科目

新制度设置了"专用基金"科目，该科目的核算内容与原账"专用基金"科目的核算内容基本相同。转账时，单位应当将原账的"专用基金"科目余额转入新账的"专用基金"科目。

（4）"财政补助结转""财政补助结余""非财政补助结转"科目

新制度设置了"累计盈余"科目，该科目的余额包含了原账的"财政补助结转""财政补助结余""非财政补助结转"科目的余额内容。转账时，单位应当将原账的"财政补助结转""财政补助结余""非财政补助结转"科目余额，转入新账的"累计盈余"科目。

（5）"经营结余"科目

新制度设置了"本期盈余"科目，该科目的核算内容包含了原账"经营结余"科目的核算内容。新制度规定"本期盈余"科目余额最终转入"累计盈余"科目，如果原账的"经营结余"科目有借方余额，转账时，单位应当将原账的"经营结余"科目借方余额，转入新账的"累计盈余"科目借方。

（6）"事业结余""非财政补助结余分配"科目

由于原账的"事业结余""非财政补助结余分配"科目年末无余额，这两个科目无需进行转账处理。

4. 收入类、支出类

由于原账中收入类、支出类科目年末无余额，无需进行转账处理。自2019年1月1日起，单位应当按照新制度设置收入类、费用类科目并进行账务处理。

单位存在其他本规定未列举的原账科目余额的，应当比照本规定转入新账的相应科目。新账的科目设有明细科目的，应将原账中对应科目的余额加以分析，分别转入新账中相应科目的相关明细科目。

单位在进行新旧衔接的转账时，应当编制转账的工作分录，作为转账的工作底稿，并将转入新账的对应原账户余额及分拆原账户余额的依据作为原始凭证。

（二）将原未入账事项登记新账财务会计科目

1. 应收账款、应收股利、在途物品

单位在新旧制度转换时，应当将 2018 年 12 月 31 日前未入账的应收账款、应收股利、在途物品按照新制度规定记入新账。登记新账时，按照确定的入账金额，分别借记"应收账款""应收股利""在途物品"科目，贷记"累计盈余"科目。

2. 公共基础设施、政府储备物资、文物文化资产、保障性住房

单位在新旧制度转换时，应当将 2018 年 12 月 31 日前未入账的公共基础设施、政府储备物资、文物文化资产、保障性住房按照新制度规定记入新账。登记新账时，按照确定的初始入账成本，分别借记"公共基础设施""政府储备物资""文物文化资产""保障性住房"科目，贷记"累计盈余"科目。

单位对于登记新账时首次确认的公共基础设施、保障性住房，应当于 2019 年 1 月 1 日以后，按照其在登记新账时确定的成本和剩余折旧（摊销）年限计提折旧（摊销）。

3. 受托代理资产

单位在新旧制度转换时，应当将 2018 年 12 月 31 日前未入账的受托代理资产按照新制度规定记入新账。登记新账时，按照确定的受托代理资产入账成本，借记"受托代理资产"科目，贷记"受托代理负债"科目。

4. 盘盈资产

单位在新旧制度转换时，应当将 2018 年 12 月 31 日前未入账的盘盈资产按照新制度规定记入新账。登记新账时，按照确定的盘盈资产及其成本，分别借记有关资产科目，按照盘盈资产成本的合计金额，贷记"累计盈余"科目。

5. 预计负债

单位在新旧制度转换时，应当将 2018 年 12 月 31 日按照新制度规定确认的预计负债记入新账。登记新账时，按照确定的预计负债金额，借记"累计盈余"科目，贷记"预计负债"科目。

6. 应付质量保证金

单位在新旧制度转换时，应当将 2018 年 12 月 31 日前未入账的应付质量保证金按照新制度规定记入新账。登记新账时，按照确定未入账的应付质量保证金金额，借记"累计盈余"科目，贷记"其他应付款"科目［扣留期在 1 年以内（含 1 年）］、"长期应付款"科目（扣留期超过 1 年）。

单位存在 2018 年 12 月 31 日前未入账的其他事项的，应当比照本规定登记新账的相应科目。

单位对新账的财务会计科目补记未入账事项时，应当编制记账凭证，并将补充登记事项的确认依据作为原始凭证。

（三）对新账的相关财务会计科目余额按照新制度规定的会计核算基础进行调整

1. 计提坏账准备

新制度要求对单位收回后无需上缴财政的应收账款和其他应收款提取坏账准备。在新旧

制度转换时，单位应当按照 2018 年 12 月 31 日无需上缴财政的应收账款和其他应收款的余额计算应计提的坏账准备金额，借记"累计盈余"科目，贷记"坏账准备"科目。

2. 按照权益法调整长期股权投资账面余额

对按照新制度规定应当采用权益法核算的长期股权投资，在新旧制度转换时，单位应当在"长期股权投资"科目下设置"新旧制度转换调整"明细科目，依据被投资单位 2018 年 12 月 31 日财务报表的所有者权益账面余额，以及单位持有被投资单位的股权比例，计算应享有或应分担的被投资单位所有者权益的份额，调整长期股权投资的账面余额，借记或贷记"长期股权投资—新旧制度转换调整"科目，贷记或借记"累计盈余"科目。

3. 确认长期债券投资期末应收利息

单位应当按照新制度规定于 2019 年 1 月 1 日补记长期债券投资应收利息，按照长期债券投资的应收利息金额，借记"长期债券投资"科目（到期一次还本付息）或"应收利息"科目（分期付息、到期还本），贷记"累计盈余"科目。

4. 补提折旧

单位在原账中尚未计提固定资产折旧的，应当全面核查截至 2018 年 12 月 31 日的固定资产的预计使用年限、已使用年限、尚可使用年限等，并于 2019 年 1 月 1 日对尚未计提折旧的固定资产补提折旧，按照应计提的折旧金额，借记"累计盈余"科目，贷记"固定资产累计折旧"科目。

单位在原账的"固定资产"科目中核算了按照新制度规定应当记入"公共基础设施""保障性住房"科目内容的，应当比照前款规定补提公共基础设施折旧（摊销）、保障性住房折旧，按照应计提的折旧（摊销）金额，借记"累计盈余"科目，贷记"公共基础设施累计折旧（摊销）""保障性住房累计折旧"科目。

5. 补提摊销

单位在原账中尚未计提无形资产摊销的，应当全面核查截至 2018 年 12 月 31 日无形资产的预计使用年限、已使用年限、尚可使用年限等，并于 2019 年 1 月 1 日对前期尚未计提摊销的无形资产补提摊销，按照应计提的摊销金额，借记"累计盈余"科目，贷记"无形资产累计摊销"科目。

6. 确认长期借款期末应付利息

单位应当按照新制度规定于 2019 年 1 月 1 日补记长期借款的应付利息金额，对其中资本化的部分，借记"在建工程"科目，对其中费用化的部分，借记"累计盈余"科目，按照全部长期借款应付利息金额，贷记"长期借款"科目（到期一次还本付息）或"应付利息"科目（分期付息、到期还本）。

单位对新账的财务会计科目期初余额进行调整时，应当编制记账凭证，并将调整事项的确认依据作为原始凭证三、预算会计科目的新旧衔接。

三、预算会计科目的新旧衔接

（一）"财政拨款结转"和"财政拨款结余"科目及对应的"资金结存"科目余额

新制度设置了"财政拨款结转""财政拨款结余"科目及对应的"资金结存"科目。在新旧制度转换时，单位应当对原账的"财政补助结转"科目余额进行逐项分析，加上各项结转转入的预算支出中已经计入预算支出尚未支付财政资金（如发生时列支的应付账款）的金额，减去已经支付财政资金尚未计入预算支出（如购入的存货、预付账款等）的金额，按照增减后的金额，登记新账的"财政拨款结转"科目及其明细科目贷方；按照原账"财政补助结余"科目余额，登记新账的"财政拨款结余"科目及其明细科目贷方。

按照原账"财政应返还额度"科目余额登记新账的"资金结存—财政应返还额度"科目借方；按照新账的"财政拨款结转"和"财政拨款结余"科目贷方余额合计数，减去新账的"资金结存—财政应返还额度"科目借方余额后的差额，登记新账的"资金结存—货币资金"科目借方。

（二）"非财政拨款结转"科目及对应的"资金结存"科目余额

新制度设置了"非财政拨款结转"科目及对应的"资金结存"科目。在新旧制度转换时，单位应当对原账的"非财政补助结转"科目余额进行逐项分析，加上各项结转转入的预算支出中已经计入预算支出尚未支付非财政补助专项资金（如发生时列支的应付账款）的金额，减去已经支付非财政补助专项资金尚未计入预算支出（如购入的存货、预付账款等）的金额，加上各项结转转入的预算收入中已经收到非财政补助专项资金尚未计入预算收入（如预收账款）的金额，减去已经计入预算收入尚未收到非财政补助专项资金（如应收账款）的金额，按照增减后的金额，登记新账的"非财政拨款结转"科目及其明细科目贷方；同时，按照相同的金额登记新账的"资金结存—货币资金"科目借方。

（三）"非财政拨款结余"科目及对应的"资金结存"科目余额

1. 登记"非财政拨款结余"科目余额

新制度设置了"非财政拨款结余"科目及对应的"资金结存"科目。在新旧制度转换时，单位应当按照原账的"事业基金"科目余额，借记新账的"资金结存—货币资金"科目，贷记新账的"非财政拨款结余"科目。

2. 对新账"非财政拨款结余"科目及"资金结存"科目余额进行调整

（1）调整短期投资对非财政拨款结余的影响

单位应当按照原账的"短期投资"科目余额，借记"非财政拨款结余"科目，贷记"资金结存—货币资金"科目。

（2）调整应收票据、应收账款对非财政拨款结余的影响

单位应当对原账的"应收票据""应收账款"科目余额进行分析，区分其中发生时计入预算收入的金额和没有计入预算收入的金额。对发生时计入预算收入的金额，再区分计入专项资金收入的金额和计入非专项资金收入的金额，按照计入非专项资金收入的金额，借记"非财政拨款结余"科目，贷记"资金结存—货币资金"科目。

（3）调整预付账款对非财政拨款结余的影响

单位应当对原账的"预付账款"科目余额进行分析，区分其中由财政补助资金预付的金额、非财政补助专项资金预付的金额和非财政补助非专项资金预付的金额，按照非财政补助非专项资金预付的金额，借记"非财政拨款结余"科目，贷记"资金结存—货币资金"科目。

（4）调整其他应收款对非财政拨款结余的影响

单位按照新制度规定将原账其他应收款中的预付款项计入预算支出的，应当对原账的

"其他应收款"科目余额进行分析，区分其中预付款项的金额（将来很可能列支）和非预付款项的金额，并对预付款项的金额划分为财政补助资金预付的金额、非财政补助专项资金预付的金额和非财政补助非专项资金预付的金额，按照非财政补助非专项资金预付的金额，借记"非财政拨款结余"科目，贷记"资金结存—货币资金"科目。

（5）调整存货对非财政拨款结余的影响

单位应当对原账的"存货"科目余额进行分析，区分购入的存货金额和非购入的存货金额。对购入的存货金额划分出其中使用财政补助资金购入的金额、使用非财政补助专项资金购入的金额和使用非财政补助非专项资金购入的金额，按照使用非财政补助非专项资金购入的金额，借记"非财政拨款结余"科目，贷记"资金结存—货币资金"科目。

（6）调整长期股权投资对非财政拨款结余的影响

单位应当对原账的"长期投资"科目余额中属于股权投资的余额进行分析，区分其中用现金资产取得的金额和用非现金资产及其他方式取得的金额，按照用现金资产取得的金额，借记"非财政拨款结余"科目，贷记"资金结存—货币资金"科目。

（7）调整长期债券投资对非财政拨款结余的影响

单位应当按照原账的"长期投资"科目余额中属于债券投资的余额，借记"非财政拨款结余"科目，贷记"资金结存—货币资金"科目。

（8）调整短期借款、长期借款对非财政拨款结余的影响

单位应当按照原账的"短期借款""长期借款"科目余额，借记"资金结存—货币资金"科目，贷记"非财政拨款结余"科目。

（9）调整应付票据、应付账款对非财政拨款结余的影响

单位应当对原账的"应付票据""应付账款"科目余额进行分析，区分其中发生时计入预算支出的金额和未计入预算支出的金额。将计入预算支出的金额划分出财政补助应付的金额、非财政补助专项资金应付的金额和非财政补助非专项资金应付的金额，按照非财政补助非专项资金应付的金额，借记"资金结存—货币资金"科目，贷记"非财政拨款结余"科目。

（10）调整预收账款对非财政拨款结余的影响

单位应当按照原账的"预收账款"科目余额中预收非财政非专项资金的金额，借记"资金结存—货币资金"科目，贷记"非财政拨款结余"科目。

（四）"专用结余"科目及对应的"资金结存"科目余额

新制度设置了"专用结余"科目及对应的"资金结存"科目。在新旧制度转换时，单位应当按照原账"专用基金"科目余额中通过非财政补助结余分配形成的金额，借记新账的"资金结存—货币资金"科目，贷记新账的"专用结余"科目。

（五）"经营结余"科目及对应的"资金结存"科目余额

新制度设置了"经营结余"科目及对应的"资金结存"科目。如果原账的"经营结余"科目期末有借方余额，在新旧制度转换时，单位应当按照原账的"经营结余"科目余额，借记新账的"经营结余"科目，贷记新账的"资金结存—货币资金"科目。

（六）"其他结余""非财政拨款结余分配"科目

新制度设置了"其他结余"和"非财政拨款结余分配"科目。由于这两个科目年初无余

额，在新旧制度转换时，单位无需对"其他结余"和"非财政拨款结余分配"科目进行新账年初余额登记。

（七）预算收入类、预算支出类会计科目

由于预算收入类、预算支出类会计科目年初无余额，在新旧制度转换时，单位无需对预算收入类、预算支出类会计科目进行新账年初余额登记。

单位应当自 2019 年 1 月 1 日起，按照新制度设置预算收入类、预算支出类科目并进行账务处理。

单位存在 2018 年 12 月 31 日需要按照新制度预算会计核算基础调整预算会计科目期初余额的其他事项的，应当比照本规定调整新账的相应预算会计科目期初余额。

单位对预算会计科目的期初余额登记和调整，应当编制记账凭证，并将期初余额登记和调整的依据作为原始凭证。

四、财务报表和预算会计报表的新旧衔接

（一）编制 2019 年 1 月 1 日资产负债表

单位应当根据 2019 年 1 月 1 日新账的财务会计科目余额，按照新制度编制 2019 年 1 月 1 日资产负债表（仅要求填列各项目"年初余额"）。

（二）2019 年度财务报表和预算会计报表的编制

单位应当按照新制度规定编制 2019 年财务报表和预算会计报表。在编制 2019 年度收入费用表、净资产变动表、现金流量表和预算收入支出表、预算结转结余变动表时，不要求填列上年比较数。

单位应当根据 2019 年 1 月 1 日新账财务会计科目余额，填列 2019 年净资产变动表各项目的"上年年末余额"；根据 2019 年 1 月 1 日新账预算会计科目余额，填列 2019 年预算结转结余变动表的"年初预算结转结余"项目和财政拨款预算收入支出表的"年初财政拨款结转结余"项目。

五、其他事项

（一）截至 2018 年 12 月 31 日尚未进行基建"并账"的单位，应当首先参照《新旧事业单位会计制度有关衔接问题的处理规定》（财会〔2013〕2 号），将基建账套相关数据并入 2018 年 12 月 31 日原账中的相关科目余额，再按照本规定将 2018 年 12 月 31 日原账相关会计科目余额转入新账相应科目。

（二）2019 年 1 月 1 日前执行新制度的单位，应当参照本规定做好新旧制度衔接工作。

附表 1:

事业单位原会计科目余额明细表一

总账科目	明细分类	金额	备注
库存现金	库存现金		
	其中: 受托代理现金		
银行存款	银行存款		
	其中: 受托代理银行存款		
	其他货币资金		
其他应收款	在途物资		已经付款或已开出商业汇票, 尚未收到物资
	其他		
存货	在加工存货		
	非在加工存货		
	工程物资		
	政府储备物资		
	受托代理资产		
长期投资	长期股权投资		
	长期债券投资		
固定资产	固定资产		
	公共基础设施		
	政府储备物资		
	文物文化资产		
	保障性住房		
累计折旧	固定资产累计折旧		
	公共基础设施累计折旧		
	保障性住房累计折旧		
在建工程	在建工程		
	工程物资		
	预付工程款、预付备料款		
应缴税费	应交增值税		
	其他应交税费		
其他应付款	受托代理负债		因接受代管资金形成的应付款
	其他		

附表 2：

事业单位原会计科目余额明细表二

总账科目	明细分类	金额	备注
应收票据、应收账款	发生时不计入预算收入		如转让资产的应收票据、应收账款
	发生时计入预算收入		
	其中：专项收入		
	其他		
预付账款	财政补助资金预付		
	非财政补助专项资金预付		
	非财政补助非专项资金预付		
其他应收款	预付款项		如职工预借的差旅费等
	其中：财政补助资金预付		
	非财政补助专项资金预付		
	非财政补助非专项资金预付		
	需要收回及其他		如支付的押金、应收为职工垫付的款项等
存货	购入存货		
	其中：使用财政补助资金购入		
	使用非财政补助专项资金购入		
	使用非财政补助非专项资金购入		
	非购入存货		如无偿调入、接受捐赠的存货等
长期投资	长期股权投资		
	其中：用现金资产取得		
	用非现金资产或其他方式取得		
	长期债券投资		
应付票据、应付账款	发生时不计入预算支出		
	发生时计入预算支出		
	其中：财政补助资金应付		
	非财政补助专项资金应付		
	非财政补助非专项资金应付		
预收账款	预收专项资金		
	预收非专项资金		

附表 3：

事业单位新旧会计制度转账、登记新账科目对照表

序号	新制度科目		原制度科目	
	编号	名称	编号	名称
一、资产类				
1	1001	库存现金	1001	库存现金
2	1002	银行存款	1002	银行存款
3	1021	其他货币资金		
4	1011	零余额账户用款额度	1011	零余额账户用款额度
5	1201	财政应返还额度	1201	财政应返还额度
6	1101	短期投资	1101	短期投资
7	1211	应收票据	1211	应收票据
8	1212	应收账款	1212	应收账款
9	1214	预付账款	1213	预付账款
			1511	在建工程
10	1218	其他应收款	1215	其他应收款
11	1301	在途物品		
12	1302	库存物品		
13	1303	加工物品		
14	1611	工程物资	1301	存货
15	1811	政府储备物资		
16	1891	受托代理资产		
17	1501	长期股权投资	1401	长期投资
18	1502	长期债券投资		
19	1601	固定资产		
20	1801	公共基础设施		
21	1811	政府储备物资	1501	固定资产
22	1821	文物文化资产		
23	1831	保障性住房		
24	1602	固定资产累计折旧		
25	1802	公共基础设施累计折旧（摊销）	1502	累计折旧
26	1832	保障性住房累计折旧		
27	1611	工程物资	1511	在建工程
	1613	在建工程		
28	1701	无形资产	1601	无形资产

（续）

序号	新制度科目		原制度科目	
	编号	名称	编号	名称
29	1702	无形资产累计摊销	1602	累计摊销
30	1902	待处理财产损溢	1701	待处置资产损溢
二、负债类				
31	2001	短期借款	2001	短期借款
32	2101	应交增值税	2101	应缴税费
33	2102	其他应交税费		
34	2103	应缴财政款	2102	应缴国库款
			2103	应缴财政专户款
35	2201	应付职工薪酬	2201	应付职工薪酬
36	2301	应付票据	2301	应付票据
37	2302	应付账款	2302	应付账款
38	2305	预收账款	2303	预收账款
39	2307	其他应付款	2305	其他应付款
40	2901	受托代理负债		
41	2501	长期借款	2401	长期借款
42	2502	长期应付款	2402	长期应付款
三、净资产类				
43	3001	累计盈余	3001	事业基金
			3101	非流动资产基金
			3301	财政补助结转
			3302	财政补助结转
			3401	非财政补助结转
			3403	经营结余
44	3101	专用基金	3201	专用基金
四、预算结余类				
45	8101	财政拨款结转	3301	财政补助结转
46	8102	财政拨款结余	3302	财政补助结转
47	8201	非财政拨款结转	3401	非财政补助结转
48	8202	非财政拨款结余	3001	事业基金
49	8301	专用结余	3201	专用基金
50	8401	经营结余	3403	经营结余

（续）

序号	新制度科目		原制度科目	
	编号	名称	编号	名称
51	8001	资金结存（借方）	3301	财政补助结转
			3302	财政补助结余
			3401	非财政补助结转
			3001	事业基金
			3201	专用基金
			3403	经营结余

附录 23　住房城乡建设部财政部关于印发《建设工程质量保证金管理办法》的通知

（建质〔2017〕138号）

党中央有关部门，国务院各部委、各直属机构，高法院，高检院，有关人民团体，各中央管理企业，各省、自治区、直辖市、计划单列市住房城乡建设厅（建委、建设局）、财政厅（局），新疆生产建设兵团建设局、财务局：

为贯彻落实国务院关于进一步清理规范涉企收费、切实减轻建筑业企业负担的精神，规范建设工程质量保证金管理，住房城乡建设部、财政部对《建设工程质量保证金管理办法》（建质〔2016〕295号）进行了修订。现印发给你们，请结合本地区、本部门实际认真贯彻执行。

中华人民共和国住房和城乡建设部
中华人民共和国财政部
2017年6月20日

建设工程质量保证金管理办法

第一条　为规范建设工程质量保证金管理，落实工程在缺陷责任期内的维修责任，根据《中华人民共和国建筑法》《建设工程质量管理条例》《国务院办公厅关于清理规范工程建设领域保证金的通知》和《基本建设财务管理规则》等相关规定，制定本办法。

第二条　本办法所称建设工程质量保证金（以下简称"保证金"）是指发包人与承包人在建设工程承包合同中约定，从应付的工程款中预留，用以保证承包人在缺陷责任期内对建设工程出现的缺陷进行维修的资金。缺陷是指建设工程质量不符合工程建设强制性标准、设计文件，以及承包合同的约定。

缺陷责任期一般为1年，最长不超过2年，由发、承包双方在合同中约定。

第三条　发包人应当在招标文件中明确保证金预留、返还等内容，并与承包人在合同条款中对涉及保证金的下列事项进行约定：

（一）保证金预留、返还方式；

（二）保证金预留比例、期限；

（三）保证金是否计付利息，如计付利息，利息的计算方式；

（四）缺陷责任期的期限及计算方式；

（五）保证金预留、返还及工程维修质量、费用等争议的处理程序；

（六）缺陷责任期内出现缺陷的索赔方式；

（七）逾期返还保证金的违约金支付办法及违约责任。

第四条　缺陷责任期内，实行国库集中支付的政府投资项目，保证金的管理应按国库集中支付的有关规定执行。其他政府投资项目，保证金可以预留在财政部门或发包方。缺陷责任期内，如发包方被撤销，保证金随交付使用资产一并移交使用单位管理，由使用单位代行发包人职责。

社会投资项目采用预留保证金方式的，发、承包双方可以约定将保证金交由第三方金融机构托管。

第五条　推行银行保函制度，承包人可以银行保函替代预留保证金。

第六条　在工程项目竣工前，已经缴纳履约保证金的，发包人不得同时预留工程质量保证金。

采用工程质量保证担保、工程质量保险等其他保证方式的，发包人不得再预留保证金。

第七条　发包人应按照合同约定方式预留保证金，保证金总预留比例不得高于工程价款结算总额的3%。合同约定由承包人以银行保函替代预留保证金的，保函金额不得高于工程价款结算总额的3%。

第八条　缺陷责任期从工程通过竣工验收之日起计。由于承包人原因导致工程无法按规定期限进行竣工验收的，缺陷责任期从实际通过竣工验收之日起计。由于发包人原因导致工程无法按规定期限进行竣工验收的，在承包人提交竣工验收报告90天后，工程自动进入缺陷责任期。

第九条　缺陷责任期内，由承包人原因造成的缺陷，承包人应负责维修，并承担鉴定及维修费用。如承包人不维修也不承担费用，发包人可按合同约定从保证金或银行保函中扣除，费用超出保证金额的，发包人可按合同约定向承包人进行索赔。承包人维修并承担相应费用后，不免除对工程的损失赔偿责任。

由他人原因造成的缺陷，发包人负责组织维修，承包人不承担费用，且发包人不得从保证金中扣除费用。

第十条　缺陷责任期内，承包人认真履行合同约定的责任，到期后，承包人向发包人申请返还保证金。

第十一条　发包人在接到承包人返还保证金申请后，应于14天内会同承包人按照合同约定的内容进行核实。如无异议，发包人应当按照约定将保证金返还给承包人。对返还期限没有约定或者约定不明确的，发包人应当在核实后14天内将保证金返还承包人，逾期未返还的，依法承担违约责任。发包人在接到承包人返还保证金申请后14天内不予答复，经催告后14天内仍不予答复，视同认可承包人的返还保证金申请。

第十二条　发包人和承包人对保证金预留、返还以及工程维修质量、费用有争议的，按承包合同约定的争议和纠纷解决程序处理。

第十三条　建设工程实行工程总承包的，总承包单位与分包单位有关保证金的权利与义务的约定，参照本办法关于发包人与承包人相应权利与义务的约定执行。

第十四条　本办法由住房城乡建设部、财政部负责解释。

第十五条　本办法自 2017 年 7 月 1 日起施行，原《建设工程质量保证金管理办法》（建质〔2016〕295 号）同时废止。

后　记

建设项目财务管理工作是行政事业单位财务管理工作体系的重要组成部分。随着我国财政和经济体制改革的不断深入，建设投资领域发生了深刻变化，出现了许多新情况、新问题。财政部适应新形势，于 2016 年制定印发了《基本建设财务规则》，对建设项目财务管理进行了比较全面、系统的规范，为行政事业单位建设项目财务管理工作提供了基本制度遵循。近年来，农业行政事业单位采取了一系列措施，加强建设项目财务管理工作，取得了一定的成效。但从近年组织的农业建设项目检查、验收以及竣工财务决算审核情况看，对相关法规制度的理解和执行不到位、资金使用管理和价款结算不规范、竣工财务决算编报不及时、形成资产计价不准确、投入使用资产长期未转固等问题，在农业行政事业单位建设项目财务管理中不同程度地存在，在一定程度上影响了农业建设投资效益的发挥和国有资产的信息质量及应用水平。

2020 年 8 月，为进一步提升农业行政事业单位建设项目财务管理水平，农业农村部计划财务司、农业农村部财会服务中心根据"项目建设年"工作安排和农业行政事业单位建设项目财务管理现状，在广泛征集部内有关司局、派出机构及部属单位在建设项目财务管理中遇到的问题的基础上，通过系统梳理和归纳建设项目财务管理现行制度规定及在日常管理中发现的重点、难点与困惑问题，开始了《农业行政事业单位建设项目财务管理实用手册》的编写工作。本书从农业建设项目财务管理工作的实际需求和财务管理人员关心的热点及难点问题出发，坚持政策性和务实性相结合的原则，兼顾系统性和针对性，在内容上依据国家和农业农村部现行规章制度，总结农业建设项目财务管理实践经验，反映财务管理实际需求，侧重工作程序和概念解释，解答热点、难点问题，力求清晰严谨。

农业农村部计划财务司高度重视本书的编写工作，相关领导和同志对全书内容进行了认真审定。在编审委员会统一领导下，全体编写人员历时 1 年，几易其稿，完成了全书的编写工作。其间，得到了文化和旅游部、科技部、中国农业科学院、中国水产科学研究院等单位和有关人员的大力支持，在此谨向所有支持、参与本书编写、讨论、审核、修改和出版的单位及有关同志，致以诚挚的感谢！

全书由吴山民、孙明丽完成审核，孙明丽负责编写方案的制订、条目征集整理以及全书内容的编写、统稿等具体工作。

实践发展永无止境，理论创新需要与时俱进，面对农业行政事业单位建设活动的新情况、新问题，建设项目财务管理研究有待进一步深化，书中疏漏之处，恳请读者批评指正。

本书编审委员会

2021 年 7 月

图书在版编目（CIP）数据

农业行政事业单位建设项目财务管理实用手册 / 农业农村部计划财务司，农业农村部财会服务中心编 . —北京：中国农业出版社，2021.11
ISBN 978 - 7 - 109 - 28930 - 7

Ⅰ.①农⋯　Ⅱ.①农⋯ ②农⋯　Ⅲ.①农业－行政事业单位－农业项目－财务管理－中国－手册　Ⅳ.①F324 - 62

中国版本图书馆 CIP 数据核字（2021）第 236481 号

中国农业出版社出版

地址：北京市朝阳区麦子店街 18 号楼
邮编：100125
责任编辑：刘昊阳
版式设计：杜　然　责任校对：刘丽香
印刷：北京通州皇家印刷厂
版次：2021 年 11 月第 1 版
印次：2021 年 11 月北京第 1 次印刷
发行：新华书店北京发行所
开本：787mm×1092mm　1/16
印张：14.25
字数：350 千字
定价：68.00 元